I0211910

QUIRGUIZ
VOCABULÁRIO

PORTUGUÊS QUIRGUIZ

Para alargar o seu léxico e apurar
as suas competências linguísticas

9000 palavras

Vocabulário Português Brasileiro-Quirguiz - 9000 palavras

Por Andrey Taranov

Os vocabulários da T&P Books destinam-se a ajudar a aprender, a memorizar, e a rever palavras estrangeiras. O dicionário é dividido em temas, cobrindo todas as principais esferas de atividades quotidianas, negócios, ciência, cultura, etc.

O processo de aprendizagem, utilizando os dicionários baseados em temáticas da T&P Books dá-lhe as seguintes vantagens:

- Informação de origem corretamente agrupada predetermina o sucesso em fases subsequentes da memorização de palavras
- Disponibilização de palavras derivadas da mesma raiz, o que permite a memorização de unidades de texto (em vez de palavras separadas)
- Pequenas unidades de palavras facilitam o processo de estabelecimento de vínculos associativos necessários para a consolidação do vocabulário
- O nível de conhecimento da língua pode ser estimado pelo número de palavras aprendidas

T&P Books Publishing
www.tpbooks.com

ISBN: 978-1-78767-284-0

Este livro também está disponível em formato E-book.
Por favor visite www.tpbooks.com ou as principais livrarias on-line.

VOCABULÁRIO QUIRGUIZ
palavras mais úteis

Os vocabulários da T&P Books destinam-se a ajudar a aprender, a memorizar, e a rever palavras estrangeiras. O vocabulário contém mais de 9000 palavras de uso comum organizadas tematicamente.

O vocabulário contém as palavras mais comummente usadas
Recomendado como adicional para qualquer curso de línguas
Satisfaz as necessidades dos iniciados e dos alunos avançados de línguas estrangeiras
Conveniente para o uso diário, sessões de revisão e atividades de auto-teste
Permite avaliar o seu vocabulário

Características especias do vocabulário

- As palavras estão organizadas de acordo com o seu significado, e não por ordem alfabética
- As palavras são apresentadas em três colunas para facilitar os processos de revisão e auto-teste
- As palavras compostas são divididas em pequenos blocos para facilitar o processo de aprendizagem
- O vocabulário oferece uma transcrição simples e adequada de cada palavra estrangeira

O vocabulário contém 256 tópicos incluindo:

Conceitos básicos, Números, Cores, Meses, Estações do ano, Unidades de medida, Roupas & Acessórios, Alimentos & Nutrição, Restaurante, Membros da Família, Parentes, Caráter, Sentimentos, Emoções, Doenças, Cidade, Passeios, Compras, Dinheiro, Casa, Lar, Escritório, Trabalho no Escritório, Importação & Exportação, Marketing, Pesquisa de Emprego, Esportes, Educação, Computador, Internet, Ferramentas, Natureza, Países, Nacionalidades e muito mais ...

TABELA DE CONTEÚDOS

GUIA DE PRONUNCIAÇÃO

Alfabeto fonético T&P	Exemplo quirguiz	Exemplo Português
[a]	манжа [mandʒa]	chamar
[e]	келечек [keletʃek]	metal
[i]	жигит [dʒigit]	sinônimo
[ı]	кубаныч [kubanıtʃ]	sinônimo
[o]	мактоо [maktoo]	lobo
[u]	узундук [uzunduk]	bonita
[ʉ]	алюминий [alʉminij]	nacional
[y]	түнкү [tynky]	questionar
[b]	ашкабак [aʃkabak]	barril
[d]	адам [adam]	dentista
[dʒ]	жыгач [dʒıgatʃ]	adjetivo
[f]	флейта [flejta]	safári
[g]	тегерек [tegerek]	gosto
[j]	бөйрөк [bøjrøk]	Vietnã
[k]	карапа [karapa]	aquilo
[l]	алтын [altın]	libra
[m]	бешмант [beʃmant]	magnólia
[n]	найза [najza]	natureza
[ŋ]	булуң [buluŋ]	alcançar
[p]	пайдубал [pajdubal]	presente
[r]	рахмат [raχmat]	riscar
[s]	сагызган [sagızgan]	sanita
[ʃ]	бурулуш [buruluʃ]	mês
[t]	түтүн [tytyn]	tulipa
[χ]	пахтадан [paχtadan]	spagnolo - Juan
[ts]	шприц [ʃprits]	tsé-tsé
[tʃ]	биринчи [birintʃi]	Tchau!
[v]	квартал [kvartal]	fava
[z]	казуу [kazuu]	sésamo
[ʲ]	руль, актёр [rulʲ, aktʲor]	sinal de palatalização
[ʰ]	объектив [obʰjektiv]	sinal forte

11

ABREVIATURAS
usadas no vocabulário

Abreviaturas do Português

adj	-	adjetivo
adv	-	advérbio
anim.	-	animado
conj.	-	conjunção
desp.	-	esporte
etc.	-	Etcetera
ex.	-	por exemplo
f	-	nome feminino
f pl	-	feminino plural
fem.	-	feminino
inanim.	-	inanimado
m	-	nome masculino
m pl	-	masculino plural
m, f	-	masculino, feminino
masc.	-	masculino
mat.	-	matemática
mil.	-	militar
pl	-	plural
prep.	-	preposição
pron.	-	pronome
sb.	-	sobre
sing.	-	singular
v aux	-	verbo auxiliar
vi	-	verbo intransitivo
vi, vt	-	verbo intransitivo, transitivo
vr	-	verbo reflexivo
vt	-	verbo transitivo

CONCEITOS BÁSICOS

Conceitos básicos. Parte 1

1. Pronomes

eu	мен, мага	men, maga
você	сен	sen
ele, ela	ал	al
eles, elas	алар	alar

2. Cumprimentos. Saudações. Despedidas

Oi!	Салам!	salam!
Olá!	Саламатсызбы!	salamatsızbı!
Bom dia!	Кутман таңыңыз менен!	kutman taŋıŋız menen!
Boa tarde!	Кутман күнүңүз менен!	kutman kynyŋyz menen!
Boa noite!	Кутман кечиңиз менен!	kutman ketʃiŋiz menen!

cumprimentar (vt)	учурашуу	utʃuraʃuu
Oi!	Кандай!	kandaj!
saudação (f)	салам	salam
saudar (vt)	саламдашуу	salamdaʃuu
Como você está?	Иштериңиз кандай?	iʃteriŋiz kandaj?
Como vai?	Иштер кандай?	iʃter kandaj?
E aí, novidades?	Эмне жаңылык?	emne dʒaŋılık?

Tchau! Até logo!	Көрүшкөнчө!	køryʃkøntʃø!
Até breve!	Эмки жолукканга чейин!	emki dʒolukkanga tʃejin!
Adeus! (sing.)	Кош бол!	koʃ bol!
Adeus! (pl)	Кош болуңуз!	koʃ boluŋuz!
despedir-se (dizer adeus)	коштошуу	koʃtoʃuu
Até mais!	Жакшы кал!	dʒakʃı kal!

Obrigado! -a!	Рахмат!	raxmat!
Muito obrigado! -a!	Чоң рахмат!	tʃoŋ raxmat!
De nada	Эч нерсе эмес	etʃ nerse emes
Não tem de quê	Алкышка арзыбайт	alkıʃka arzıbajt
Não foi nada!	Эчтеке эмес.	etʃteke emes

Desculpa!	Кечир!	ketʃir!
Desculpe!	Кечирип коюнузчу!	ketʃirip kojɯŋuztʃu!
desculpar (vt)	кечирүү	ketʃiryy

desculpar-se (vr)	кечирим суроо	ketʃirim suroo
Me desculpe	Кечирим сурайм.	ketʃirim surajm
Desculpe!	Кечиресиз!	ketʃiresiz!

13

perdoar (vt)	кечирүү	ketʃiryy
Não faz mal	Эч капачылык жок.	etʃ kapatʃılık dʒok
por favor	суранам	suranam
Não se esqueça!	Унутуп калбаңыз!	unutup kalbaŋız!
Com certeza!	Албетте!	albette!
Claro que não!	Албетте жок!	albette dʒok!
Está bem! De acordo!	Макул!	makul!
Chega!	Жетишет!	dʒetiʃet!

3. Como se dirigir a alguém

Desculpe ...	Кечиресиз!	ketʃiresiz!
senhor	мырза	mırza
senhora	айым	ajım
senhorita	чоң кыз	tʃoŋ kız
jovem	чоң жигит	tʃoŋ dʒigit
menino	жаш бала	dʒaʃ bala
menina	кызым	kızım

4. Números cardinais. Parte 1

zero	нөл	nøl
um	бир	bir
dois	эки	eki
três	үч	ytʃ
quatro	төрт	tørt
cinco	беш	beʃ
seis	алты	altı
sete	жети	dʒeti
oito	сегиз	segiz
nove	тогуз	toguz
dez	он	on
onze	он бир	on bir
doze	он эки	on eki
treze	он үч	on ytʃ
catorze	он төрт	on tørt
quinze	он беш	on beʃ
dezesseis	он алты	on altı
dezessete	он жети	on dʒeti
dezoito	он сегиз	on segiz
dezenove	он тогуз	on toguz
vinte	жыйырма	dʒıjırma
vinte e um	жыйырма бир	dʒıjırma bir
vinte e dois	жыйырма эки	dʒıjırma eki
vinte e três	жыйырма үч	dʒıjırma ytʃ
trinta	отуз	otuz
trinta e um	отуз бир	otuz bir

trinta e dois	отуз эки	otuz eki
trinta e três	отуз үч	otuz ytʃ
quarenta	кырк	kırk
quarenta e dois	кырк эки	kırk eki
quarenta e três	кырк үч	kırk ytʃ
cinquenta	элүү	elyy
cinquenta e um	элүү бир	elyy bir
cinquenta e dois	элүү эки	elyy eki
cinquenta e três	элүү үч	elyy ytʃ
sessenta	алтымыш	altımıʃ
sessenta e um	алтымыш бир	altımıʃ bir
sessenta e dois	алтымыш эки	altımıʃ eki
sessenta e três	алтымыш үч	altımıʃ ytʃ
setenta	жетимиш	dʒetimiʃ
setenta e um	жетимиш бир	dʒetimiʃ bir
setenta e dois	жетимиш эки	dʒetimiʃ eki
setenta e três	жетимиш үч	dʒetimiʃ ytʃ
oitenta	сексен	seksen
oitenta e um	сексен бир	seksen bir
oitenta e dois	сексен эки	seksen eki
oitenta e três	сексен үч	seksen ytʃ
noventa	токсон	tokson
noventa e um	токсон бир	tokson bir
noventa e dois	токсон эки	tokson eki
noventa e três	токсон үч	tokson ytʃ

5. Números cardinais. Parte 2

cem	бир жүз	bir dʒyz
duzentos	эки жүз	eki dʒyz
trezentos	үч жүз	ytʃ dʒyz
quatrocentos	төрт жүз	tørt dʒyz
quinhentos	беш жүз	beʃ dʒyz
seiscentos	алты жүз	altı dʒyz
setecentos	жети жүз	dʒeti dʒyz
oitocentos	сегиз жүз	segiz dʒyz
novecentos	тогуз жүз	toguz dʒyz
mil	бир миң	bir miŋ
dois mil	эки миң	eki miŋ
três mil	үч миң	ytʃ miŋ
dez mil	он миң	on miŋ
cem mil	жүз миң	dʒyz miŋ
um milhão	миллион	million
um bilhão	миллиард	milliard

6. Números ordinais

primeiro (adj)	биринчи	birinʧi
segundo (adj)	экинчи	ekinʧi
terceiro (adj)	үчүнчү	yʧynʧy
quarto (adj)	төртүнчү	tørtynʧy
quinto (adj)	бешинчи	beʃinʧi
sexto (adj)	алтынчы	altınʧı
sétimo (adj)	жетинчи	dʒetinʧi
oitavo (adj)	сегизинчи	segizinʧi
nono (adj)	тогузунчу	toguzunʧu
décimo (adj)	онунчу	onunʧu

7. Números. Frações

fração (f)	бөлчөк	bølʧøk
um meio	экиден бир	ekiden bir
um terço	үчтөн бир	yʧtøn bir
um quarto	төрттөн бир	tørttøn bir
um oitavo	сегизден бир	segizden bir
um décimo	тогуздан бир	toguzdan bir
dois terços	үчтөн эки	yʧtøn eki
três quartos	төрттөн үч	tørttøn yʧ

8. Números. Operações básicas

subtração (f)	кемитүү	kemityy
subtrair (vi, vt)	кемитүү	kemityy
divisão (f)	бөлүү	bølyy
dividir (vt)	бөлүү	bølyy
adição (f)	кошуу	koʃuu
somar (vt)	кошуу	koʃuu
adicionar (vt)	кошуу	koʃuu
multiplicação (f)	көбөйтүү	købøjtyy
multiplicar (vt)	көбөйтүү	købøjtyy

9. Números. Diversos

algarismo, dígito (m)	санарип	sanarip
número (m)	сан	san
numeral (m)	сан атооч	san atooʧ
menos (m)	кемитүү	kemityy
mais (m)	плюс	plʉs
fórmula (f)	формула	formula
cálculo (m)	эсептөө	eseptøø
contar (vt)	саноо	sanoo

| calcular (vt) | эсептөө | eseptøø |
| comparar (vt) | салыштыруу | salıʃtıruu |

Quanto, -os, -as?	Канча?	kantʃa?
soma (f)	жыйынтык	dʒıjıntık
resultado (m)	натыйжа	natıjdʒa
resto (m)	калдык	kaldık

alguns, algumas ...	бир нече	bir netʃe
poucos, poucas	бир аз	bir az
um pouco de ...	кичине	kitʃine
resto (m)	калганы	kalganı
um e meio	бир жарым	bir dʒarım
dúzia (f)	он эки даана	on eki daana

ao meio	тең экиге	teŋ ekige
em partes iguais	тең	teŋ
metade (f)	жарым	dʒarım
vez (f)	бир жолу	bir dʒolu

10. Os verbos mais importantes. Parte 1

abrir (vt)	ачуу	atʃuu
acabar, terminar (vt)	бүтүрүү	bytyryy
aconselhar (vt)	кеңеш берүү	keŋeʃ beryy
adivinhar (vt)	жандырмагын табуу	dʒandırmagın tabuu
advertir (vt)	эскертүү	eskertyy

ajudar (vt)	жардам берүү	dʒardam beryy
almoçar (vi)	түштөнүү	tyʃtønyy
alugar (~ um apartamento)	батирге алуу	batirge aluu
amar (pessoa)	сүйүү	syjyy
ameaçar (vt)	коркутуу	korkutuu

anotar (escrever)	кагазга түшүрүү	kagazga tyʃyryy
apressar-se (vr)	шашуу	ʃaʃuu
arrepender-se (vr)	өкүнүү	økynyy
assinar (vt)	кол коюу	kol kojuu
brincar (vi)	тамашалоо	tamaʃaloo

brincar, jogar (vi, vt)	ойноо	ojnoo
buscar (vt)	... издөө	... izdøø
caçar (vi)	аңчылык кылуу	aŋtʃılık kıluu
cair (vi)	жыгылуу	dʒıgıluu
cavar (vt)	казуу	kazuu
chamar (~ por socorro)	чакыруу	tʃakıruu

chegar (vi)	келүү	kelyy
chorar (vi)	ыйлоо	ıjloo
começar (vt)	баштоо	baʃtoo
comparar (vt)	салыштыруу	salıʃtıruu
concordar (dizer "sim")	макул болуу	makul boluu
confiar (vt)	ишенүү	iʃenyy
confundir (equivocar-se)	адаштыруу	adaʃtıruu

conhecer (vt)	таануу	taanuu
contar (fazer contas)	саноо	sanoo
contar com ...	... ишенүү	... iʃenyy
continuar (vt)	улантуу	ulantuu

controlar (vt)	башкаруу	baʃkaruu
convidar (vt)	чакыруу	tʃakıruu
correr (vi)	чуркоо	tʃurkoo
criar (vt)	жаратуу	dʒaratuu
custar (vt)	туруу	turuu

11. Os verbos mais importantes. Parte 2

dar (vt)	берүү	beryy
dar uma dica	четин чыгаруу	tʃetin tʃıgaruu
decorar (enfeitar)	кооздоо	koozdoo
defender (vt)	коргоо	korgoo
deixar cair (vt)	түшүрүп алуу	tyʃyryp aluu

descer (para baixo)	ылдый түшүү	ıldıj tyʃyy
desculpar (vt)	кечирүү	ketʃiryy
desculpar-se (vr)	кечирим суроо	ketʃirim suroo
dirigir (~ uma empresa)	башкаруу	baʃkaruu
discutir (notícias, etc.)	талкуулоо	talkuuloo

disparar, atirar (vi)	атуу	atuu
dizer (vt)	айтуу	ajtuu
duvidar (vt)	күмөн саноо	kymøn sanoo
encontrar (achar)	таап алуу	taap aluu
enganar (vt)	алдоо	aldoo

entender (vt)	түшүнүү	tyʃynyy
entrar (na sala, etc.)	кирүү	kiryy
enviar (uma carta)	жөнөтүү	dʒønøtyy
errar (enganar-se)	ката кетирүү	kata ketiryy
escolher (vt)	тандоо	tandoo

esconder (vt)	жашыруу	dʒaʃıruu
escrever (vt)	жазуу	dʒazuu
esperar (aguardar)	күтүү	kytyy
esperar (ter esperança)	үмүттөнүү	ymyttønyy
esquecer (vt)	унутуу	unutuu

estudar (vt)	окуу	okuu
exigir (vt)	талап кылуу	talap kıluu
existir (vi)	чыгуу	tʃıguu
explicar (vt)	түшүндүрүү	tyʃyndyryy

falar (vi)	сүйлөө	syjløø
faltar (a la escuela, etc.)	калтыруу	kaltıruu
fazer (vt)	кылуу	kıluu
ficar em silêncio	унчукпоо	untʃukpoo
gabar-se (vr)	мактануу	maktanuu
gostar (apreciar)	жактыруу	dʒaktıruu

gritar (vi)	кыйкыруу	kıjkıruu
guardar (fotos, etc.)	сактоо	saktoo
informar (vt)	маалымат берүү	maalımat beryy
insistir (vi)	көшөрүү	køʃøryy

insultar (vt)	кемсинтүү	kemsintyy
interessar-se (vr)	... кызыгуу	... kızıguu
ir (a pé)	жөө басуу	dʒøø basuu
ir nadar	сууга түшүү	suuga tyʃyy
jantar (vi)	кечки тамакты ичүү	ketʃki tamaktı itʃyy

12. Os verbos mais importantes. Parte 3

ler (vt)	окуу	okuu
libertar, liberar (vt)	бошотуу	boʃotuu
matar (vt)	өлтүрүү	øltyryy
mencionar (vt)	айтып өтүү	ajtıp øtyy
mostrar (vt)	көрсөтүү	kørsøtyy

mudar (modificar)	өзгөртүү	øzgørtyy
nadar (vi)	сүзүү	syzyy
negar-se a ... (vr)	баш тартуу	baʃ tartuu
objetar (vt)	каршы болуу	karʃı boluu

observar (vt)	байкоо салуу	bajkoo
ordenar (mil.)	буйрук кылуу	bujruk kıluu
ouvir (vt)	угуу	uguu
pagar (vt)	төлөө	tøløø
parar (vi)	токтоо	toktoo

parar, cessar (vt)	токтотуу	toktotuu
participar (vi)	катышуу	katıʃuu
pedir (comida, etc.)	буйрутма кылуу	bujrutma kıluu
pedir (um favor, etc.)	суроо	suroo
pegar (tomar)	алуу	aluu

pegar (uma bola)	кармоо	karmoo
pensar (vi, vt)	ойлоо	ojloo
perceber (ver)	байкоо	bajkoo
perdoar (vt)	кечирүү	ketʃiryy
perguntar (vt)	суроо	suroo

permitir (vt)	уруксат берүү	uruksat beryy
pertencer a ... (vi)	таандык болуу	taandık boluu
planejar (vt)	пландаштыруу	plandaʃtıruu
poder (~ fazer algo)	жасай алуу	dʒasaj aluu
possuir (uma casa, etc.)	ээ болуу	ee boluu

preferir (vt)	артык көрүү	artık køryy
preparar (vt)	тамак бышыруу	tamak bıʃıruu
prever (vt)	күтүү	kytyy
prometer (vt)	убада берүү	ubada beryy
pronunciar (vt)	айтуу	ajtuu
propor (vt)	сунуштоо	sunuʃtoo

punir (castigar)	жазалоо	dʒazaloo
quebrar (vt)	сындыруу	sındıruu
queixar-se de ...	арыздануу	arızdanuu
querer (desejar)	каалоо	kaaloo

13. Os verbos mais importantes. Parte 4

ralhar, repreender (vt)	урушуу	uruʃuu
recomendar (vt)	сунуштоо	sunuʃtoo
repetir (dizer outra vez)	кайталоо	kajtaloo
reservar (~ um quarto)	камдык буйрутмалоо	kamdık bujrutmaloo
responder (vt)	жооп берүү	dʒoop beryy

rezar, orar (vi)	дуба кылуу	duba kıluu
rir (vi)	күлүү	kylyy
roubar (vt)	уурдоо	uurdoo
saber (vt)	билүү	bilyy
sair (~ de casa)	чыгуу	tʃıguu

salvar (resgatar)	куткаруу	kutkaruu
seguir (~ alguém)	... ээрчүү	... eertʃyy
sentar-se (vr)	отуруу	oturuu
ser necessário	керек болуу	kerek boluu

ser, estar	болуу	boluu
significar (vt)	билдирүү	bildiryy
sorrir (vi)	жылмаюу	dʒılmadʒuu
subestimar (vt)	баалабоо	baalaboo
surpreender-se (vr)	таң калуу	taŋ kaluu

tentar (~ fazer)	аракет кылуу	araket kıluu
ter (vt)	бар болуу	bar boluu
ter fome	ачка болуу	atʃka boluu

ter medo	жазкануу	dʒazkanuu
ter sede	суусап калуу	suusap kaluu
tocar (com as mãos)	тийүү	tijyy
tomar café da manhã	эртең менен тамактануу	erteŋ menen tamaktanuu
trabalhar (vi)	иштөө	iʃtøø
traduzir (vt)	которуу	kotoruu

unir (vt)	бириктирүү	biriktiryy
vender (vt)	сатуу	satuu
ver (vt)	көрүү	køryy
virar (~ para a direita)	бурулуу	buruluu
voar (vi)	учуу	utʃuu

14. Cores

cor (f)	түс	tys
tom (m)	кошумча түс	koʃumtʃa tys
tonalidade (m)	кубулуу	kubuluu

arco-íris (m)	күндүн кулагы	kyndyn kulagı
branco (adj)	ак	ak
preto (adj)	кара	kara
cinza (adj)	боз	boz

verde (adj)	жашыл	dʒaʃıl
amarelo (adj)	сары	sarı
vermelho (adj)	кызыл	kızıl

azul (adj)	көк	køk
azul claro (adj)	көгүлтүр	køgyltyr
rosa (adj)	мала	mala
laranja (adj)	кызгылт сары	kızgılt sarı
violeta (adj)	сыя көк	sija køk
marrom (adj)	күрөң	kyrøŋ

| dourado (adj) | алтын түстүү | altın tystyy |
| prateado (adj) | күмүш өңдүү | kymyʃ øŋdyy |

bege (adj)	сары боз	sarı boz
creme (adj)	саргылт	sargılt
turquesa (adj)	бирюза	biruza
vermelho cereja (adj)	кочкул кызыл	kotʃkul kızıl
lilás (adj)	кызгылт көгүш	kızgılt køgyʃ
carmim (adj)	ачык кызыл	atʃık kızıl

claro (adj)	ачык	atʃık
escuro (adj)	күңүрт	kyŋyrt
vivo (adj)	ачык	atʃık

de cor	түстүү	tystyy
a cores	түстүү	tystyy
preto e branco (adj)	ак-кара	ak-kara
unicolor (de uma só cor)	бир өңчөй түстө	bir øŋtʃøj tystø
multicolor (adj)	ар түрдүү түстө	ar tyrdyy tystø

15. Questões

Quem?	Ким?	kim?
O que?	Эмне?	emne?
Onde?	Каерде?	kaerde?
Para onde?	Каяка?	kajaka?
De onde?	Каяктан?	kajaktan?
Quando?	Качан?	katʃan?
Para quê?	Эмне үчүн?	emne ytʃyn?
Por quê?	Эмнеге?	emnege?

Para quê?	Кайсы керекке?	kajsı kerekke?
Como?	Кандай?	kandaj?
Qual (~ é o problema?)	Кайсы?	kajsı?
Qual (~ deles?)	Кайсынысы?	kajsınısı?

| A quem? | Кимге? | kimge? |
| De quem? | Ким жөнүндө? | kim dʒønyndø? |

21

| Do quê? | Эмне жөнүндө? | emne dʒønyndø? |
| Com quem? | Ким менен? | kim menen? |

Quanto, -os, -as?	Канча?	kantʃa?
De quem? (masc.)	Кимдики?	kimdiki?
De quem? (fem.)	Кимдики?	kimdiki?
De quem são ...?	Кимдердики?	kimderdiki?

16. Preposições

com (prep.)	менен	menen
sem (prep.)	-сыз, -сиз	-sız, -siz
a, para (exprime lugar)	... көздөй	... køzdøj
sobre (ex. falar ~)	... жөнүндө	... dʒønyndø
antes de ...	... астында	... astında
em frente de ...	... алдында	... aldında

debaixo de ...	... астында	... astında
sobre (em cima de)	... өйдө	... øjdø
em ..., sobre ...	... үстүндө	... ystyndø
de, do (sou ~ Rio de Janeiro)	-дан	-dan
de (feito ~ pedra)	-дан	-dan

| em (~ 3 dias) | ... ичинде | ... itʃinde |
| por cima de ... | ... үстүнөн | ... ystynøn |

17. Palavras funcionais. Advérbios. Parte 1

Onde?	Каерде?	kaerde?
aqui	бул жерде	bul dʒerde
lá, ali	тээтигил жакта	teetigil dʒakta

| em algum lugar | бир жерде | bir dʒerde |
| em lugar nenhum | эч жакта | etʃ dʒakta |

| perto de ... | ... жанында | ... dʒanında |
| perto da janela | терезенин жанында | terezenin dʒanında |

Para onde?	Каяка?	kajaka?
aqui	бери	beri
para lá	нары	narı
daqui	бул жерден	bul dʒerden
de lá, dali	тигил жерден	tigil dʒerden

| perto | жакын | dʒakın |
| longe | алыс | alıs |

perto de ...	... тегерегинде	... tegereginde
à mão, perto	жакын арада	dʒakın arada
não fica longe	алыс эмес	alıs emes
esquerdo (adj)	сол	sol
à esquerda	сол жакта	sol dʒakta

para a esquerda	солго	solgo
direito (adj)	оң	oŋ
à direita	оң жакта	oŋ dʒakta
para a direita	оңго	oŋgo

em frente	астыда	astıda
da frente	алдыңкы	aldıŋkı
adiante (para a frente)	алдыга	aldıga

atrás de ...	артында	artında
de trás	артынан	artınan
para trás	артка	artka

meio (m), metade (f)	ортосу	ortosu
no meio	ортосунда	ortosunda

do lado	капталында	kaptalında
em todo lugar	бүт жерде	byt dʒerde
por todos os lados	айланасында	ajlanasında

de dentro	ичинде	itʃinde
para algum lugar	бир жерде	bir dʒerde
diretamente	түз	tyz
de volta	кайра	kajra

de algum lugar	бир жерден	bir dʒerden
de algum lugar	бир жактан	bir dʒaktan

em primeiro lugar	биринчиден	birintʃiden
em segundo lugar	экинчиден	ekintʃiden
em terceiro lugar	үчүнчүдөн	ytʃyntʃydøn

de repente	күтпөгөн жерден	kytpøgøn dʒerden
no início	башында	baʃında
pela primeira vez	биринчи жолу	birintʃi dʒolu
muito antes de ...	... алдында	... aldında
de novo	башынан	baʃınan
para sempre	түбөлүккө	tybølykkø

nunca	эч качан	etʃ katʃan
de novo	кайра	kajra
agora	эми	emi
frequentemente	көпчүлүк учурда	køptʃylyk utʃurda
então	анда	anda
urgentemente	тезинен	tezinen
normalmente	көбүнчө	købyntʃø

a propósito, ...	баса, ...	basa, ...
é possível	мүмкүн	mymkyn
provavelmente	балким	balkim
talvez	ыктымал	ıktımal
além disso, ...	андан тышкары, ...	andan tıʃkarı, ...
por isso ...	ошондуктан ...	oʃonduktan ...
apesar de ...	... карабастан	... karabastan
graças a ...	... күчү менен	... kytʃy menen
que (pron.)	эмне	emne

que (conj.)	эмне	emne
algo	бир нерсе	bir nerse
alguma coisa	бир нерсе	bir nerse
nada	эч нерсе	eʧ nerse

quem	ким	kim
alguém (~ que ...)	кимдир бирөө	kimdir birøø
alguém (com ~)	бирөө жарым	birøø dʒarım

ninguém	эч ким	eʧ kim
para lugar nenhum	эч жака	eʧ dʒaka
de ninguém	эч кимдики	eʧ kimdiki
de alguém	бирөөнүкү	birøønyky

tão	эми	emi
também (gostaria ~ de ...)	ошондой эле	oʃondoj ele
também (~ eu)	дагы	dagı

18. Palavras funcionais. Advérbios. Parte 2

Por quê?	Эмнеге?	emnege?
por alguma razão	эмнегедир	emnegedir
porque ...	... себептен	... sebepten
por qualquer razão	эмне үчүндүр	emne yʧyndyr

e (tu ~ eu)	жана	dʒana
ou (ser ~ não ser)	же	dʒe
mas (porém)	бирок	birok
para (~ a minha mãe)	үчүн	yʧyn

muito, demais	өтө эле	øtø ele
só, somente	азыр эле	azır ele
exatamente	так	tak
cerca de (~ 10 kg)	болжол менен	boldʒol menen

aproximadamente	болжол менен	boldʒol menen
aproximado (adj)	болжолдуу	boldʒolduu
quase	дээрлик	deerlik
resto (m)	калганы	kalganı

o outro (segundo)	башка	baʃka
outro (adj)	башка бөлөк	baʃka bøløk
cada (adj)	ар бири	ar biri
qualquer (adj)	баардык	baardık
muito, muitos, muitas	көп	køp
muitas pessoas	көбү	køby
todos	баары	baarı

em troca de ...	... алмашуу	... almaʃuu
em troca	ордуна	orduna
à mão	колго	kolgo
pouco provável	ишенүүгө болбойт	iʃenyygø bolbojt
provavelmente	балким	balkim
de propósito	атайын	atajın

por acidente	кокустан	kokustan
muito	аябай	ajabaj
por exemplo	мисалы	misalı
entre	ортосунда	ortosunda
entre (no meio de)	арасында	arasında
tanto	ошончо	oʃonʧo
especialmente	өзгөчө	øzgøʧø

Conceitos básicos. Parte 2

19. Opostos

rico (adj)	бай	baj
pobre (adj)	кедей	kedej
doente (adj)	оорулуу	ooruluu
bem (adj)	дени сак	deni sak
grande (adj)	чоң	tʃoŋ
pequeno (adj)	кичине	kitʃine
rapidamente	тез	tez
lentamente	жай	dʒaj
rápido (adj)	тез	tez
lento (adj)	жай	dʒaj
alegre (adj)	шайыр	ʃajır
triste (adj)	муңдуу	muŋduu
juntos (ir ~)	бирге	birge
separadamente	өзүнчө	øzyntʃø
em voz alta (ler ~)	үн чыгарып	yn tʃıgarıp
para si (em silêncio)	үн чыгарбай	yn tʃıgarbaj
alto (adj)	бийик	bijik
baixo (adj)	жапыз	dʒapız
profundo (adj)	терең	tereŋ
raso (adj)	тайыз	tajız
sim	ооба	ooba
não	жок	dʒok
distante (adj)	алыс	alıs
próximo (adj)	жакын	dʒakın
longe	алыс	alıs
à mão, perto	жакын арада	dʒakın arada
longo (adj)	узун	uzun
curto (adj)	кыска	kıska
bom (bondoso)	кайрымдуу	kajrımduu
mal (adj)	каардуу	kaarduu
casado (adj)	аялы бар	ajalı bar

solteiro (adj)	бойдок	bojdok

| proibir (vt) | тыюу салуу | tıjɥu saluu |
| permitir (vt) | уруксат берүү | uruksat beryy |

| fim (m) | аягы | ajagı |
| início (m) | башталыш | baʃtalıʃ |

| esquerdo (adj) | сол | sol |
| direito (adj) | оң | oŋ |

| primeiro (adj) | биринчи | birintʃi |
| último (adj) | акыркы | akırkı |

| crime (m) | кылмыш | kılmıʃ |
| castigo (m) | жаза | dʒaza |

| ordenar (vt) | буйрук кылуу | bujruk kıluu |
| obedecer (vt) | баш ийүү | baʃ ijyy |

| reto (adj) | түз | tyz |
| curvo (adj) | кыйшак | kıjʃak |

| paraíso (m) | бейиш | bejiʃ |
| inferno (m) | тозок | tozok |

| nascer (vi) | төрөлүү | tørølyy |
| morrer (vi) | өлүү | ølyy |

| forte (adj) | күчтүү | kytʃtyy |
| fraco, débil (adj) | алсыз | alsız |

| velho, idoso (adj) | эски | eski |
| jovem (adj) | жаш | dʒaʃ |

| velho (adj) | эски | eski |
| novo (adj) | жаңы | dʒaŋı |

| duro (adj) | катуу | katuu |
| macio (adj) | жумшак | dʒumʃak |

| quente (adj) | жылуу | dʒıluu |
| frio (adj) | муздак | muzdak |

| gordo (adj) | семиз | semiz |
| magro (adj) | арык | arık |

| estreito (adj) | тар | tar |
| largo (adj) | кең | keŋ |

| bom (adj) | жакшы | dʒakʃı |
| mau (adj) | жаман | dʒaman |

| valente, corajoso (adj) | кайраттуу | kajrattuu |
| covarde (adj) | суу жүрөк | suu dʒyrøk |

20. Dias da semana

segunda-feira (f)	дүйшөмбү	dyjʃømby
terça-feira (f)	шейшемби	ʃejʃembi
quarta-feira (f)	шаршемби	ʃarʃembi
quinta-feira (f)	бейшемби	bejʃembi
sexta-feira (f)	жума	dʒuma
sábado (m)	ишенби	iʃenbi
domingo (m)	жекшемби	dʒekʃembi
hoje	бүгүн	bygyn
amanhã	эртең	erteŋ
depois de amanhã	бирсүгүнү	birsygyny
ontem	кечээ	ketʃee
anteontem	мурда күнү	murda kyny
dia (m)	күн	kyn
dia (m) de trabalho	иш күнү	iʃ kyny
feriado (m)	майрам күнү	majram kyny
dia (m) de folga	дем алыш күн	dem alıʃ kyn
fim (m) de semana	дем алыш күндөр	dem alıʃ kyndør
o dia todo	күнү бою	kyny boju
no dia seguinte	кийинки күнү	kijinki kyny
há dois dias	эки күн мурун	eki kyn murun
na véspera	жакында	dʒakında
diário (adj)	күндө	kyndø
todos os dias	күн сайын	kyn sajın
semana (f)	жума	dʒuma
na semana passada	өткөн жумада	øtkøn dʒumada
semana que vem	келаткан жумада	kelatkan dʒumada
semanal (adj)	жума сайын	dʒuma sajın
toda semana	жума сайын	dʒuma sajın
duas vezes por semana	жумасына эки жолу	dʒumasına eki dʒolu
toda terça-feira	ар шейшемби	ar ʃejʃembi

21. Horas. Dia e noite

manhã (f)	таң	taŋ
de manhã	эртең менен	erteŋ menen
meio-dia (m)	жарым күн	dʒarım kyn
à tarde	түштөн кийин	tyʃtøn kijin
tardinha (f)	кеч	ketʃ
à tardinha	кечинде	ketʃinde
noite (f)	түн	tyn
à noite	түндө	tyndø
meia-noite (f)	жарым түн	dʒarım tyn
segundo (m)	секунда	sekunda
minuto (m)	мүнөт	mynøt
hora (f)	саат	saat

meia hora (f)	жарым саат	dʒarım saat
quarto (m) de hora	чейрек саат	tʃejrek saat
quinze minutos	он беш мүнөт	on beʃ mynøt
vinte e quatro horas	сутка	sutka

nascer (m) do sol	күндүн чыгышы	kyndyn tʃıgıʃı
amanhecer (m)	таң агаруу	taŋ agaruu
madrugada (f)	таң эрте	taŋ erte
pôr-do-sol (m)	күн батуу	kyn batuu

de madrugada	таң эрте	taŋ erte
esta manhã	бүгүн эртең менен	bygyn erteŋ menen
amanhã de manhã	эртең эртең менен	erteŋ erteŋ menen

esta tarde	күндүзү	kyndyzy
à tarde	түштөн кийин	tyʃtøn kijin
amanhã à tarde	эртең түштөн кийин	erteŋ tyʃtøn kijin

| esta noite, hoje à noite | бүгүн кечинде | bygyn ketʃinde |
| amanhã à noite | эртең кечинде | erteŋ ketʃinde |

às três horas em ponto	туура саат үчтө	tuura saat ytʃtø
por volta das quatro	болжол менен төрт саат	boldʒol menen tørt saat
às doze	саат он экиде	saat on ekide

em vinte minutos	жыйырма мүнөттөн кийин	dʒıjırma mynøttøn kijin
em uma hora	бир сааттан кийин	bir saattan kijin
a tempo	өз убагында	øz ubagında

... um quarto para	... он беш мүнөт калды	... on beʃ mynøt kaldı
dentro de uma hora	бир сааттын ичинде	bir saattın itʃinde
a cada quinze minutos	он беш мүнөт сайын	on beʃ mynøt sajın
as vinte e quatro horas	бир сутка бою	bir sutka boju

22. Meses. Estações

janeiro (m)	январь	janvarʲ
fevereiro (m)	февраль	fevralʲ
março (m)	март	mart
abril (m)	апрель	aprelʲ
maio (m)	май	maj
junho (m)	июнь	ijʉnʲ

julho (m)	июль	ijʉlʲ
agosto (m)	август	avgust
setembro (m)	сентябрь	sentʲabrʲ
outubro (m)	октябрь	oktʲabrʲ
novembro (m)	ноябрь	nojabrʲ
dezembro (m)	декабрь	dekabrʲ

primavera (f)	жаз	dʒaz
na primavera	жазында	dʒazında
primaveril (adj)	жазгы	dʒazgı
verão (m)	жай	dʒaj

no verão	жайында	dʒajында
de verão	жайкы	dʒajkı
outono (m)	күз	kyz
no outono	күзүндө	kyzyndø
outonal (adj)	күздүк	kyzdyk
inverno (m)	кыш	kıʃ
no inverno	кышында	kıʃında
de inverno	кышкы	kıʃkı
mês (m)	ай	aj
este mês	ушул айда	uʃul ajda
mês que vem	кийинки айда	kijinki ajda
no mês passado	өткөн айда	øtkøn ajda
um mês atrás	бир ай мурун	bir aj murun
em um mês	бир айдан кийин	bir ajdan kijin
em dois meses	эки айдан кийин	eki ajdan kijin
todo o mês	ай бою	aj bojʉ
um mês inteiro	толук бир ай	toluk bir aj
mensal (adj)	ай сайын	aj sajın
mensalmente	ай сайын	aj sajın
todo mês	ар бир айда	ar bir ajda
duas vezes por mês	айына эки жолу	ajına eki dʒolu
ano (m)	жыл	dʒıl
este ano	бул жылы	bul dʒılı
ano que vem	келаткан жылы	kelatkan dʒılı
no ano passado	өткөн жылы	øtkøn dʒılı
há um ano	бир жыл мурун	bir dʒıl murun
em um ano	бир жылдан кийин	bir dʒıldan kijin
dentro de dois anos	эки жылдан кийин	eki dʒıldan kijin
todo o ano	жыл бою	dʒıl bodʒʉ
um ano inteiro	толук бир жыл	toluk bir dʒıl
cada ano	ар жыл сайын	ar dʒıl sajın
anual (adj)	жыл сайын	dʒıl sajın
anualmente	жыл сайын	dʒıl sajın
quatro vezes por ano	жылына төрт жолу	dʒılına tørt dʒolu
data (~ de hoje)	число	tʃislo
data (ex. ~ de nascimento)	күн	kyn
calendário (m)	календарь	kalendarʲ
meio ano	жарым жыл	dʒarım dʒıl
seis meses	жарым чейрек	dʒarım tʃejrek
estação (f)	мезгил	mezgil
século (m)	кылым	kılım

23. Tempo. Diversos

tempo (m)	убакыт	ubakıt
momento (m)	учур	utʃur

instante (m)	кез ирмемде	køz irmemde
instantâneo (adj)	кез ирмемде	køz irmemde
lapso (m) de tempo	убакыттын бир бөлүгү	ubakıttın bir bølygy
vida (f)	жашоо	dʒaʃoo
eternidade (f)	түбөлүк	tybølyk

época (f)	доор	door
era (f)	заман	zaman
ciclo (m)	мерчим	mertʃim
período (m)	мезгил	mezgil
prazo (m)	мөөнөт	møønøt

futuro (m)	келечек	keletʃek
futuro (adj)	келечек	keletʃek
da próxima vez	кийинки жолу	kijinki dʒolu
passado (m)	өткөн	øtkøn
passado (adj)	өткөн	øtkøn
na última vez	өткөндө	øtkøndø
mais tarde	кийнчерээк	kijntʃereek
depois de ...	кийин	kijin
atualmente	азыр, учурда	azır, utʃurda
agora	азыр	azır
imediatamente	тез арада	tez arada
em breve	жакында	dʒakında
de antemão	алдын ала	aldın ala

há muito tempo	көп убакыт мурун	køp ubakıt murun
recentemente	жакындан бери	dʒakından beri
destino (m)	тагдыр	tagdır
recordações (f pl)	эсте калганы	este kalganı
arquivo (m)	архив	arχiv
durante ...	... убагында	... ubagında
durante muito tempo	узак	uzak
pouco tempo	узак эмес	uzak emes
cedo (levantar-se ~)	эрте	erte
tarde (deitar-se ~)	кеч	ketʃ

para sempre	түбөлүк	tybølyk
começar (vt)	баштоо	baʃtoo
adiar (vt)	жылдыруу	dʒıldıruu

ao mesmo tempo	бир учурда	bir utʃurda
permanentemente	үзгүлтүксүз	yzgyltyksyz
constante (~ ruído, etc.)	үзгүлтүксүз	yzgyltyksyz
temporário (adj)	убактылуу	ubaktıluu

às vezes	кедээ	kedee
raras vezes, raramente	чанда	tʃanda
frequentemente	көпчүлүк учурда	køptʃylyk utʃurda

24. Linhas e formas

quadrado (m)	чарчы	tʃartʃı
quadrado (adj)	чарчы	tʃartʃı

círculo (m)	тегерек	tegerek
redondo (adj)	тегерек	tegerek
triângulo (m)	үч бурчтук	ytʃ burtʃtuk
triangular (adj)	үч бурчтуу	ytʃ burtʃtuu
oval (f)	жумуру	dʒumuru
oval (adj)	жумуру	dʒumuru
retângulo (m)	тик бурчтук	tik burtʃtuk
retangular (adj)	тик бурчтуу	tik burtʃtuu
pirâmide (f)	пирамида	piramida
losango (m)	ромб	romb
trapézio (m)	трапеция	trapetsija
cubo (m)	куб	kub
prisma (m)	призма	prizma
circunferência (f)	айлана	ajlana
esfera (f)	сфера	sfera
globo (m)	шар	ʃar
diâmetro (m)	диаметр	diametr
raio (m)	радиус	radius
perímetro (m)	периметр	perimetr
centro (m)	борбор	borbor
horizontal (adj)	туурасынан	tuurasınan
vertical (adj)	тикесинен	tikesinen
paralela (f)	параллель	parallelʲ
paralelo (adj)	параллель	parallelʲ
linha (f)	сызык	sızık
traço (m)	сызык	sızık
reta (f)	түз сызык	tyz sızık
curva (f)	кыйшык сызык	kıjʃık sızık
fino (linha ~a)	ичке	itʃke
contorno (m)	караан	karaan
interseção (f)	кесилиш	kesiliʃ
ângulo (m) reto	тик бурч	tik burtʃ
segmento (m)	сегмент	segment
setor (m)	сектор	sektor
lado (de um triângulo, etc.)	каптал	kaptal
ângulo (m)	бурч	burtʃ

25. Unidades de medida

peso (m)	салмак	salmak
comprimento (m)	узундук	uzunduk
largura (f)	жазылык	dʒazılık
altura (f)	бийиктик	bijiktik
profundidade (f)	терендик	terendik
volume (m)	көлөм	køløm
área (f)	аянт	ajant
grama (m)	грамм	gramm
miligrama (m)	миллиграмм	milligramm

quilograma (m)	килограмм	kilogramm
tonelada (f)	тонна	tonna
libra (453,6 gramas)	фунт	funt
onça (f)	унция	untsija
metro (m)	метр	metr
milímetro (m)	миллиметр	millimetr
centímetro (m)	сантиметр	santimetr
quilômetro (m)	километр	kilometr
milha (f)	миля	milʲa
polegada (f)	дюйм	dʉjm
pé (304,74 mm)	фут	fut
jarda (914,383 mm)	ярд	jard
metro (m) quadrado	квадраттык метр	kvadrattık metr
hectare (m)	гектар	gektar
litro (m)	литр	litr
grau (m)	градус	gradus
volt (m)	вольт	volʲt
ampère (m)	ампер	amper
cavalo (m) de potência	ат күчү	at kytʃy
quantidade (f)	саны	sanı
um pouco de ...	... бир аз	... bir az
metade (f)	жарым	dʒarım
dúzia (f)	он эки даана	on eki daana
peça (f)	даана	daana
tamanho (m), dimensão (f)	чоңдук	tʃoŋduk
escala (f)	өлчөмчен	øltʃømtʃen
mínimo (adj)	минималдуу	minimalduu
menor, mais pequeno	эң кичинекей	eŋ kitʃinekej
médio (adj)	орточо	ortotʃo
máximo (adj)	максималдуу	maksimalduu
maior, mais grande	эң чоң	eŋ tʃoŋ

26. Recipientes

pote (m) de vidro	банка	banka
lata (~ de cerveja)	банка	banka
balde (m)	чака	tʃaka
barril (m)	бочка	botʃka
bacia (~ de plástico)	дагара	dagara
tanque (m)	бак	bak
cantil (m) de bolso	фляжка	flʲadʒka
galão (m) de gasolina	канистра	kanistra
cisterna (f)	цистерна	tsısterna
caneca (f)	кружка	krudʒka
xícara (f)	чейчек	tʃøjtʃøk

33

pires (m)	табак	tabak
copo (m)	ыстакан	ıstakan
taça (f) de vinho	бокал	bokal
panela (f)	мискей	miskej

| garrafa (f) | бөтөлкө | bøtølkø |
| gargalo (m) | оозу | oozu |

jarra (f)	графин	grafin
jarro (m)	кумура	kumura
recipiente (m)	идиш	idiʃ
pote (m)	карапа	karapa
vaso (m)	ваза	vaza

frasco (~ de perfume)	флакон	flakon
frasquinho (m)	кичине бөтөлкө	kitʃine bøtølkø
tubo (m)	тюбик	tubik

saco (ex. ~ de açúcar)	кап	kap
sacola (~ plastica)	пакет	paket
maço (de cigarros, etc.)	пачке	patʃke

caixa (~ de sapatos, etc.)	куту	kutu
caixote (~ de madeira)	үкөк	ykøk
cesto (m)	себет	sebet

27. Materiais

material (m)	материал	material
madeira (f)	жыгач	dʒıgatʃ
de madeira	жыгач	dʒıgatʃ

| vidro (m) | айнек | ajnek |
| de vidro | айнек | ajnek |

| pedra (f) | таш | taʃ |
| de pedra | таш | taʃ |

| plástico (m) | пластик | plastik |
| plástico (adj) | пластик | plastik |

| borracha (f) | резина | rezina |
| de borracha | резина | rezina |

| tecido, pano (m) | кездеме | kezdeme |
| de tecido | кездеме | kezdeme |

| papel (m) | кагаз | kagaz |
| de papel | кагаз | kagaz |

papelão (m)	картон	karton
de papelão	картон	karton
polietileno (m)	полиэтилен	polietilen
celofane (m)	целлофан	tsellofan

| linóleo (m) | линолеум | linoleum |
| madeira (f) compensada | фанера | fanera |

porcelana (f)	фарфор	farfor
de porcelana	фарфор	farfor
argila (f), barro (m)	чопо	ʧopo
de barro	чопо	ʧopo
cerâmica (f)	карапа	karapa
de cerâmica	карапа	karapa

28. Metais

metal (m)	металл	metall
metálico (adj)	металл	metall
liga (f)	эритме	eritme

ouro (m)	алтын	altın
de ouro	алтын	altın
prata (f)	күмүш	kymyʃ
de prata	күмүш	kymyʃ

ferro (m)	темир	temir
de ferro	темир	temir
aço (m)	болот	bolot
de aço (adj)	болот	bolot
cobre (m)	жез	dʒez
de cobre	жез	dʒez

alumínio (m)	алюминий	aluminij
de alumínio	алюминий	aluminij
bronze (m)	коло	kolo
de bronze	коло	kolo

latão (m)	латунь	latunʲ
níquel (m)	никель	nikelʲ
platina (f)	платина	platina
mercúrio (m)	сымап	sımap
estanho (m)	калай	kalaj
chumbo (m)	коргошун	korgoʃun
zinco (m)	цинк	tsınk

O SER HUMANO

O ser humano. O corpo

29. Humanos. Conceitos básicos

ser (m) humano	адам	adam
homem (m)	эркек	erkek
mulher (f)	аял	ajal
criança (f)	бала	bala
menina (f)	кыз бала	kız bala
menino (m)	бала	bala
adolescente (m)	өспүрүм	øspyrym
velho (m)	абышка	abıʃka
velha (f)	кемпир	kempir

30. Anatomia humana

organismo (m)	организм	organizm
coração (m)	жүрөк	dʒyrøk
sangue (m)	кан	kan
artéria (f)	артерия	arterija
veia (f)	вена	vena
cérebro (m)	мээ	mee
nervo (m)	нерв	nerv
nervos (m pl)	нервдер	nervder
vértebra (f)	омуртка	omurtka
coluna (f) vertebral	кыр арка	kır arka
estômago (m)	ашказан	aʃkazan
intestinos (m pl)	ичеги-карын	itʃegi-karın
intestino (m)	ичеги	itʃegi
fígado (m)	боор	boor
rim (m)	бөйрөк	bøjrøk
osso (m)	сөөк	søøk
esqueleto (m)	скелет	skelet
costela (f)	кабырга	kabırga
crânio (m)	баш сөөгү	baʃ søøgy
músculo (m)	булчуң	bultʃuŋ
bíceps (m)	бицепс	bitseps
tríceps (m)	трицепс	tritseps
tendão (m)	тарамыш	taramıʃ
articulação (f)	муундар	muundar

pulmões (m pl)	өпкө	øpkø
órgãos (m pl) genitais	жан жер	dʒan dʒer
pele (f)	тери	teri

31. Cabeça

cabeça (f)	баш	baʃ
rosto, cara (f)	бет	bet
nariz (m)	мурун	murun
boca (f)	ооз	ooz

olho (m)	көз	køz
olhos (m pl)	көздөр	køzdør
pupila (f)	карек	karek
sobrancelha (f)	каш	kaʃ
cílio (f)	кирпик	kirpik
pálpebra (f)	кабак	kabak

língua (f)	тил	til
dente (m)	тиш	tiʃ
lábios (m pl)	эриндер	erinder
maçãs (f pl) do rosto	бет сөөгү	bet søøgy
gengiva (f)	тиш эти	tiʃ eti
palato (m)	таңдай	taŋdaj

narinas (f pl)	мурун тешиги	murun teʃigi
queixo (m)	ээк	eek
mandíbula (f)	жаак	dʒaak
bochecha (f)	бет	bet

testa (f)	чеке	tʃeke
têmpora (f)	чыкый	tʃɪkɪj
orelha (f)	кулак	kulak
costas (f pl) da cabeça	желке	dʒelke
pescoço (m)	моюн	mojʉn
garganta (f)	тамак	tamak

cabelo (m)	чач	tʃatʃ
penteado (m)	чач жасоо	tʃatʃ dʒasoo
corte (m) de cabelo	чач кыркуу	tʃatʃ kɪrkuu
peruca (f)	парик	parik

bigode (m)	мурут	murut
barba (f)	сакал	sakal
ter (~ barba, etc.)	мурут коюу	murut kojʉu
trança (f)	өрүм чач	ørym tʃatʃ
suíças (f pl)	бакенбарда	bakenbarda

ruivo (adj)	сары	sarɪ
grisalho (adj)	ак чачтуу	ak tʃatʃtuu
careca (adj)	таз	taz
calva (f)	кашка	kaʃka
rabo-de-cavalo (m)	куйрук	kujruk
franja (f)	көкүл	køkyl

32. Corpo humano

mão (f)	беш манжа	beʃ mandʒa
braço (m)	кол	kol
dedo (m)	манжа	mandʒa
dedo (m) do pé	манжа	mandʒa
polegar (m)	бармак	barmak
dedo (m) mindinho	чыпалак	tʃɪpalak
unha (f)	тырмак	tɪrmak
punho (m)	муштум	muʃtum
palma (f)	алакан	alakan
pulso (m)	билек	bilek
antebraço (m)	каруу	karuu
cotovelo (m)	чыканак	tʃɪkanak
ombro (m)	ийин	ijin
perna (f)	бут	but
pé (m)	таман	taman
joelho (m)	тизе	tize
panturrilha (f)	балтыр	baltɪr
quadril (m)	сан	san
calcanhar (m)	согончок	sogontʃok
corpo (m)	дене	dene
barriga (f), ventre (m)	курсак	kursak
peito (m)	төш	tøʃ
seio (m)	эмчек	emtʃek
lado (m)	каптал	kaptal
costas (dorso)	арка жон	arka dʒon
região (f) lombar	бел	bel
cintura (f)	бел	bel
umbigo (m)	киндик	kindik
nádegas (f pl)	жамбаш	dʒambaʃ
traseiro (m)	көчүк	køtʃyk
sinal (m), pinta (f)	мең	meŋ
sinal (m) de nascença	кал	kal
tatuagem (f)	татуировка	tatuirovka
cicatriz (f)	тырык	tɪrɪk

Vestuário & Acessórios

33. Roupa exterior. Casacos

roupa (f)	кийим	kijim
roupa (f) exterior	үстүнкү кийим	ystyŋky kijim
roupa (f) de inverno	кышкы кийим	kıʃkı kijim
sobretudo (m)	пальто	palʲto
casaco (m) de pele	тон	ton
jaqueta (f) de pele	чолок тон	tʃolok ton
casaco (m) acolchoado	мамык олпок	mamık olpok
casaco (m), jaqueta (f)	күрмө	kyrmø
impermeável (m)	плащ	plaʃtʃ
a prova d'água	суу өткүс	suu øtkys

34. Vestuário de homem & mulher

camisa (f)	көйнөк	køjnøk
calça (f)	шым	ʃim
jeans (m)	джинсы	dʒinsı
paletó, terno (m)	бешмант	beʃmant
terno (m)	костюм	kostʉm
vestido (ex. ~ de noiva)	көйнөк	køjnøk
saia (f)	юбка	jʉbka
blusa (f)	блузка	bluzka
casaco (m) de malha	кофта	kofta
casaco, blazer (m)	кыска бешмант	kıska beʃmant
camiseta (f)	футболка	futbolka
short (m)	чолок шым	tʃolok ʃim
training (m)	спорт кийими	sport kijimi
roupão (m) de banho	халат	χalat
pijama (m)	пижама	pidʒama
suéter (m)	свитер	sviter
pulôver (m)	пуловер	pulover
colete (m)	жилет	dʒilet
fraque (m)	фрак	frak
smoking (m)	смокинг	smoking
uniforme (m)	форма	forma
roupa (f) de trabalho	жумуш кийим	dʒumuʃ kijim
macacão (m)	комбинезон	kombinezon
jaleco (m), bata (f)	халат	χalat

35. Vestuário. Roupa interior

roupa (f) íntima	ич кийим	itʃ kijim
cueca boxer (f)	эркектер чолок дамбалы	erkekter tʃolok dambalı
calcinha (f)	аялдар трусиги	ajaldar trusigi
camiseta (f)	майка	majka
meias (f pl)	байпак	bajpak
camisola (f)	жатаарда кийүүчү көйнөк	dʒataarda kijyytʃy køjnøk
sutiã (m)	бюстгальтер	bʉstgalʲter
meias longas (f pl)	гольфы	golʲfı
meias-calças (f pl)	колготки	kolgotki
meias (~ de nylon)	байпак	bajpak
maiô (m)	купальник	kupalʲnik

36. Adereços de cabeça

chapéu (m), touca (f)	топу	topu
chapéu (m) de feltro	шляпа	ʃlʲapa
boné (m) de beisebol	бейсболка	bejsbolka
boina (~ italiana)	кепка	kepka
boina (ex. ~ basca)	берет	beret
capuz (m)	капюшон	kapʉʃon
chapéu panamá (m)	панамка	panamka
touca (f)	токулган шапка	tokulgan ʃapka
lenço (m)	жоолук	dʒooluk
chapéu (m) feminino	шляпа	ʃlʲapa
capacete (m) de proteção	каска	kaska
bibico (m)	пилотка	pilotka
capacete (m)	шлем	ʃlem
chapéu-coco (m)	котелок	kotelok
cartola (f)	цилиндр	tsılindr

37. Calçado

calçado (m)	бут кийим	but kijim
botinas (f pl), sapatos (m pl)	ботинка	botinka
sapatos (de salto alto, etc.)	туфли	tufli
botas (f pl)	өтүк	øtyk
pantufas (f pl)	тапочка	tapotʃka
tênis (~ Nike, etc.)	кроссовка	krossovka
tênis (~ Converse)	кеды	kedı
sandálias (f pl)	сандалии	sandalii
sapateiro (m)	өтүкчү	øtyktʃy
salto (m)	така	taka

par (m)	түгөй	tygøj
cadarço (m)	боо	boo
amarrar os cadarços	боолоо	booloo
calçadeira (f)	кашык	kaʃık
graxa (f) para calçado	өтүк май	øtyk maj

38. Têxtil. Tecidos

algodão (m)	пахта	paχta
de algodão	пахтадан	paχtadan
linho (m)	зыгыр	zıgır
de linho	зыгырдан	zıgırdan

seda (f)	жибек	dʒibek
de seda	жибек	dʒibek
lã (f)	жүн	dʒyn
de lã	жүндөн	dʒyndøn

veludo (m)	баркыт	barkıt
camurça (f)	күдөрү	kydøry
veludo (m) cotelê	чий баркыт	tʃij barkıt

nylon (m)	нейлон	nejlon
de nylon	нейлон	nejlon
poliéster (m)	полиэстер	poliester
de poliéster	полиэстер	poliester

couro (m)	булгаары	bulgaarı
de couro	булгаары	bulgaarı
pele (f)	тери	teri
de pele	тери	teri

39. Acessórios pessoais

luva (f)	колкап	kolkap
mitenes (f pl)	мээлей	meelej
cachecol (m)	моюн орогуч	mojun orogutʃ

óculos (m pl)	көз айнек	køz ajnek
armação (f)	алкак	alkak
guarda-chuva (m)	чатырча	tʃatırtʃa
bengala (f)	аса таяк	asa tajak
escova (f) para o cabelo	тарак	tarak
leque (m)	желпингич	dʒelpingitʃ

gravata (f)	галстук	galstuk
gravata-borboleta (f)	галстук-бабочка	galstuk-babotʃka
suspensórios (m pl)	шым тарткыч	ʃım tartkıtʃ
lenço (m)	бетаарчы	betaartʃı

pente (m)	тарак	tarak
fivela (f) para cabelo	чачсайгы	tʃatʃsajgı

| grampo (m) | шпилька | ʃpilʲka |
| fivela (f) | таралга | taralga |

| cinto (m) | кайыш кур | kajıʃ kur |
| alça (f) de ombro | илгич | ilgitʃ |

bolsa (f)	колбаштык	kolbaʃtık
bolsa (feminina)	кичине колбаштык	kitʃine kolbaʃtık
mochila (f)	жонбаштык	dʒonbaʃtık

40. Vestuário. Diversos

moda (f)	мода	moda
na moda (adj)	саркеч	sarketʃ
estilista (m)	модельер	modeljer

colarinho (m)	жака	dʒaka
bolso (m)	чөнтөк	tʃøntøk
de bolso	чөнтөк	tʃøntøk
manga (f)	жең	dʒeŋ
ganchinho (m)	илгич	ilgitʃ
bragueta (f)	ширинка	ʃirinka

zíper (m)	молния	molnija
colchete (m)	топчулук	toptʃuluk
botão (m)	топчу	toptʃu
botoeira (casa de botão)	илмек	ilmek
soltar-se (vr)	үзүлүү	yzylyy

costurar (vi)	тигүү	tigyy
bordar (vt)	сайма саюу	sajma sajʉu
bordado (m)	сайма	sajma
agulha (f)	ийне	ijne
fio, linha (f)	жип	dʒip
costura (f)	тигиш	tigiʃ

sujar-se (vr)	булгап алуу	bulgap aluu
mancha (f)	так	tak
amarrotar-se (vr)	бырышып калуу	bırıʃıp kaluu
rasgar (vt)	айрылуу	ajrıluu
traça (f)	күбө	kybø

41. Cuidados pessoais. Cosméticos

pasta (f) de dente	тиш пастасы	tiʃ pastası
escova (f) de dente	тиш щёткасы	tiʃ ʃtʃotkası
escovar os dentes	тиш жуу	tiʃ dʒuu

gilete (f)	устара	ustara
creme (m) de barbear	кырынуу үчүн көбүк	kırınuu ytʃyn købyk
barbear-se (vr)	кырынуу	kırınuu
sabonete (m)	самын	samın

xampu (m)	шампунь	ʃampunʲ
tesoura (f)	кайчы	kajtʃı
lixa (f) de unhas	тырмак өгөө	tırmak øgøø
corta-unhas (m)	тырмак кычкачы	tırmak kıtʃkatʃı
pinça (f)	искек	iskek

cosméticos (m pl)	упа-эндик	upa-endik
máscara (f)	маска	maska
manicure (f)	маникюр	manikʉr
fazer as unhas	маникюр жасоо	manikdʒʉr dʒasoo
pedicure (f)	педикюр	pedikʉr

bolsa (f) de maquiagem	косметичка	kosmetitʃka
pó (de arroz)	упа	upa
pó (m) compacto	упа кутусу	upa kutusu
blush (m)	эндик	endik

perfume (m)	атыр	atır
água-de-colônia (f)	туалет атыр суусу	tualet atır suusu
loção (f)	лосьон	losʲon
colônia (f)	одеколон	odekolon

sombra (f) de olhos	көз боёгу	køz bojogu
delineador (m)	көз карандашы	køz karandaʃı
máscara (f), rímel (m)	кирпик үчүн боек	kirpik ytʃyn boek

batom (m)	эрин помадасы	erin pomadası
esmalte (m)	тырмак үчүн лак	tırmak ytʃyn lak
laquê (m), spray fixador (m)	чач үчүн лак	tʃatʃ ytʃyn lak
desodorante (m)	дезодорант	dezodorant

creme (m)	крем	krem
creme (m) de rosto	бетмай	betmaj
creme (m) de mãos	кол үчүн май	kol ytʃyn maj
creme (m) antirrugas	бырыштарга каршы бет май	bırıʃtarga karʃı bet maj
creme (m) de dia	күндүзгү бет май	kyndyzgy bet maj
creme (m) de noite	түнкү бет май	tynky bet maj
de dia	күндүзгү	kyndyzgy
da noite	түнкү	tynky

absorvente (m) interno	тампон	tampon
papel (m) higiênico	даарат кагазы	daarat kagazı
secador (m) de cabelo	фен	fen

42. Joalheria

joias (f pl)	зер буюмдар	zer bujʉmdar
precioso (adj)	баалуу	baaluu
marca (f) de contraste	проба	proba

anel (m)	шакек	ʃakek
aliança (f)	нике шакеги	nike ʃakegi
pulseira (f)	билерик	bilerik

brincos (m pl)	сөйкө	søjkø
colar (m)	шуру	ʃuru
coroa (f)	таажы	taadʒɪ
colar (m) de contas	мончок	montʃok

diamante (m)	бриллиант	brilliant
esmeralda (f)	зымырыт	zɪmɪrɪt
rubi (m)	лаал	laal
safira (f)	сапфир	sapfir
pérola (f)	бермет	bermet
âmbar (m)	янтарь	jantarʲ

43. Relógios de pulso. Relógios

relógio (m) de pulso	кол саат	kol saat
mostrador (m)	циферблат	tsɪferblat
ponteiro (m)	жебе	dʒebe
bracelete (em aço)	браслет	braslet
bracelete (em couro)	кайыш кур	kajɪʃ kur

pilha (f)	батарейка	batarejka
acabar (vi)	зарядканын түгөнүүсү	zarʲadkanɪn tygønyysy
trocar a pilha	батарейка алмаштыруу	batarejka almaʃtɪruu
estar adiantado	алдыга кетүү	aldɪga ketyy
estar atrasado	калуу	kaluu

relógio (m) de parede	дубалга тагуучу саат	dubalga taguutʃu saat
ampulheta (f)	кум саат	kum saat
relógio (m) de sol	күн саат	kyn saat
despertador (m)	ойготкуч саат	ojgotkutʃ saat
relojoeiro (m)	саат устасы	saat ustasɪ
reparar (vt)	оңдоо	oŋdoo

Alimentação. Nutrição

44. Comida

carne (f)	эт	et
galinha (f)	тоок	took
frango (m)	балапан	balapan
pato (m)	өрдөк	ørdøk
ganso (m)	каз	kaz
caça (f)	илбээсин	ilbeesin
peru (m)	күрп	kyrp
carne (f) de porco	чочко эти	tʃotʃko eti
carne (f) de vitela	торпок эти	torpok eti
carne (f) de carneiro	кой эти	koj eti
carne (f) de vaca	уй эти	uj eti
carne (f) de coelho	коён	koen
linguiça (f), salsichão (m)	колбаса	kolbasa
salsicha (f)	сосиска	sosiska
bacon (m)	бекон	bekon
presunto (m)	ветчина	vettʃina
pernil (m) de porco	сан эт	san et
patê (m)	паштет	paʃtet
fígado (m)	боор	boor
guisado (m)	фарш	farʃ
língua (f)	тил	til
ovo (m)	жумуртка	dʒumurtka
ovos (m pl)	жумурткалар	dʒumurtkalar
clara (f) de ovo	жумуртканын агы	dʒumurtkanın agı
gema (f) de ovo	жумуртканын сарысы	dʒumurtkanın sarısı
peixe (m)	балык	balık
mariscos (m pl)	деңиз азыктары	deŋiz azıktarı
crustáceos (m pl)	рак сыяктуулар	rak sıjaktuular
caviar (m)	урук	uruk
caranguejo (m)	краб	krab
camarão (m)	креветка	krevetka
ostra (f)	устрица	ustritsa
lagosta (f)	лангуст	langust
polvo (m)	сегиз бут	segiz but
lula (f)	кальмар	kalʲmar
esturjão (m)	осетрина	osetrina
salmão (m)	лосось	lososʲ
halibute (m)	палтус	paltus
bacalhau (m)	треска	treska

cavala, sarda (f)	скумбрия	skumbrija
atum (m)	тунец	tunets
enguia (f)	угорь	ugorʲ
truta (f)	форель	forelʲ
sardinha (f)	сардина	sardina
lúcio (m)	чортон	tʃorton
arenque (m)	сельдь	selʲdʲ
pão (m)	нан	nan
queijo (m)	сыр	sɯr
açúcar (m)	кум шекер	kum-ʃeker
sal (m)	туз	tuz
arroz (m)	күрүч	kyrytʃ
massas (f pl)	макарон	makaron
talharim, miojo (m)	кесме	kesme
manteiga (f)	ак май	ak maj
óleo (m) vegetal	өсүмдүк майы	øsymdyk majɯ
óleo (m) de girassol	күн карама майы	kyn karama majɯ
margarina (f)	маргарин	margarin
azeitonas (f pl)	зайтун	zajtun
azeite (m)	зайтун майы	zajtun majɯ
leite (m)	сүт	syt
leite (m) condensado	коютулган сүт	kojɯtulgan syt
iogurte (m)	йогурт	jogurt
creme (m) azedo	сметана	smetana
creme (m) de leite	каймак	kajmak
maionese (f)	майонез	majonez
creme (m)	крем	krem
grãos (m pl) de cereais	акшак	akʃak
farinha (f)	ун	un
enlatados (m pl)	консерва	konserva
flocos (m pl) de milho	жарылган жүгөрү	dʒarɯlgan dʒygøry
mel (m)	бал	bal
geleia (m)	джем, конфитюр	dʒem, konfitɯr
chiclete (m)	сагыз	sagɯz

45. Bebidas

água (f)	суу	suu
água (f) potável	ичүүчү суу	itʃyytʃy suu
água (f) mineral	минерал суусу	mineral suusu
sem gás (adj)	газсыз	gazsɯz
gaseificada (adj)	газдалган	gazdalgan
com gás	газы менен	gazɯ menen
gelo (m)	муз	muz

com gelo	музу менен	muzu menen
não alcoólico (adj)	алкоголсуз	alkogolsuz
refrigerante (m)	алкоголсуз ичимдик	alkogolsuz itʃimdik
refresco (m)	суусундук	suusunduk
limonada (f)	лимонад	limonad

bebidas (f pl) alcoólicas	спирт ичимдиктери	spirt itʃimdikteri
vinho (m)	шарап	ʃarap
vinho (m) branco	ак шарап	ak ʃarap
vinho (m) tinto	кызыл шарап	kızıl ʃarap

licor (m)	ликёр	likʲor
champanhe (m)	шампан	ʃampan
vermute (m)	вермут	vermut

uísque (m)	виски	viski
vodca (f)	арак	arak
gim (m)	джин	dʒin
conhaque (m)	коньяк	konjak
rum (m)	ром	rom

café (m)	кофе	kofe
café (m) preto	кара кофе	kara kofe
café (m) com leite	сүттөлгөн кофе	syttølgøn kofe
cappuccino (m)	капучино	kaputʃino
café (m) solúvel	эрүүчү кофе	eryytʃy kofe

leite (m)	сүт	syt
coquetel (m)	коктейль	koktejlʲ
batida (f), milkshake (m)	сүт коктейли	syt koktejli

suco (m)	шире	ʃire
suco (m) de tomate	томат ширеси	tomat ʃiresi
suco (m) de laranja	апельсин ширеси	apelʲsin ʃiresi
suco (m) fresco	түз сыгылып алынган шире	tyz sıgılıp alıngan ʃire

cerveja (f)	сыра	sıra
cerveja (f) clara	ачык сыра	atʃık sıra
cerveja (f) preta	коңур сыра	koŋur sıra

chá (m)	чай	tʃaj
chá (m) preto	кара чай	kara tʃaj
chá (m) verde	жашыл чай	dʒaʃıl tʃaj

46. Vegetais

vegetais (m pl)	жашылча	dʒaʃıltʃa
verdura (f)	көк чөп	køk tʃøp

tomate (m)	помидор	pomidor
pepino (m)	бадыраң	badıraŋ
cenoura (f)	сабиз	sabiz
batata (f)	картошка	kartoʃka

| cebola (f) | пияз | pijaz |
| alho (m) | сарымсак | sarımsak |

couve (f)	капуста	kapusta
couve-flor (f)	гүлдүү капуста	gyldyy kapusta
couve-de-bruxelas (f)	брюссель капустасы	brʉsselʲ kapustası
brócolis (m pl)	брокколи капустасы	brokkoli kapustası

beterraba (f)	кызылча	kızılʧa
berinjela (f)	баклажан	bakladʒan
abobrinha (f)	кабачок	kabaʧok
abóbora (f)	ашкабак	aʃkabak
nabo (m)	шалгам	ʃalgam

salsa (f)	петрушка	petruʃka
endro, aneto (m)	укроп	ukrop
alface (f)	салат	salat
aipo (m)	сельдерей	selʲderej
aspargo (m)	спаржа	spardʒa
espinafre (m)	шпинат	ʃpinat

ervilha (f)	нокот	nokot
feijão (~ soja, etc.)	буурчак	buurʧak
milho (m)	жүгөрү	dʒygøry
feijão (m) roxo	төө буурчак	tøø buurʧak

pimentão (m)	таттуу перец	tattuu perets
rabanete (m)	шалгам	ʃalgam
alcachofra (f)	артишок	artiʃok

47. Frutos. Nozes

fruta (f)	мөмө	mømø
maçã (f)	алма	alma
pera (f)	алмурут	almurut
limão (m)	лимон	limon
laranja (f)	апельсин	apelʲsin
morango (m)	кулпунай	kulpunaj

tangerina (f)	мандарин	mandarin
ameixa (f)	кара өрүк	kara øryk
pêssego (m)	шабдаалы	ʃabdaalı
damasco (m)	өрүк	øryk
framboesa (f)	дан куурай	dan kuuraj
abacaxi (m)	ананас	ananas

banana (f)	банан	banan
melancia (f)	арбуз	arbuz
uva (f)	жүзүм	dʒyzym
ginja (f)	алча	alʧa
cereja (f)	гилас	gilas
melão (m)	коон	koon
toranja (f)	грейпфрут	grejpfrut
abacate (m)	авокадо	avokado

mamão (m)	папайя	papaja
manga (f)	манго	mango
romã (f)	анар	anar

groselha (f) vermelha	кызыл карагат	kızıl karagat
groselha (f) negra	кара карагат	kara karagat
groselha (f) espinhosa	крыжовник	krıdʒovnik
mirtilo (m)	кара моюл	kara mojʉl
amora (f) silvestre	кара бүлдүркөн	kara byldyrkøn

passa (f)	мейиз	mejiz
figo (m)	анжир	andʒir
tâmara (f)	курма	kurma

amendoim (m)	арахис	araҳis
amêndoa (f)	бадам	badam
noz (f)	жаңгак	dʒaŋgak
avelã (f)	токой жаңгагы	tokoj dʒaŋgagı
coco (m)	кокос жаңгагы	kokos dʒaŋgagı
pistaches (m pl)	мисте	miste

48. Pão. Bolaria

pastelaria (f)	кондитер азыктары	konditer azıktarı
pão (m)	нан	nan
biscoito (m), bolacha (f)	печенье	petʃenje

chocolate (m)	шоколад	ʃokolad
de chocolate	шоколаддан	ʃokoladdan
bala (f)	конфета	konfeta
doce (bolo pequeno)	пирожное	pirodʒnoe
bolo (m) de aniversário	торт	tort

torta (f)	пирог	pirog
recheio (m)	начинка	natʃinka

geleia (m)	кыям	kıjam
marmelada (f)	мармелад	marmelad
wafers (m pl)	вафли	vafli
sorvete (m)	бал муздак	bal muzdak
pudim (m)	пудинг	puding

49. Pratos cozinhados

prato (m)	тамак	tamak
cozinha (~ portuguesa)	даам	daam
receita (f)	тамак жасоо ыкмасы	tamak dʒasoo ıkması
porção (f)	порция	portsija

salada (f)	салат	salat
sopa (f)	сорпо	sorpo
caldo (m)	ынак сорпо	ınak sorpo

| sanduíche (m) | бутерброд | buterbrod |
| ovos (m pl) fritos | куурулган жумуртка | kuurulgan dʒumurtka |

| hambúrguer (m) | гамбургер | gamburger |
| bife (m) | бифштекс | bifʃteks |

acompanhamento (m)	гарнир	garnir
espaguete (m)	спагетти	spagetti
purê (m) de batata	эзилген картошка	ezilgen kartoʃka
pizza (f)	пицца	pitsa
mingau (m)	ботко	botko
omelete (f)	омлет	omlet

fervido (adj)	сууга бышырылган	suuga bıʃırılgan
defumado (adj)	ышталган	ıʃtalgan
frito (adj)	куурулган	kuurulgan
seco (adj)	кургатылган	kurgatılgan
congelado (adj)	тоңдурулган	toŋdurulgan
em conserva (adj)	маринаддагы	marinaddagı

doce (adj)	таттуу	tattuu
salgado (adj)	туздуу	tuzduu
frio (adj)	муздак	muzdak
quente (adj)	ысык	ısık
amargo (adj)	ачуу	atʃuu
gostoso (adj)	даамдуу	daamduu

cozinhar em água fervente	кайнатуу	kajnatuu
preparar (vt)	тамак бышыруу	tamak bıʃıruu
fritar (vt)	кууруу	kuuruu
aquecer (vt)	жылытуу	dʒılıtuu

salgar (vt)	туздоо	tuzdoo
apimentar (vt)	калемпир кошуу	kalempir koʃuu
ralar (vt)	сүргүлөө	syrgyløø
casca (f)	сырты	sırtı
descascar (vt)	тазалоо	tazaloo

50. Especiarias

sal (m)	туз	tuz
salgado (adj)	туздуу	tuzduu
salgar (vt)	туздоо	tuzdoo

pimenta-do-reino (f)	кара мурч	kara murtʃ
pimenta (f) vermelha	кызыл калемпир	kızıl kalempir
mostarda (f)	горчица	gortʃitsa
raiz-forte (f)	хрен	χren

condimento (m)	татымал	tatımal
especiaria (f)	татымал	tatımal
molho (~ inglês)	соус	sous
vinagre (m)	уксус	uksus
anis estrelado (m)	анис	anis

manjericão (m)	райхон	rajχon
cravo (m)	гвоздика	gvozdika
gengibre (m)	имбирь	imbirʲ
coentro (m)	кориандр	koriandr
canela (f)	корица	koritsa

gergelim (m)	кунжут	kundʒut
folha (f) de louro	лавр жалбырагы	lavr dʒalbıragı
páprica (f)	паприка	paprika
cominho (m)	зира	zira
açafrão (m)	заапаран	zaaparan

51. Refeições

comida (f)	тамак	tamak
comer (vt)	тамактануу	tamaktanuu

café (m) da manhã	таңкы тамак	taŋkı tamak
tomar café da manhã	эртең менен тамактануу	erteŋ menen tamaktanuu
almoço (m)	түшкү тамак	tyʃky tamak
almoçar (vi)	түштөнүү	tyʃtønyy
jantar (m)	кечки тамак	ketʃki tamak
jantar (vi)	кечки тамакты ичүү	ketʃki tamaktı itʃyy

apetite (m)	табит	tabit
Bom apetite!	Тамагыңыз таттуу болсун!	tamagıŋız tattuu bolsun!

abrir (~ uma lata, etc.)	ачуу	atʃuu
derramar (~ líquido)	төгүп алуу	tøgyp aluu
derramar-se (vr)	төгүлүү	tøgylyy
ferver (vi)	кайноо	kajnoo
ferver (vt)	кайнатуу	kajnatuu
fervido (adj)	кайнатылган	kajnatılgan
esfriar (vt)	суутуу	suutuu
esfriar-se (vr)	сууп туруу	suup turuu

sabor, gosto (m)	даам	daam
fim (m) de boca	даамдануу	daamdanuu

emagrecer (vi)	арыктоо	arıktoo
dieta (f)	мүнөз тамак	mynøz tamak
vitamina (f)	витамин	vitamin
caloria (f)	калория	kalorija
vegetariano (m)	эттен чанган	etten tʃangan
vegetariano (adj)	этсиз даярдалган	etsiz dajardalgan

gorduras (f pl)	майлар	majlar
proteínas (f pl)	белоктор	beloktor
carboidratos (m pl)	көмүрсуулар	kømyrsuular

fatia (~ de limão, etc.)	кесим	kesim
pedaço (~ de bolo)	бөлүк	bølyk
migalha (f), farelo (m)	күкүм	kykym

52. Por a mesa

colher (f)	кашык	kaʃık
faca (f)	бычак	bıʧak
garfo (m)	вилка	vilka
xícara (f)	чөйчөк	ʧøjʧøk
prato (m)	табак	tabak
pires (m)	табак	tabak
guardanapo (m)	майлык	majlık
palito (m)	тиш чукугуч	tiʃ ʧukuguʧ

53. Restaurante

restaurante (m)	ресторан	restoran
cafeteria (f)	кофекана	kofekana
bar (m), cervejaria (f)	бар	bar
salão (m) de chá	чай салону	ʧaj salonu
garçom (m)	официант	ofitsiant
garçonete (f)	официант кыз	ofitsiant kız
barman (m)	бармен	barmen
cardápio (m)	меню	menʉ
lista (f) de vinhos	шарап картасы	ʃarap kartası
reservar uma mesa	столду камдык	stoldu kamdık
	буйрутмалоо	bujrutmaloo
prato (m)	тамак	tamak
pedir (vt)	буйрутма кылуу	bujrutma kıluu
fazer o pedido	буйрутма берүү	bujrutma beryy
aperitivo (m)	аперитив	aperitiv
entrada (f)	ысылык	ısılık
sobremesa (f)	десерт	desert
conta (f)	эсеп	esep
pagar a conta	эсеп төлөө	esep tøløø
dar o troco	майда акчаны кайтаруу	majda akʧanı kajtaruu
gorjeta (f)	чайпул	ʧajpul

Família, parentes e amigos

54. Informação pessoal. Formulários

nome (m)	аты	atı
sobrenome (m)	фамилиясы	familijası
data (f) de nascimento	төрөлгөн күнү	tørølgøn kyny
local (m) de nascimento	туулган жери	tuulgan dʒeri
nacionalidade (f)	улуту	ulutu
lugar (m) de residência	жашаган жери	dʒaʃagan dʒeri
país (m)	өлкө	ølkø
profissão (f)	кесиби	kesibi
sexo (m)	жынысы	dʒınısı
estatura (f)	бою	bojʉ
peso (m)	салмак	salmak

55. Membros da família. Parentes

mãe (f)	эне	ene
pai (m)	ата	ata
filho (m)	уул	uul
filha (f)	кыз	kız
caçula (f)	кичүү кыз	kitʃyy kız
caçula (m)	кичүү уул	kitʃyy uul
filha (f) mais velha	улуу кыз	uluu kız
filho (m) mais velho	улуу уул	uluu uul
irmão (m)	бир тууган	bir tuugan
irmão (m) mais velho	байке	bajke
irmão (m) mais novo	ини	ini
irmã (f)	бир тууган	bir tuugan
irmã (f) mais velha	эже	edʒe
irmã (f) mais nova	синди	siŋdi
primo (m)	атасы же энеси бир тууган	atası dʒe enesi bir tuugan
prima (f)	атасы же энеси бир тууган	atası dʒe enesi bir tuugan
mamãe (f)	апа	apa
papai (m)	ата	ata
pais (pl)	ата-эне	ata-ene
criança (f)	бала	bala
crianças (f pl)	балдар	baldar
avó (f)	чоң апа	tʃoŋ apa

avô (m)	чоң ата	tʃoŋ ata
neto (m)	небере бала	nebere bala
neta (f)	небере кыз	nebere kız
netos (pl)	неберелер	nebereler

tio (m)	таяке	tajake
tia (f)	таяже	tajadʒe
sobrinho (m)	ини	ini
sobrinha (f)	жээн	dʒeen

sogra (f)	кайын эне	kajın ene
sogro (m)	кайын ата	kajın ata
genro (m)	күйөө бала	kyjøø bala
madrasta (f)	өгөй эне	øgøj ene
padrasto (m)	өгөй ата	øgøj ata

criança (f) de colo	эмчектеги бала	emtʃektegi bala
bebê (m)	ымыркай	ımırkaj
menino (m)	бөбөк	bøbøk

mulher (f)	аял	ajal
marido (m)	эр	er
esposo (m)	күйөө	kyjøø
esposa (f)	зайып	zajıp

casado (adj)	аялы бар	ajalı bar
casada (adj)	күйөөдө	kyjøødø
solteiro (adj)	бойдок	bojdok
solteirão (m)	бойдок	bojdok
divorciado (adj)	ажырашкан	adʒiraʃkan
viúva (f)	жесир	dʒesir
viúvo (m)	жесир	dʒesir

parente (m)	тууган	tuugan
parente (m) próximo	жакын тууган	dʒakın tuugan
parente (m) distante	алыс тууган	alıs tuugan
parentes (m pl)	бир тууган	bir tuugan

órfão (m), órfã (f)	жетим	dʒetim
tutor (m)	камкорчу	kamkortʃu
adotar (um filho)	уул кылып асырап алуу	uul kılıp asırap aluu
adotar (uma filha)	кыз кылып асырап алуу	kız kılıp asırap aluu

56. Amigos. Colegas de trabalho

amigo (m)	дос	dos
amiga (f)	курбу	kurbu
amizade (f)	достук	dostuk
ser amigos	достошуу	dostoʃuu

amigo (m)	шерик	ʃerik
amiga (f)	шерик кыз	ʃerik kız
parceiro (m)	өнөктөш	ønøktøʃ
chefe (m)	башчы	baʃʧı

superior (m)	башчы	baʃʧı
proprietário (m)	кожоюн	kodʒodʒɯn
subordinado (m)	кол астындагы	kol astındagı
colega (m, f)	кесиптеш	kesipteʃ

conhecido (m)	тааныш	taanıʃ
companheiro (m) de viagem	жолдош	dʒoldoʃ
colega (m) de classe	классташ	klasstaʃ

vizinho (m)	кошуна	koʃuna
vizinha (f)	кошуна	koʃuna
vizinhos (pl)	кошуналар	koʃunalar

57. Homem. Mulher

mulher (f)	аял	ajal
menina (f)	кыз	kız
noiva (f)	колукту	koluktu

bonita, bela (adj)	сулуу	suluu
alta (adj)	бою узун	bojɯ uzun
esbelta (adj)	сымбаттуу	sımbattuu
baixa (adj)	орто бойлуу	orto bojluu

| loira (f) | ак саргыл чачтуу | ak sargıl ʧaʧtuu |
| morena (f) | кара чачтуу | kara ʧaʧtuu |

de senhora	аялдардын	ajaldardın
virgem (f)	эркек көрө элек кыз	erkek kørø elek kız
grávida (adj)	кош бойлуу	koʃ bojluu

homem (m)	эркек	erkek
loiro (m)	ак саргыл чачтуу	ak sargıl ʧaʧtuu
moreno (m)	кара чачтуу	kara ʧaʧtuu
alto (adj)	бийик бойлуу	bijik bojluu
baixo (adj)	орто бойлуу	orto bojluu

rude (adj)	орой	oroj
atarracado (adj)	жапалдаш бой	dʒapaldaʃ boj
robusto (adj)	чымыр	ʧımır
forte (adj)	күчтүү	kyʧtyy
força (f)	күч	kyʧ

gordo (adj)	толук	toluk
moreno (adj)	кара тору	kara toru
esbelto (adj)	сымбаттуу	sımbattuu
elegante (adj)	жарашып кийинген	dʒaraʃıp kijingen

58. Idade

| idade (f) | жаш | dʒaʃ |
| juventude (f) | жаштык | dʒaʃtık |

55

jovem (adj)	жаш	dʒaʃ
mais novo (adj)	кичүү	kitʃyy
mais velho (adj)	улуу	uluu
jovem (m)	улан	ulan
adolescente (m)	өспүрүм	øspyrym
rapaz (m)	жигит	dʒigit
velho (m)	абышка	abıʃka
velha (f)	кемпир	kempir
adulto	чоң киши	tʃoŋ kiʃi
de meia-idade	орто жаш	orto dʒaʃ
idoso, de idade (adj)	жашап калган	dʒaʃap kalgan
velho (adj)	картаң	kartaŋ
aposentadoria (f)	бааракы	baarakı
aposentar-se (vr)	ардактуу эс алууга чыгуу	ardaktuu es aluuga tʃıguu
aposentado (m)	бааргер	baarger

59. Crianças

criança (f)	бала	bala
crianças (f pl)	балдар	baldar
gêmeos (m pl), gêmeas (f pl)	эгиздер	egizder
berço (m)	бешик	beʃik
chocalho (m)	шырылдак	ʃırıldak
fralda (f)	жалаяк	dʒalajak
chupeta (f), bico (m)	упчу	uptʃu
carrinho (m) de bebê	бешик араба	beʃik araba
jardim (m) de infância	бала бакча	bala baktʃa
babysitter, babá (f)	бала баккыч	bala bakkıtʃ
infância (f)	балалык	balalık
boneca (f)	куурчак	kuurtʃak
brinquedo (m)	оюнчук	ojʉntʃuk
jogo (m) de montar	конструктор	konstruktor
bem-educado (adj)	тарбия көргөн	tarbija kørgøn
malcriado (adj)	жетесиз	dʒetesiz
mimado (adj)	эрке	erke
ser travesso	тентектик кылуу	tentektik kıluu
travesso, traquinas (adj)	тентек	tentek
travessura (f)	шоктук, тентектик	ʃoktuk, tentektik
criança (f) travessa	тентек	tentek
obediente (adj)	элпек	elpek
desobediente (adj)	тил албас	til albas
dócil (adj)	зээндүү	zeendyy
inteligente (adj)	акылдуу	akılduu
prodígio (m)	вундеркинд	vunderkind

60. Casais. Vida de família

beijar (vt)	өбүү	øbyy
beijar-se (vr)	өбүшүү	øbyʃyy
família (f)	үй-бүлө	yj-bylø
familiar (vida ~)	үй-бүлөлүү	yj-bylølyy
casal (m)	эрди-катын	erdi-katın
matrimônio (m)	нике	nike
lar (m)	үй очогу	yj oʧogu
dinastia (f)	династия	dinastija
encontro (m)	жолугушуу	dʒoluguʃuu
beijo (m)	өбүү	øbyy
amor (m)	сүйүү	syjyy
amar (pessoa)	сүйүү	syjyy
amado, querido (adj)	жакшы көргөн	dʒakʃı kørgøn
ternura (f)	назиктик	naziktik
afetuoso (adj)	назик	nazik
fidelidade (f)	берилгендик	berilgendik
fiel (adj)	ишенимдүү	iʃenimdyy
cuidado (m)	кам көрүү	kam køryy
carinhoso (adj)	камкор	kamkor
recém-casados (pl)	жаңы үйлөнүшкөндөр	dʒaŋı yjlønyʃkøndør
lua (f) de mel	таттуулашуу	tattuulaʃuu
casar-se (com um homem)	күйөөгө чыгуу	kyjøøgø ʧıguu
casar-se (com uma mulher)	аял алуу	ajal aluu
casamento (m)	үйлөнүү той	yjlønyy toy
bodas (f pl) de ouro	алтын үлпөт той	altın ylpøt toj
aniversário (m)	жылдык	dʒıldık
amante (m)	ойнош	ojnoʃ
amante (f)	ойнош	ojnoʃ
adultério (m), traição (f)	көзгө чөп салуу	køzgø ʧøp saluu
cometer adultério	көзгө чөп салуу	køzgø ʧøp saluu
ciumento (adj)	кызгануу	kızganuu
ser ciumento, -a	кызгануу	kızganuu
divórcio (m)	ажырашуу	adʒıraʃuu
divorciar-se (vr)	ажырашуу	adʒıraʃuu
brigar (discutir)	урушуу	uruʃuu
fazer as pazes	жарашуу	dʒaraʃuu
juntos (ir ~)	бирге	birge
sexo (m)	жыныстык катнаш	dʒınıstık katnaʃ
felicidade (f)	бакыт	bakıt
feliz (adj)	бактылуу	baktıluu
infelicidade (f)	кырсык	kırsık
infeliz (adj)	бактысыз	baktısız

Caráter. Sentimentos. Emoções

61. Sentimentos. Emoções

sentimento (m)	сезим	sezim
sentimentos (m pl)	сезим	sezim
sentir (vt)	сезүү	sezyy
fome (f)	ачка болуу	atʃka boluu
ter fome	ачка болуу	atʃka boluu
sede (f)	чаңкоо	tʃaŋkoo
ter sede	суусап калуу	suusap kaluu
sonolência (f)	уйкусу келүү	ujkusu kelyy
estar sonolento	уйкусу келүү	ujkusu kelyy
cansaço (m)	чарчоо	tʃartʃoo
cansado (adj)	чарчаңкы	tʃartʃaŋkı
ficar cansado	чарчоо	tʃartʃoo
humor (m)	көңүл	køŋyl
tédio (m)	зеригүү	zerigyy
entediar-se (vr)	зеригүү	zerigyy
reclusão (isolamento)	элден качуу	elden katʃuu
isolar-se (vr)	элден качуу	elden katʃuu
preocupar (vt)	көңүлүн бөлүү	køŋylyn bølyy
estar preocupado	сарсанаа болуу	sarsanaa boluu
preocupação (f)	кабатырлануу	kabatırlanuu
ansiedade (f)	чочулоо	tʃotʃuloo
preocupado (adj)	бушайман	buʃajman
estar nervoso	тынчы кетүү	tıntʃı ketyy
entrar em pânico	дүрбөлөңгө түшүү	dyrbøløŋgø tyʃyy
esperança (f)	үмүт	ymyt
esperar (vt)	үмүттөнүү	ymyttønyy
certeza (f)	ишенимдүүлүк	iʃenimdyylyk
certo, seguro de …	ишеничтүү	iʃenitʃtyy
indecisão (f)	ишенбегендик	iʃenbegendik
indeciso (adj)	ишенбеген	iʃenbegen
bêbado (adj)	мас	mas
sóbrio (adj)	соо	soo
fraco (adj)	бошоң	boʃoŋ
feliz (adj)	бактылуу	baktıluu
assustar (vt)	жүрөгүн түшүрүү	dʒyrøgyn tyʃyryy
fúria (f)	жинденүү	dʒindenyy
ira, raiva (f)	жаалдануу	dʒaaldanuu
depressão (f)	көңүлү чөгүү	køŋyly tʃøgyy
desconforto (m)	ыңгайсыз	ıŋgajsız

conforto (m)	ыңгайлуу	ıŋgajluu
arrepender-se (vr)	өкүнүү	økynyy
arrependimento (m)	өкүнүп калуу	økynyp kaluu
azar (m), má sorte (f)	жолу болбоо	dʒolu bolboo
tristeza (f)	капалануу	kapalanuu

vergonha (f)	уят	ujat
alegria (f)	кубаныч	kubanıtʃ
entusiasmo (m)	ынта менен	ınta menen
entusiasta (m)	ынтызар	ıntızar
mostrar entusiasmo	ынтасын көрсөтүү	ıntasın kørsøtyy

62. Caráter. Personalidade

caráter (m)	мүнөз	mynøz
falha (f) de caráter	кемчилик	kemtʃilik
mente (f)	эс-акыл	es-akıl
razão (f)	акыл	akıl

consciência (f)	абийир	abijir
hábito, costume (m)	адат	adat
habilidade (f)	жөндөм	dʒøndøm
saber (~ nadar, etc.)	билүү	bilyy

paciente (adj)	көтөрүмдүү	køtørymdyy
impaciente (adj)	чыдамы жок	tʃıdamı dʒok
curioso (adj)	ынтызар	ıntızar
curiosidade (f)	кызыгуучулук	kızıguutʃuluk

modéstia (f)	жөнөкөйлүк	dʒønøkøjlyk
modesto (adj)	жөнөкөй	dʒønøkøj
imodesto (adj)	чекилик	tʃekilik

preguiça (f)	жалкоолук	dʒalkooluk
preguiçoso (adj)	жалкоо	dʒalkoo
preguiçoso (m)	эринчээк	erintʃeek

astúcia (f)	куулук	kuuluk
astuto (adj)	куу	kuu
desconfiança (f)	ишенбөөчүлүк	iʃenbøøtʃylyk
desconfiado (adj)	ишенбеген	iʃenbegen

generosidade (f)	берешендик	bereʃendik
generoso (adj)	берешен	bereʃen
talentoso (adj)	зээндүү	zeendyy
talento (m)	талант	talant

corajoso (adj)	кайраттуу	kajrattuu
coragem (f)	кайрат	kajrat
honesto (adj)	чынчыл	tʃıntʃıl
honestidade (f)	чынчылдык	tʃıntʃıldık

| prudente, cuidadoso (adj) | сак | sak |
| valoroso (adj) | тайманбас | tajmanbas |

| sério (adj) | оор басырыктуу | oor basırıktuu |
| severo (adj) | сүрдүү | syrdyy |

decidido (adj)	чечкиндүү	ʧeʧkindyy
indeciso (adj)	чечкинсиз	ʧeʧkinsiz
tímido (adj)	тартынчаак	tartınʧaak
timidez (f)	жүрөкзаада	dʒyrøkzaada

confiança (f)	ишеним артуу	iʃenim artuu
confiar (vt)	ишенүү	iʃenyy
crédulo (adj)	ишенчээк	iʃenʧeek

sinceramente	чын жүрөктөн	ʧın dʒyrøktøn
sincero (adj)	ак ниеттен	ak nietten
sinceridade (f)	ак ниеттүүлүк	ak niettyylyk
aberto (adj)	ачык	aʧık

calmo (adj)	жоош	dʒooʃ
franco (adj)	ачык	aʧık
ingênuo (adj)	ишенчээк	iʃenʧeek
distraído (adj)	унутчаак	unutʧaak
engraçado (adj)	кызык	kızık

ganância (f)	ач көздүк	aʧ køzdyk
ganancioso (adj)	сараң	saraŋ
avarento, sovina (adj)	сараң	saraŋ
mal (adj)	каардуу	kaarduu
teimoso (adj)	көк	køk
desagradável (adj)	жагымсыз	dʒagımsız

egoísta (m)	өзүмчүл	øzymʧyl
egoísta (adj)	өзүмчүл	øzymʧyl
covarde (m)	суу жүрөк	suu dʒyrøk
covarde (adj)	суу жүрөк	suu dʒyrøk

63. O sono. Sonhos

dormir (vi)	уктоо	uktoo
sono (m)	уйку	ujku
sonho (m)	түш	tyʃ
sonhar (ver sonhos)	түш көрүү	tyʃ køryy
sonolento (adj)	уйкусураган	ujkusuragan

cama (f)	керебет	kerebet
colchão (m)	матрас	matras
cobertor (m)	жууркан	dʒuurkan
travesseiro (m)	жаздык	dʒazdık
lençol (m)	шейшеп	ʃejʃep

insônia (f)	уйкусуздук	ujkusuzduk
sem sono (adj)	уйкусуз	ujkusuz
sonífero (m)	уйку дарысы	ujku darısı
tomar um sonífero	уйку дарысын ичүү	ujku darısın iʧyy
estar sonolento	уйкусу келүү	ujkusu kelyy

bocejar (vi)	эстее	estøø
ir para a cama	уктоого кетүү	uktoogo ketyy
fazer a cama	төшөк салуу	tøʃøk saluu
adormecer (vi)	уктап калуу	uktap kaluu

pesadelo (m)	коркунучтуу түш	korkunuʧtuu tyʃ
ronco (m)	коңурук	koŋuruk
roncar (vi)	коңурук тартуу	koŋuruk tartuu

despertador (m)	ойготкуч саат	ojgotkuʧ saat
acordar, despertar (vt)	ойготуу	ojgotuu
acordar (vi)	ойгонуу	ojgonuu
levantar-se (vr)	төшөктөн туруу	tøʃøktøn turuu
lavar-se (vr)	бети-колду жуу	beti-koldu ʤuu

64. Humor. Riso. Alegria

humor (m)	күлкү салуу	kylky saluu
senso (m) de humor	тамашага чалуу	tamaʃaga ʧaluu
divertir-se (vr)	көңүл ачуу	køŋyl aʧuu
alegre (adj)	көңүлдүү	køŋyldyy
diversão (f)	көңүлдүүлүк	køŋyldyylyk

sorriso (m)	жылмайыш	ʤɪlmajɪʃ
sorrir (vi)	жылмаюу	ʤɪlmaʤuu
começar a rir	күлүп жиберүү	kylyp ʤiberyy
rir (vi)	күлүү	kylyy
riso (m)	күлкү	kylky

anedota (f)	күлкүлүү окуя	kylkylyy okuja
engraçado (adj)	күлкүлүү	kylkylyy
ridículo, cômico (adj)	кызык	kɪzɪk

brincar (vi)	тамашалоо	tamaʃaloo
piada (f)	тамаша	tamaʃa
alegria (f)	кубаныч	kubanɪʧ
regozijar-se (vr)	кубануу	kubanuu
alegre (adj)	кубанычтуу	kubanɪʧtuu

65. Discussão, conversação. Parte 1

| comunicação (f) | баарлашуу | baarlaʃuu |
| comunicar-se (vr) | баарлашуу | baarlaʃuu |

conversa (f)	сүйлөшүү	syjløʃyy
diálogo (m)	маек	maek
discussão (f)	талкуу	talkuu
debate (m)	талаш	talaʃ
debater (vt)	талашуу	talaʃuu

| interlocutor (m) | аңгемелешкен | aŋgemeleʃken |
| tema (m) | тема | tema |

ponto (m) de vista	көз караш	køz karaʃ
opinião (f)	ой-пикир	oj-pikir
discurso (m)	сөз	søz
discussão (f)	талкуу	talkuu
discutir (vt)	талкуулоо	talkuuloo
conversa (f)	маек	maek
conversar (vi)	маектешүү	maekteʃyy
reunião (f)	жолугушуу	dʒoluguʃuu
encontrar-se (vr)	жолугушуу	dʒoluguʃuu
provérbio (m)	макал-лакап	makal-lakap
ditado, provérbio (m)	лакап	lakap
adivinha (f)	табышмак	tabıʃmak
dizer uma adivinha	табышмак айтуу	tabıʃmak ajtuu
senha (f)	сырсөз	sırsøz
segredo (m)	сыр	sır
juramento (m)	ант	ant
jurar (vi)	ант берүү	ant beryy
promessa (f)	убада	ubada
prometer (vt)	убада берүү	ubada beryy
conselho (m)	кеңеш	keŋeʃ
aconselhar (vt)	кеңеш берүү	keŋeʃ beryy
seguir o conselho	кеңешин жолдоо	keŋeʃin dʒoldoo
escutar (~ os conselhos)	угуу	uguu
novidade, notícia (f)	жаңылык	dʒaŋılık
sensação (f)	дүң салуу	dyŋ saluu
informação (f)	маалымат	maalımat
conclusão (f)	корутунду	korutundu
voz (f)	үн	yn
elogio (m)	мактоо	maktoo
amável, querido (adj)	сылык	sılık
palavra (f)	сөз	søz
frase (f)	сүйлөм	syjløm
resposta (f)	жооп	dʒoop
verdade (f)	чындык	tʃındık
mentira (f)	жалган	dʒalgan
pensamento (m)	ой	oj
ideia (f)	ой	oj
fantasia (f)	ойдон чыгаруу	ojdon tʃıgaruu

66. Discussão, conversação. Parte 2

estimado, respeitado (adj)	урматтуу	urmattuu
respeitar (vt)	сыйлоо	sıjloo
respeito (m)	урмат	urmat
Estimado ..., Caro ...	Урматтуу ...	urmattuu ...
apresentar (alguém a alguém)	тааныштыруу	taanıʃtıruu

conhecer (vt)	таанышуу	taanıʃuu
intenção (f)	ниет	niet
tencionar (~ fazer algo)	ниеттенүү	niettenyy
desejo (de boa sorte)	каалоо	kaaloo
desejar (ex. ~ boa sorte)	каалоо айтуу	kaaloo ajtuu
surpresa (f)	таңгалыч	taŋgalıtʃ
surpreender (vt)	таң калтыруу	taŋ kaltıruu
surpreender-se (vr)	таң калуу	taŋ kaluu
dar (vt)	берүү	beryy
pegar (tomar)	алуу	aluu
devolver (vt)	кайтарып берүү	kajtarıp beryy
retornar (vt)	кайра берүү	kajra beryy
desculpar-se (vr)	кечирим суроо	ketʃirim suroo
desculpa (f)	кечирим	ketʃirim
perdoar (vt)	кечирүү	ketʃiryy
falar (vi)	сүйлөшүү	syjløʃyy
escutar (vt)	угуу	uguu
ouvir até o fim	кулак салуу	kulak saluu
entender (compreender)	түшүнүү	tyʃynyy
mostrar (vt)	көрсөтүү	kørsøtyy
olhar para ...	... кароо	... karoo
chamar (alguém para ...)	чакыруу	tʃakıruu
perturbar, distrair (vt)	тынчын алуу	tıntʃın aluu
perturbar (vt)	тынчын алуу	tıntʃın aluu
entregar (~ em mãos)	узатып коюу	uzatıp kojuu
pedido (m)	сураныч	suranıtʃ
pedir (ex. ~ ajuda)	суроо	suroo
exigência (f)	талап	talap
exigir (vt)	талап кылуу	talap kıluu
insultar (chamar nomes)	кыжырына тийүү	kıdʒırına tijyy
zombar (vt)	шылдыңдоо	ʃıldıŋdoo
zombaria (f)	шылдың	ʃıldıŋ
alcunha (f), apelido (m)	лакап ат	lakap at
insinuação (f)	кыйытма	kıjıtma
insinuar (vt)	кыйытып айтуу	kıjıtıp aytuu
querer dizer	билдирүү	bildiryy
descrição (f)	сүрөттөө	syrøttøø
descrever (vt)	сүрөттөп берүү	syrøttøp beryy
elogio (m)	алкыш	alkıʃ
elogiar (vt)	мактоо	maktoo
desapontamento (m)	көңүлү калуу	køŋyly kaluu
desapontar (vt)	көңүлүн калтыруу	køŋylyn kaltıruu
desapontar-se (vr)	көңүл калуу	køŋyl kaluu
suposição (f)	божомол	bodʒomol
supor (vt)	божомолдоо	bodʒomoldoo

| advertência (f) | эскертүү | eskertyy |
| advertir (vt) | эскертүү | eskertyy |

67. Discussão, conversação. Parte 3

| convencer (vt) | көндүрүү | køndyryy |
| acalmar (vt) | тынчтандыруу | tıntʃtandıruu |

silêncio (o ~ é de ouro)	жымжырт	dʒımdʒırt
ficar em silêncio	унчукпоо	untʃukpoo
sussurrar (vt)	шыбыроо	ʃıbıroo
sussurro (m)	шыбыр	ʃıbır

| francamente | ачык айтканда | atʃık ajtkanda |
| na minha opinião ... | менин оюмча ... | menin ojɯmtʃa ... |

detalhe (~ da história)	ийне-жиби	ijne-dʒibi
detalhado (adj)	тетиктелген	tetiktelgen
detalhadamente	тетикке чейин	tetikke tʃejin

| dica (f) | четин чыгаруу | tʃetin tʃıgaruu |
| dar uma dica | четин чыгаруу | tʃetin tʃıgaruu |

olhar (m)	көз	køz
dar uma olhada	карап коюу	karap kojɯu
fixo (olhada ~a)	тиктеген	tiktegen
piscar (vi)	көз ирмөө	køz irmøø
piscar (vt)	көз кысуу	køz kısuu
acenar com a cabeça	баш ийкөө	baʃ ijkøø

suspiro (m)	дем чыгаруу	dem tʃıgaruu
suspirar (vi)	дем алуу	dem aluu
estremecer (vi)	селт этүү	selt etyy
gesto (m)	жаңсоо	dʒaŋsoo
tocar (com as mãos)	тийип кетүү	tijip ketyy
agarrar (~ pelo braço)	кармоо	karmoo
bater de leve	таптоо	taptoo

Cuidado!	Абайлагыла!	abajlagıla!
Sério?	Чын элеби?!	tʃın elebi?!
Tem certeza?	Жаңылган жоксуңбу?	dʒaŋılgan dʒoksuŋbu?
Boa sorte!	Ийгилик!	ijgilik!
Entendi!	Түшүнүктүү!	tyʃynyktyy!
Que pena!	Кап!	kap!

68. Acordo. Recusa

consentimento (~ mútuo)	макулдук	makulduk
consentir (vi)	макул болуу	makul boluu
aprovação (f)	колдоо	koldoo
aprovar (vt)	колдоо	koldoo
recusa (f)	баш тартуу	baʃ tartuu

negar-se a ...	баш тартуу	baʃ tartuu
Ótimo!	Эң жакшы!	eŋ dʒakʃı!
Tudo bem!	Жакшы!	dʒakʃı!
Está bem! De acordo!	Макул!	makul!

proibido (adj)	тыюу салынган	tıjuu salıngan
é proibido	болбойт	bolbojt
é impossível	мүмкүн эмес	mymkyn emes
incorreto (adj)	туура эмес	tuura emes

rejeitar (~ um pedido)	четке кагуу	tʃetke kaguu
apoiar (vt)	колдоо	koldoo
aceitar (desculpas, etc.)	кабыл алуу	kabıl aluu

confirmar (vt)	ырастоо	ırastoo
confirmação (f)	ырастоо	ırastoo
permissão (f)	уруксат	uruksat
permitir (vt)	уруксат берүү	uruksat beryy
decisão (f)	чечим	tʃetʃim
não dizer nada	унчукпоо	untʃukpoo

condição (com uma ~)	шарт	ʃart
pretexto (m)	шылтоо	ʃıltoo
elogio (m)	алкыш	alkıʃ
elogiar (vt)	мактоо	maktoo

69. Sucesso. Boa sorte. Insucesso

êxito, sucesso (m)	ийгилик	ijgilik
com êxito	ийгиликтүү	ijgiliktyy
bem sucedido (adj)	ийгиликтүү	ijgiliktyy

sorte (fortuna)	жол болуу	dʒol boluu
Boa sorte!	Ийгилик!	ijgilik!
de sorte	ийгиликтүү	ijgiliktyy
sortudo, felizardo (adj)	жолу бар	dʒolu bar

fracasso (m)	жолу болбостук	dʒolu bolbostuk
pouca sorte (f)	жолу болбостук	dʒolu bolbostuk
azar (m), má sorte (f)	жолу болбоо	dʒolu bolboo

mal sucedido (adj)	жолу болбогон	dʒolu bolbogon
catástrofe (f)	киши көрбөсүн	kiʃi kørbøsyn

orgulho (m)	сыймык	sıjmık
orgulhoso (adj)	көтөрүнгөн	køtøryngøn
estar orgulhoso, -a	сыймыктануу	sıjmıktanuu

vencedor (m)	жеңүүчү	dʒeŋyytʃy
vencer (vi, vt)	жеңүү	dʒeŋyy
perder (vt)	жеңилүү	dʒeŋilyy
tentativa (f)	аракет	araket
tentar (vt)	аракет кылуу	araket kıluu
chance (m)	мүмкүнчүлүк	mymkyntʃylyk

70. Conflitos. Emoções negativas

grito (m)	кыйкырык	kıjkırık
gritar (vi)	кыйкыруу	kıjkıruu
começar a gritar	кыйкырып алуу	kıjkırıp aluu
discussão (f)	уруш	uruʃ
brigar (discutir)	урушуу	uruʃuu
escândalo (m)	чатак	ʧatak
criar escândalo	чатакташуу	ʧataktaʃuu
conflito (m)	чыр-чатак	ʧır-ʧatak
mal-entendido (m)	түшүнбөстүк	tyʃynbøstyk
insulto (m)	кордоо	kordoo
insultar (vt)	кемсинтүү	kemsintyy
insultado (adj)	катуу тийген	katuu tijgen
ofensa (f)	таарыныч	taarınıʧ
ofender (vt)	көңүлгө тийүү	køŋylgø tijyy
ofender-se (vr)	таарынып калуу	taarınıp kaluu
indignação (f)	нааразылык	naarazılık
indignar-se (vr)	нааразы болуу	naarazı boluu
queixa (f)	арыз	arız
queixar-se (vr)	арыздануу	arızdanuu
desculpa (f)	кечирим	keʧirim
desculpar-se (vr)	кечирим суроо	keʧirim suroo
pedir perdão	кечирим суроо	keʧirim suroo
crítica (f)	сын-пикир	sın-pikir
criticar (vt)	сындоо	sındoo
acusação (f)	айыптоо	ajıptoo
acusar (vt)	айыптоо	ajıptoo
vingança (f)	өч алуу	øʧ aluu
vingar (vt)	өч алуу	øʧ aluu
desprezo (m)	киши катары көрбөө	kiʃi katarı kørbøø
desprezar (vt)	киши катарына албоо	kiʃi katarına alboo
ódio (m)	жек көрүү	dʒek køryy
odiar (vt)	жек көрүү	dʒek køryy
nervoso (adj)	тынчы кеткен	tınʧı ketken
estar nervoso	тынчы кетүү	tınʧı ketyy
zangado (adj)	ачууланган	aʧuulangan
zangar (vt)	ачуусун келтирүү	aʧuusun keltiryy
humilhação (f)	кемсинтүү	kemsintyy
humilhar (vt)	кемсинтүү	kemsintyy
humilhar-se (vr)	байкуш болуу	bajkuʃ boluu
choque (m)	дендирөө	dendirøø
chocar (vt)	дендиретүү	dendiretyy
aborrecimento (m)	жагымсыз жагдай	dʒagımsız dʒagdaj
desagradável (adj)	жагымсыз	dʒagımsız

medo (m)	коркунуч	korkunuʧ
terrível (tempestade, etc.)	каардуу	kaarduu
assustador (ex. história ~a)	коркунучтуу	korkunuʧtuu
horror (m)	үрөй учуу	yrøj uʧuu
horrível (crime, etc.)	үрөй учуруу	yrøj uʧuruu

começar a tremer	калтырап баштоо	kaltırap baʃtoo
chorar (vi)	ыйлоо	ıjloo
começar a chorar	ыйлап жиберүү	ıjlap dʒiberyy
lágrima (f)	көз жаш	køz dʒaʃ

falta (f)	күнөө	kynøø
culpa (f)	күнөө сезими	kynøø sezimi
desonra (f)	уят	ujat
protesto (m)	нааразылык	naarazılık
estresse (m)	бушайман болуу	buʃajman boluu

perturbar (vt)	тынчын алуу	tınʧın aluu
zangar-se com …	жини келүү	dʒini kelyy
zangado (irritado)	ачуулуу	aʧuuluu
terminar (vt)	токтотуу	toktotuu
praguejar	урушуу	uruʃuu

assustar-se	чоочуу	ʧooʧuu
golpear (vt)	уруу	uruu
brigar (na rua, etc.)	мушташуу	muʃtaʃuu

resolver (o conflito)	жөндөө	dʒøndøø
descontente (adj)	нааразы	naarazı
furioso (adj)	жаалданган	dʒaaldangan

Não está bem!	Бул жакшы эмес!	bul dʒakʃı emes!
É ruim!	Бул жаман!	bul dʒaman!

Medicina

71. Doenças

doença (f)	оору	ooru
estar doente	ооруу	ooruu
saúde (f)	ден-соолук	den-sooluk
nariz (m) escorrendo	мурдунан суу агуу	murdunan suu aguu
amigdalite (f)	ангина	angina
resfriado (m)	суук тийүү	suuk tijyy
ficar resfriado	суук тийгизип алуу	suuk tijgizip aluu
bronquite (f)	бронхит	bronχit
pneumonia (f)	кабыргадан сезгенүү	kabırgadan sezgenyy
gripe (f)	сасык тумоо	sasık tumoo
míope (adj)	алыстан көрө албоо	alıstan kørø alboo
presbita (adj)	жакындан көрө албоо	dʒakından kørø alboo
estrabismo (m)	кылый көздүүлүк	kılıj køzdyylyk
estrábico, vesgo (adj)	кылый көздүүлүк	kılıj køzdyylyk
catarata (f)	челкөз	tʃelkøz
glaucoma (m)	глаукома	glaukoma
AVC (m), apoplexia (f)	мээге кан куюлуу	meege kan kujuluu
ataque (m) cardíaco	инфаркт	infarkt
enfarte (m) do miocárdio	инфаркт миокарда	infarkt miokarda
paralisia (f)	шал	ʃal
paralisar (vt)	шал болуу	ʃal boluu
alergia (f)	аллергия	allergija
asma (f)	астма	astma
diabetes (f)	диабет	diabet
dor (f) de dente	тиш оорусу	tiʃ oorusu
cárie (f)	кариес	karies
diarreia (f)	ич өткү	itʃ øtky
prisão (f) de ventre	ич катуу	itʃ katuu
desarranjo (m) intestinal	ич бузулгандык	itʃ buzulgandık
intoxicação (f) alimentar	уулануу	uulanuu
intoxicar-se	уулануу	uulanuu
artrite (f)	артрит	artrit
raquitismo (m)	итий	itij
reumatismo (m)	кызыл жүгүрүк	kızıl dʒygyryk
arteriosclerose (f)	атеросклероз	ateroskleroz
gastrite (f)	карын сезгенүүсу	karın sezgenyysu
apendicite (f)	аппендицит	appenditsit

| colecistite (f) | холецистит | χoletsistit |
| úlcera (f) | жара | dʒara |

sarampo (m)	кызылча	kızıltʃa
rubéola (f)	кызамык	kızamık
icterícia (f)	сарык	sarık
hepatite (f)	гепатит	gepatit

esquizofrenia (f)	шизофрения	ʃizofrenija
raiva (f)	кутурма	kuturma
neurose (f)	невроз	nevroz
contusão (f) cerebral	мээнин чайкалышы	meenin tʃajkalıʃı

câncer (m)	рак	rak
esclerose (f)	склероз	skleroz
esclerose (f) múltipla	жайылган склероз	dʒajılgan skleroz

alcoolismo (m)	аракечтик	araketʃtik
alcoólico (m)	аракеч	araketʃ
sífilis (f)	котон жара	koton dʒara
AIDS (f)	СПИД	spid

tumor (m)	шишик	ʃiʃik
maligno (adj)	залалдуу	zalalduu
benigno (adj)	залалсыз	zalalsız

febre (f)	безгек	bezgek
malária (f)	безгек	bezgek
gangrena (f)	кабыз	kabız
enjoo (m)	деңиз оорусу	deŋiz oorusu
epilepsia (f)	талма	talma

epidemia (f)	эпидемия	epidemija
tifo (m)	келте	kelte
tuberculose (f)	кургак учук	kurgak utʃuk
cólera (f)	холера	χolera
peste (f) bubônica	кара тумоо	kara tumoo

72. Sintomas. Tratamentos. Parte 1

| sintoma (m) | белги | belgi |
| temperatura (f) | дене табынын көтөрүлүшү | dene tabının køtørylyʃy |

| febre (f) | жогорку температура | dʒogorku temperatura |
| pulso (m) | тамыр кагышы | tamır kagıʃı |

vertigem (f)	баш айлануу	baʃ ajlanuu
quente (testa, etc.)	ысык	ısık
calafrio (m)	чыйрыгуу	tʃıjrıguu
pálido (adj)	купкуу	kupkuu

tosse (f)	жөтөл	dʒøtøl
tossir (vi)	жөтөлүү	dʒøtølyy
espirrar (vi)	чүчкүрүү	tʃytʃkyryy

| desmaio (m) | эси оо | esi oo |
| desmaiar (vi) | эси ооп жыгылуу | esi oop dʒıgıluu |

mancha (f) preta	көк-ала	køk-ala
galo (m)	шишик	ʃiʃik
machucar-se (vr)	урунуп алуу	urunup aluu
contusão (f)	көгөртүп алуу	køgørtyp aluu
machucar-se (vr)	көгөртүп алуу	køgørtyp aluu

mancar (vi)	аксоо	aksoo
deslocamento (f)	муундун чыгып кетүүсү	muundun tʃıgıp ketyysy
deslocar (vt)	чыгарып алуу	tʃıgarıp aluu
fratura (f)	сынуу	sınuu
fraturar (vt)	сындырып алуу	sındırıp aluu

corte (m)	кесилген жер	kesilgen dʒer
cortar-se (vr)	кесип алуу	kesip aluu
hemorragia (f)	кан кетүү	kan ketyy

| queimadura (f) | күйүк | kyjyk |
| queimar-se (vr) | күйгүзүп алуу | kyjgyzyp aluu |

picar (vt)	саюу	sajʉu
picar-se (vr)	сайып алуу	sajıp aluu
lesionar (vt)	кокустатып алуу	kokustatıp aluu
lesão (m)	кокустатып алуу	kokustatıp aluu
ferida (f), ferimento (m)	жара	dʒara
trauma (m)	жаракат	dʒarakat

delirar (vi)	жөлүү	dʒølyy
gaguejar (vi)	кекечтенүү	keketʃtenyy
insolação (f)	күн өтүү	kyn øtyy

73. Sintomas. Tratamentos. Parte 2

| dor (f) | оору | ooru |
| farpa (no dedo, etc.) | тикен | tiken |

suor (m)	тер	ter
suar (vi)	тердөө	terdøø
vômito (m)	кусуу	kusuu
convulsões (f pl)	тарамыш карышуусу	taramıʃ karıʃuusu

grávida (adj)	кош бойлуу	koʃ bojluu
nascer (vi)	төрөлүү	tørølyy
parto (m)	төрөт	tørøt
dar à luz	төрөө	tørøø
aborto (m)	бойдон түшүрүү	bojdon tyʃyryy

respiração (f)	дем алуу	dem aluu
inspiração (f)	дем алуу	dem aluu
expiração (f)	дем чыгаруу	dem tʃıgaruu
expirar (vi)	дем чыгаруу	dem tʃıgaruu
inspirar (vi)	дем алуу	dem aluu

inválido (m)	майып	majıp
aleijado (m)	мунжу	mundʒu
drogado (m)	баңги	baŋgi

surdo (adj)	дүлей	dyløj
mudo (adj)	дудук	duduk
surdo-mudo (adj)	дудук	duduk

louco, insano (adj)	жин тийген	dʒin tijgen
louco (m)	жинди чалыш	dʒindi tʃalıʃ
louca (f)	жинди чалыш	dʒindi tʃalıʃ
ficar louco	мээси айныган	meesi ajnıgan

gene (m)	ген	gen
imunidade (f)	иммунитет	immunitet
hereditário (adj)	тукум куучулук	tukum kuutʃuluk
congênito (adj)	тубаса	tubasa

vírus (m)	вирус	virus
micróbio (m)	микроб	mikrob
bactéria (f)	бактерия	bakterija
infecção (f)	жугуштуу илдет	dʒuguʃtuu ildet

74. Sintomas. Tratamentos. Parte 3

| hospital (m) | оорукана | oorukana |
| paciente (m) | бейтап | bejtap |

diagnóstico (m)	дарт аныктоо	dart anıktoo
cura (f)	дарылоо	darıloo
tratamento (m) médico	дарылоо	darıloo
curar-se (vr)	дарылануу	darılanuu
tratar (vt)	дарылоо	darıloo
cuidar (pessoa)	кароо	karoo
cuidado (m)	кароо	karoo

operação (f)	операция	operatsija
enfaixar (vt)	жараны таңуу	dʒaranı taŋuu
enfaixamento (m)	таңуу	taŋuu

vacinação (f)	эмдөө	emdøø
vacinar (vt)	эмдөө	emdøø
injeção (f)	ийне салуу	ijne saluu
dar uma injeção	ийне сайдыруу	ijne sajdıruu

ataque (~ de asma, etc.)	оору кармап калуу	ooru karmap kaluu
amputação (f)	кесүү	kesyy
amputar (vt)	кесип таштоо	kesip taʃtoo
coma (f)	кома	koma
estar em coma	комада болуу	komada boluu
reanimação (f)	реанимация	reanimatsija

| recuperar-se (vr) | сакаюу | sakajɵu |
| estado (~ de saúde) | абал | abal |

| consciência (perder a ~) | эсинде | esinde |
| memória (f) | эс тутум | es tutum |

tirar (vt)	тишти жулуу	tiʃti dʒuluu
obturação (f)	пломба	plomba
obturar (vt)	пломба салуу	plomba saluu

| hipnose (f) | гипноз | gipnoz |
| hipnotizar (vt) | гипноз кылуу | gipnoz kıluu |

75. Médicos

médico (m)	доктур	doktur
enfermeira (f)	медсестра	medsestra
médico (m) pessoal	жекелик доктур	dʒekelik doktur

dentista (m)	тиш доктур	tiʃ doktur
oculista (m)	көз доктур	køz doktur
terapeuta (m)	терапевт	terapevt
cirurgião (m)	хирург	χirurg

psiquiatra (m)	психиатр	psiχiatr
pediatra (m)	педиатр	pediatr
psicólogo (m)	психолог	psiχolog
ginecologista (m)	гинеколог	ginekolog
cardiologista (m)	кардиолог	kardiolog

76. Medicina. Drogas. Acessórios

medicamento (m)	дары-дармек	darı-darmek
remédio (m)	дары	darı
receitar (vt)	жазып берүү	dʒazıp beryy
receita (f)	рецепт	retsept

comprimido (m)	таблетка	tabletka
unguento (m)	май	maj
ampola (f)	ампула	ampula
solução, preparado (m)	аралашма	aralaʃma
xarope (m)	сироп	sirop
cápsula (f)	пилюля	pilɯlʲa
pó (m)	күкүм	kykym

atadura (f)	бинт	bint
algodão (m)	пахта	paχta
iodo (m)	йод	jod

curativo (m) adesivo	лейкопластырь	lejkoplastırʲ
conta-gotas (m)	дары тамызгыч	darı tamızgıtʃ
termômetro (m)	градусник	gradusnik
seringa (f)	шприц	ʃprits
cadeira (f) de rodas	майып арабасы	majıp arabası
muletas (f pl)	колтук таяк	koltuk tajak

analgésico (m)	оору сездирбөөчү дары	ooru sezdirbøøtʃy darı
laxante (m)	ич алдыруучу дары	itʃ aldıruutʃu darı
álcool (m)	спирт	spirt
ervas (f pl) medicinais	дары чептер	darı tʃøptør
de ervas (chá ~)	чеп чайы	tʃøp tʃajı

77. Fumar. Produtos tabágicos

tabaco (m)	тамеки	tameki
cigarro (m)	чылым	tʃılım
charuto (m)	чылым	tʃılım
cachimbo (m)	трубка	trubka
maço (~ de cigarros)	пачке	patʃke
fósforos (m pl)	ширеңке	ʃireŋke
caixa (f) de fósforos	ширеңке кутусу	ʃireŋke kutusu
isqueiro (m)	зажигалка	zadʒigalka
cinzeiro (m)	күл салгыч	kyl salgıtʃ
cigarreira (f)	портсигар	portsigar
piteira (f)	мундштук	mundʃtuk
filtro (m)	фильтр	filʲtr
fumar (vi, vt)	тамеки тартуу	tameki tartuu
acender um cigarro	күйгүзүп алуу	kyjgyzyp aluu
tabagismo (m)	чылым чегүү	tʃılım tʃegyy
fumante (m)	тамекичи	tamekitʃi
bituca (f)	чылым калдыгы	tʃılım kaldıgı
fumaça (f)	түтүн	tytyn
cinza (f)	күл	kyl

HABITAT HUMANO

Cidade

78. Cidade. Vida na cidade

cidade (f)	шаар	ʃaar
capital (f)	борбор	borbor
aldeia (f)	кыштак	kıʃtak
mapa (m) da cidade	шаардын планы	ʃaardın planı
centro (m) da cidade	шаардын борбору	ʃaardın borboru
subúrbio (m)	шаардын чет жакасы	ʃaardın ʧet dʒakası
suburbano (adj)	шаардын чет жакасындагы	ʃaardın ʧet dʒakasındagı
periferia (f)	чет-жака	ʧet-dʒaka
arredores (m pl)	чет-жака	ʧet-dʒaka
quarteirão (m)	квартал	kvartal
quarteirão (m) residencial	турак-жай кварталы	turak-dʒaj kvartalı
tráfego (m)	көчө кыймылы	køʧø kıjmılı
semáforo (m)	светофор	svetofor
transporte (m) público	шаар транспорту	ʃaar transportu
cruzamento (m)	кесилиш	kesiliʃ
faixa (f)	жөө жүрүүчүлөр жолу	dʒøø dʒyryyʧylør dʒolu
túnel (m) subterrâneo	жер астындагы жол	dʒer astındagı dʒol
cruzar, atravessar (vt)	жолду өтүү	dʒoldu øtyy
pedestre (m)	жөө жүрүүчү	dʒøø dʒyryyʧy
calçada (f)	жанжол	dʒandʒol
ponte (f)	көпүрө	køpyrø
margem (f) do rio	жээк жол	dʒeek dʒol
fonte (f)	фонтан	fontan
alameda (f)	аллея	alleja
parque (m)	сейил багы	sejil bagı
bulevar (m)	бульвар	bulʲvar
praça (f)	аянт	ajant
avenida (f)	проспект	prospekt
rua (f)	көчө	køʧø
travessa (f)	чолок көчө	ʧolok køʧø
beco (m) sem saída	туюк көчө	tujʉk køʧø
casa (f)	үй	yj
edifício, prédio (m)	имарат	imarat
arranha-céu (m)	көк тиреген көп кабаттуу үй	køk tiregen køp kabattuu yj

fachada (f)	үйдүн алды	yjdyn aldı
telhado (m)	чатыр	tʃatır
janela (f)	терезе	tereze
arco (m)	түркүк	tyrkyk
coluna (f)	мамы	mamı
esquina (f)	бурч	burtʃ

vitrine (f)	көрсөтмө айнек үкөк	kørsøtmø ajnek ykøk
letreiro (m)	көрнөк	kørnøk
cartaz (do filme, etc.)	афиша	afiʃa
cartaz (m) publicitário	көрнөк-жарнак	kørnøk-dʒarnak
painel (m) publicitário	жарнамалык такта	dʒarnamalık takta

lixo (m)	таштанды	taʃtandı
lata (f) de lixo	таштанды челек	taʃtandı tʃelek
jogar lixo na rua	таштоо	taʃtoo
aterro (m) sanitário	таштанды үйүлгөн жер	taʃtandı yjylgøn dʒer

orelhão (m)	телефон будкасы	telefon budkası
poste (m) de luz	чырак мамы	tʃırak mamı
banco (m)	отургуч	oturgutʃ

polícia (m)	полиция кызматкери	politsija kızmatkeri
polícia (instituição)	полиция	politsija
mendigo, pedinte (m)	кайырчы	kajırtʃı
desabrigado (m)	селсаяк	selsajak

79. Instituições urbanas

loja (f)	дүкөн	dykøn
drogaria (f)	дарыкана	darıkana
ótica (f)	оптика	optika
centro (m) comercial	соода борбору	sooda borboru
supermercado (m)	супермаркет	supermarket

padaria (f)	нан дүкөнү	nan dykøny
padeiro (m)	навайчы	navajtʃı
pastelaria (f)	кондитердик дүкөн	konditerdik dykøn
mercearia (f)	азык-түлүк	azık-tylyk
açougue (m)	эт дүкөнү	et dykøny

fruteira (f)	жашылча дүкөнү	dʒaʃıltʃa dykøny
mercado (m)	базар	bazar

cafeteria (f)	кофекана	kofekana
restaurante (m)	ресторан	restoran
bar (m)	сыракана	sırakana
pizzaria (f)	пиццерия	pitserija

salão (m) de cabeleireiro	чач тарач	tʃatʃ taratʃ
agência (f) dos correios	почта	potʃta
lavanderia (f)	химиялык тазалоо	χimijalık tazaloo
estúdio (m) fotográfico	фотоателье	fotoatelje
sapataria (f)	бут кийим дүкөнү	but kijim dykøny

livraria (f)	китеп дүкөнү	kitep dykøny
loja (f) de artigos esportivos	спорт буюмдар дүкөнү	sport bujumdar dykøny
costureira (m)	кийим ондоочу жай	kijim ondooʧu ʤaj
aluguel (m) de roupa	кийимди ижарага берүү	kijimdi idʒaraga beryy
videolocadora (f)	тасмаларды ижарага берүү	tasmalardı idʒaraga beryy
circo (m)	цирк	tsırk
jardim (m) zoológico	зоопарк	zoopark
cinema (m)	кинотеатр	kinoteatr
museu (m)	музей	muzej
biblioteca (f)	китепкана	kitepkana
teatro (m)	театр	teatr
ópera (f)	опера	opera
boate (casa noturna)	түнкү клуб	tynky klub
cassino (m)	казино	kazino
mesquita (f)	мечит	meʧit
sinagoga (f)	синагога	sinagoga
catedral (f)	чоң чиркөө	ʧoŋ ʧirkøø
templo (m)	ибадаткана	ibadatkana
igreja (f)	чиркөө	ʧirkøø
faculdade (f)	коллеж	kolledʒ
universidade (f)	университет	universitet
escola (f)	мектеп	mektep
prefeitura (f)	префектура	prefektura
câmara (f) municipal	мэрия	merija
hotel (m)	мейманкана	mejmankana
banco (m)	банк	bank
embaixada (f)	элчилик	elʧilik
agência (f) de viagens	турагенттиги	turagenttigi
agência (f) de informações	маалымат бюросу	maalımat burosu
casa (f) de câmbio	алмаштыруу пункту	almaʃtıruu punktu
metrô (m)	метро	metro
hospital (m)	оорукана	oorukana
posto (m) de gasolina	май куюучу станция	maj kujuuʧu stantsija
parque (m) de estacionamento	унаа токтоочу жай	unaa toktooʧu ʤaj

80. Sinais

letreiro (m)	көрнөк	kørnøk
aviso (m)	жазуу	dʒazuu
cartaz, pôster (m)	көрнөк	kørnøk
placa (f) de direção	көрсөткүч	kørsøtkyʧ
seta (f)	жебе	dʒebe
aviso (advertência)	эскертме	ekertme
sinal (m) de aviso	эскертүү белгиси	eskertyy belgisi

avisar, advertir (vt)	эскертүү	eskertyy
dia (m) de folga	дем алыш күн	dem alıʃ kyn
horário (~ dos trens, etc.)	ырааттама	ıraattama
horário (m)	иш сааттары	iʃ saattarı

BEM-VINDOS!	КОШ КЕЛИҢИЗДЕР!	koʃ keliŋizder!
ENTRADA	КИРҮҮ	kiryy
SAÍDA	ЧЫГУУ	ʧıguu

EMPURRE	ӨЗҮҢҮЗДӨН ТҮРТҮҢҮЗ	øzyŋyzdøn tyrtyŋyz
PUXE	ӨЗҮҢҮЗГӨ ТАРТЫҢЫЗ	øzyŋyzgø tartıŋız
ABERTO	АЧЫК	aʧık
FECHADO	ЖАБЫК	dʒabık

| MULHER | АЙЫМДАР ҮЧҮН | ajımdar yʧyn |
| HOMEM | ЭРКЕКТЕР ҮЧҮН | erkekter yʧyn |

DESCONTOS	АРЗАНДАТУУЛАР	arzandatuular
SALDOS, PROMOÇÃO	САТЫП ТҮГӨТҮҮ	satıp tygøtyy
NOVIDADE!	СААМАЛЫК!	saamalık!
GRÁTIS	БЕКЕР	beker

ATENÇÃO!	КӨҢҮЛ БУРУҢУЗ!	køŋyl buruŋuz!
NÃO HÁ VAGAS	ОРУН ЖОК	orun dʒok
RESERVADO	КАМДЫК	kamdık
	БУЙРУТМАЛАГАН	bujrutmalagan

ADMINISTRAÇÃO	АДМИНИСТРАЦИЯ	administratsija
SOMENTE PESSOAL	ЖААМАТ ҮЧҮН ГАНА	dʒaamat yʧyn gana
AUTORIZADO		

CUIDADO CÃO FEROZ	КАБАНААК ИТ	kabanaak it
PROIBIDO FUMAR!	ТАМЕКИ ЧЕГҮҮГӨ	tameki ʧegyygø
	БОЛБОЙТ!	bolbojt!
NÃO TOCAR	КОЛУҢАР МЕНЕН	koluŋar menen
	КАРМАБАГЫЛА!	karmabagıla!

PERIGOSO	КООПТУУ	kooptuu
PERIGO	КОРКУНУЧ	korkunuʧ
ALTA TENSÃO	ЖОГОРКУ ЧЫҢАЛУУ	dʒogorku ʧıŋaluu
PROIBIDO NADAR	СУУГА ТҮШҮҮГӨ	suuga tyʃyygø
	БОЛБОЙТ	bolbojt
COM DEFEITO	ИШТЕБЕЙТ	iʃtebejt

INFLAMÁVEL	ӨРТ ЧЫГУУ КОРКУНУЧУ	ørt ʧıguu korkunuʧu
PROIBIDO	ТЫЮУ САЛЫНГАН	tıjuu salıngan
ENTRADA PROIBIDA	ӨТҮҮГӨ БОЛБОЙТ	øtyygø bolbojt
CUIDADO TINTA FRESCA	СЫРДАЛГАН	sırdalgan

81. Transportes urbanos

ônibus (m)	автобус	avtobus
bonde (m) elétrico	трамвай	tramvaj
trólebus (m)	троллейбус	trollejbus

| rota (f), itinerário (m) | каттам | kattam |
| número (m) | номер | nomer |

ir de ... (carro, etc.)	... жүрүү	... dʒyryy
entrar no ...	... отуруу	... oturuu
descer do ...	... түшүп калуу	... tyʃyp kaluu

parada (f)	аялдама	ajaldama
próxima parada (f)	кийинки аялдама	kijinki ajaldama
terminal (m)	акыркы аялдама	akırkı ajaldama
horário (m)	ырааттама	ıraattama
esperar (vt)	күтүү	kytyy

| passagem (f) | билет | bilet |
| tarifa (f) | билеттин баасы | bilettin baası |

bilheteiro (m)	кассир	kassir
controle (m) de passagens	текшерүү	tekʃeryy
revisor (m)	текшерүүчү	tekʃeryytʃy

atrasar-se (vr)	кечигүү	ketʃigyy
perder (o autocarro, etc.)	кечигип калуу	ketʃigip kaluu
estar com pressa	шашуу	ʃaʃuu

táxi (m)	такси	taksi
taxista (m)	такси айдоочу	taksi ajdootʃu
de táxi (ir ~)	таксиде	takside
ponto (m) de táxis	такси токтоочу жай	taksi toktootʃu dʒaj
chamar um táxi	такси чакыруу	taksi tʃakıruu
pegar um táxi	такси кармоо	taksi karmoo

tráfego (m)	кече кыймылы	køtʃø kıjmılı
engarrafamento (m)	тыгын	tıgın
horas (f pl) de pico	кызуу маал	kızuu maal
estacionar (vi)	токтотуу	toktotuu
estacionar (vt)	машинаны жайлаштыруу	maʃinanı dʒajlaʃtıruu
parque (m) de estacionamento	унаа токтоочу жай	unaa toktootʃu dʒaj

metrô (m)	метро	metro
estação (f)	бекет	beket
ir de metrô	метродо жүрүү	metrodo dʒyryy
trem (m)	поезд	poezd
estação (f) de trem	вокзал	vokzal

82. Turismo

monumento (m)	эстелик	estelik
fortaleza (f)	чеп	tʃep
palácio (m)	сарай	saraj
castelo (m)	сепил	sepil
torre (f)	мунара	munara
mausoléu (m)	күмбөз	kymbøz
arquitetura (f)	архитектура	arχitektura
medieval (adj)	орто кылымдык	orto kılımdık

antigo (adj)	байыркы	bajırkı
nacional (adj)	улуттук	uluttuk
famoso, conhecido (adj)	таанымал	taanımal

turista (m)	турист	turist
guia (pessoa)	гид	gid
excursão (f)	экскурсия	ekskursija
mostrar (vt)	көрсөтүү	kørsøtyy
contar (vt)	айтып берүү	ajtıp beryy

encontrar (vt)	табуу	tabuu
perder-se (vr)	адашып кетүү	adaʃıp ketyy
mapa (~ do metrô)	схема	sχema
mapa (~ da cidade)	план	plan

lembrança (f), presente (m)	асембелек	asembelek
loja (f) de presentes	асембелек дүкөнү	asembelek dykøny
tirar fotos, fotografar	сүрөткө тартуу	syrøtkø tartuu
fotografar-se (vr)	сүрөткө түшүү	syrøtkø tyʃyy

83. Compras

comprar (vt)	сатып алуу	satıp aluu
compra (f)	сатып алуу	satıp aluu
fazer compras	сатып алууга чыгуу	satıp aluuga ʧıguu
compras (f pl)	базарчылоо	bazarʧıloo

| estar aberta (loja) | иштөө | iʃtøø |
| estar fechada | жабылуу | dʒabıluu |

calçado (m)	бут кийим	but kijim
roupa (f)	кийим-кече	kijim-ketʃe
cosméticos (m pl)	упа-эндик	upa-endik
alimentos (m pl)	азык-түлүк	azık-tylyk
presente (m)	белек	belek

| vendedor (m) | сатуучу | satuuʧu |
| vendedora (f) | сатуучу кыз | satuuʧu kız |

caixa (f)	касса	kassa
espelho (m)	күзгү	kyzgy
balcão (m)	прилавок	prilavok
provador (m)	кийим ченөөчү бөлмө	kijim ʧenøøtʃy bølmø

provar (vt)	кийим ченөө	kijim ʧenøø
servir (roupa, caber)	ылайык келүү	ılajık kelyy
gostar (apreciar)	жактыруу	dʒaktıruu

preço (m)	баа	baa
etiqueta (f) de preço	баа	baa
custar (vt)	туруу	turuu
Quanto?	Канча?	kanʧa?
desconto (m)	арзандатуу	arzandatuu
não caro (adj)	кымбат эмес	kımbat emes

barato (adj)	арзан	arzan
caro (adj)	кымбат	kımbat
É caro	Бул кымбат	bul kımbat

aluguel (m)	ижара	idʒara
alugar (roupas, etc.)	ижарага алуу	idʒaraga aluu
crédito (m)	насыя	nasıja
a crédito	насыяга алуу	nasıjaga aluu

84. Dinheiro

dinheiro (m)	акча	aktʃa
câmbio (m)	алмаштыруу	almaʃtıruu
taxa (f) de câmbio	курс	kurs
caixa (m) eletrônico	банкомат	bankomat
moeda (f)	тыйын	tıjın

| dólar (m) | доллар | dollar |
| euro (m) | евро | evro |

lira (f)	италиялык лира	italijalık lira
marco (m)	немис маркасы	nemis markası
franco (m)	франк	frank
libra (f) esterlina	фунт стерлинг	funt sterling
iene (m)	йена	jena

dívida (f)	карыз	karız
devedor (m)	карыздар	karızdar
emprestar (vt)	карызга берүү	karızga beryy
pedir emprestado	карызга алуу	karızga aluu

banco (m)	банк	bank
conta (f)	эсеп	esep
depositar (vt)	салуу	saluu
depositar na conta	эсепке акча салуу	esepke aktʃa saluu
sacar (vt)	эсептен акча чыгаруу	esepten aktʃa tʃıgaruu

cartão (m) de crédito	насыя картасы	nasıja kartası
dinheiro (m) vivo	накталай акча	naktalaj aktʃa
cheque (m)	чек	tʃek
passar um cheque	чек жазып берүү	tʃek dʒazıp beryy
talão (m) de cheques	чек китепчеси	tʃek kiteptʃesi

carteira (f)	намыян	namıjan
niqueleira (f)	капчык	kaptʃık
cofre (m)	сейф	sejf

herdeiro (m)	мураскер	murasker
herança (f)	мурас	muras
fortuna (riqueza)	мүлк	mylk

arrendamento (m)	ижара	idʒara
aluguel (pagar o ~)	батир акысы	batir akısı
alugar (vt)	батирге алуу	batirge aluu

preço (m)	баа	baa
custo (m)	баа	baa
soma (f)	сумма	summa

gastar (vt)	коротуу	korotuu
gastos (m pl)	чыгым	ʧɪgɪm
economizar (vi)	үнөмдөө	ynømdøø
econômico (adj)	сарамжал	saramdʒal

pagar (vt)	төлөө	tøløø
pagamento (m)	акы төлөө	akɪ tøløø
troco (m)	кайтарылган майда акча	kajtarɪlgan majda akʧa

imposto (m)	салык	salɪk
multa (f)	айып	ajɪp
multar (vt)	айып пул салуу	ajɪp pul saluu

85. Correios. Serviço postal

agência (f) dos correios	почта	poʧta
correio (m)	почта	poʧta
carteiro (m)	кат ташуучу	kat taʃuuʧu
horário (m)	иш сааттары	iʃ saattarɪ

carta (f)	кат	kat
carta (f) registada	тапшырык кат	tapʃɪrɪk kat
cartão (m) postal	открытка	otkrɪtka
telegrama (m)	телеграмма	telegramma
encomenda (f)	посылка	posɪlka
transferência (f) de dinheiro	акча которуу	akʧa kotoruu

receber (vt)	алуу	aluu
enviar (vt)	жөнөтүү	dʒønøtyy
envio (m)	жөнөтүү	dʒønøtyy

endereço (m)	дарек	darek
código (m) postal	индекс	indeks
remetente (m)	жөнөтүүчү	dʒønøtyyʧy
destinatário (m)	алуучу	aluuʧu

| nome (m) | аты | atɪ |
| sobrenome (m) | фамилиясы | familijasɪ |

tarifa (f)	тариф	tarif
ordinário (adj)	жөнөкөй	dʒønøkøj
econômico (adj)	үнөмдүү	ynømdyy

peso (m)	салмак	salmak
pesar (estabelecer o peso)	таразалоо	tarazaloo
envelope (m)	конверт	konvert
selo (m) postal	марка	marka
colar o selo	марка жабыштыруу	marka dʒabɪʃtɪruu

Moradia. Casa. Lar

86. Casa. Habitação

casa (f)	үй	yj
em casa	үйгүндө	yjyndø
pátio (m), quintal (f)	эшик	eʃik
cerca, grade (f)	тосмо	tosmo
tijolo (m)	кыш	kıʃ
de tijolos	кыштан	kıʃtan
pedra (f)	таш	taʃ
de pedra	таш	taʃ
concreto (m)	бетон	beton
concreto (adj)	бетон	beton
novo (adj)	жаңы	dʒaŋı
velho (adj)	эски	eski
decrépito (adj)	эскирген	eskirgen
moderno (adj)	заманбап	zamanbap
de vários andares	көп кабаттуу	køp kabattuu
alto (adj)	бийик	bijik
andar (m)	кабат	kabat
de um andar	бир кабаттуу	bir kabat
térreo (m)	ылдыйкы этаж	ıldıjkı etadʒ
andar (m) de cima	үстүңкү этаж	ystyŋky etadʒ
telhado (m)	чатыр	tʃatır
chaminé (f)	мор	mor
telha (f)	чатыр карапа	tʃatır karapa
de telha	карапалуу	karapaluu
sótão (m)	чердак	tʃerdak
janela (f)	терезе	tereze
vidro (m)	айнек	ajnek
parapeito (m)	текче	tektʃe
persianas (f pl)	терезе жапкычы	tereze dʒapkıtʃı
parede (f)	дубал	dubal
varanda (f)	балкон	balkon
calha (f)	суу аккан түтүк	suu akkan tytyk
em cima	өйдө	øjdø
subir (vi)	көтөрүлүү	køtørylyy
descer (vi)	ылдый түшүү	ıldıj tyʃyy
mudar-se (vr)	көчүү	køtʃyy

87. Casa. Entrada. Elevador

entrada (f)	подъезд	podʰjezd
escada (f)	тепкич	tepkitʃ
degraus (m pl)	тепкичтер	tepkitʃter
corrimão (m)	тосмо	tosmo
hall (m) de entrada	холл	χoll
caixa (f) de correio	почта ящиги	potʃta jaʃtʃigi
lata (f) do lixo	таштанды челеги	taʃtandı tʃelegi
calha (f) de lixo	таштанды түтүгү	taʃtandı tytygy
elevador (m)	лифт	lift
elevador (m) de carga	жүк ташуучу лифт	dʒyk taʃuutʃu lift
cabine (f)	кабина	kabina
pegar o elevador	лифтке түшүү	liftke tyʃyy
apartamento (m)	батир	batir
residentes (pl)	жашоочулар	dʒaʃootʃular
vizinho (m)	кошуна	koʃuna
vizinha (f)	кошуна	koʃuna
vizinhos (pl)	кошуналар	koʃunalar

88. Casa. Eletricidade

eletricidade (f)	электр кубаты	elektr kubatı
lâmpada (f)	чырак	tʃırak
interruptor (m)	өчүргүч	øtʃyrgytʃ
fusível, disjuntor (m)	эриме сактагыч	erime saktagıtʃ
fio, cabo (m)	зым	zım
instalação (f) elétrica	электр зымы	elektr zımı
medidor (m) de eletricidade	электр эсептегич	elektr eseptegitʃ
indicação (f), registro (m)	көрсөтүү ченем	kørsøtyy tʃenem

89. Casa. Portas. Fechaduras

porta (f)	эшик	eʃik
portão (m)	дарбаза	darbaza
maçaneta (f)	тутка	tutka
destrancar (vt)	кулпусун ачуу	kulpusun atʃuu
abrir (vt)	ачуу	atʃuu
fechar (vt)	жабуу	dʒabuu
chave (f)	ачкыч	atʃkıtʃ
molho (m)	ачкычтар тизмеси	atʃkıtʃtar tizmesi
ranger (vi)	кычыратуу	kıtʃıratuu
rangido (m)	чыйкылдоо	tʃıjkıldoo
dobradiça (f)	петля	petlʲa
capacho (m)	килемче	kilemtʃe
fechadura (f)	кулпу	kulpu

buraco (m) da fechadura	кулпу тешиги	kulpu teʃigi
barra (f)	бекитме	bekitme
fecho (ferrolho pequeno)	тээк	teek
cadeado (m)	асма кулпу	asma kulpu

tocar (vt)	чалуу	tʃaluu
toque (m)	шыңгыраш	ʃıŋgıraʃ
campainha (f)	конгуроо	konguroo
botão (m)	конгуроо баскычы	konguroo baskıtʃı
batida (f)	такылдатуу	takıldatuu
bater (vi)	такылдатуу	takıldatuu

código (m)	код	kod
fechadura (f) de código	код кулпусу	kod kulpusu
interfone (m)	домофон	domofon
número (m)	номер	nomer
placa (f) de porta	тактача	taktatʃa
olho (m) mágico	көзче	køztʃø

90. Casa de campo

aldeia (f)	кыштак	kıʃtak
horta (f)	чарбак	tʃarbak
cerca (f)	тосмо	tosmo
cerca (f) de piquete	кашаа	kaʃaa
portão (f) do jardim	каалга	kaalga

celeiro (m)	кампа	kampa
adega (f)	ороо	oroo
galpão, barracão (m)	сарай	saraj
poço (m)	кудук	kuduk

fogão (m)	меш	meʃ
atiçar o fogo	меш жагуу	meʃ dʒaguu
lenha (carvão ou ~)	отун	otun
acha, lenha (f)	бир кертим жыгач	bir kertim dʒıgatʃ

varanda (f)	веранда	veranda
alpendre (m)	терасса	terassa
degraus (m pl) de entrada	босого	bosogo
balanço (m)	селкинчек	selkintʃek

91. Moradia. Mansão

casa (f) de campo	шаар четиндеги үй	ʃaar tʃetindegi yj
vila (f)	вилла	villa
ala (~ do edifício)	канат	kanat

jardim (m)	бакча	baktʃa
parque (m)	сейил багы	sejil bagı
estufa (f)	күнөскана	kynøskana
cuidar de ...	кароо	karoo

piscina (f)	бассейн	bassejn
academia (f) de ginástica	машыгуу залы	maʃiguu zalı
quadra (f) de tênis	теннис корту	tennis kortu
cinema (m)	кинотеатр	kinoteatr
garagem (f)	гараж	garadʒ

| propriedade (f) privada | жеке менчик | dʒeke mentʃik |
| terreno (m) privado | жеке ээликте | dʒeke eelikte |

| advertência (f) | эскертүү | eskertyy |
| sinal (m) de aviso | эскертүү белгиси | eskertyy belgisi |

guarda (f)	күзөт	kyzøt
guarda (m)	кароолчу	karooltʃu
alarme (m)	сигнализация	signalizatsija

92. Castelo. Palácio

castelo (m)	сепил	sepil
palácio (m)	сарай	saraj
fortaleza (f)	чеп	tʃep
muralha (f)	дубал	dubal
torre (f)	мунара	munara
calabouço (m)	баш мунара	baʃ munara

grade (f) levadiça	көтөрүлүүчү дарбаза	køtørylyytʃy darbaza
passagem (f) subterrânea	жер астындагы жол	dʒer astındagı dʒol
fosso (m)	сепил аңгеги	sepil aŋgegi
corrente, cadeia (f)	чынжыр	tʃındʒır
seteira (f)	атуучу тешик	atuutʃu teʃik

magnífico (adj)	сонун	sonun
majestoso (adj)	даңазалуу	daŋazaluu
inexpugnável (adj)	бекем чеп	bekem tʃep
medieval (adj)	орто кылымдык	orto kılımdık

93. Apartamento

apartamento (m)	батир	batir
quarto, cômodo (m)	бөлмө	bølmø
quarto (m) de dormir	уктоочу бөлмө	uktootʃu bølmø
sala (f) de jantar	ашкана	aʃkana
sala (f) de estar	конок үйү	konok yjy
escritório (m)	иш бөлмөсү	iʃ bølmøsy

sala (f) de entrada	кире бериш	kire beriʃ
banheiro (m)	ванная	vannaja
lavabo (m)	даараткана	daaratkana

teto (m)	шып	ʃıp
chão, piso (m)	пол	pol
canto (m)	бурч	burtʃ

94. Apartamento. Limpeza

arrumar, limpar (vt)	жыйноо	dʒɪjnoo
guardar (no armário, etc.)	жыйноо	dʒɪjnoo
pó (m)	чаң	ʧaŋ
empoeirado (adj)	чаң баскан	ʧaŋ baskan
tirar o pó	чаң сүртүү	ʧaŋ syrtyy
aspirador (m)	чаң соргуч	ʧaŋ sorguʧ
aspirar (vt)	чаң сордуруу	ʧaŋ sorduruu
varrer (vt)	шыпыруу	ʃɪpɪruu
sujeira (f)	шыпырынды	ʃɪpɪrɪndɪ
arrumação, ordem (f)	иреттелген	irettelgen
desordem (f)	чачылган	ʧaʧɪlgan
esfregão (m)	швабра	ʃvabra
pano (m), trapo (m)	чүпүрөк	ʧypyrøk
vassoura (f)	шыпыргы	ʃɪpɪrgɪ
pá (f) de lixo	калак	kalak

95. Mobiliário. Interior

mobiliário (m)	эмерек	emerek
mesa (f)	стол	stol
cadeira (f)	стул	stul
cama (f)	керебет	kerebet
sofá, divã (m)	диван	divan
poltrona (f)	олпок отургуч	olpok oturguʧ
estante (f)	китеп шкафы	kitep ʃkafɪ
prateleira (f)	текче	tektʃe
guarda-roupas (m)	шкаф	ʃkaf
cabide (m) de parede	кийим илгич	kijim ilgiʧ
cabideiro (m) de pé	кийим илгич	kijim ilgiʧ
cômoda (f)	комод	komod
mesinha (f) de centro	журнал столу	dʒurnal stolu
espelho (m)	күзгү	kyzgy
tapete (m)	килем	kilem
tapete (m) pequeno	килемче	kilemtʃe
lareira (f)	очок	otʃok
vela (f)	шам	ʃam
castiçal (m)	шамдал	ʃamdal
cortinas (f pl)	парда	parda
papel (m) de parede	туш кагаз	tuʃ kagaz
persianas (f pl)	жалюзи	dʒaldʒuzi
luminária (f) de mesa	стол чырагы	stol ʧɪragɪ
luminária (f) de parede	чырак	ʧɪrak

abajur (m) de pé	торшер	torʃer
lustre (m)	асма шам	asma ʃam

pé (de mesa, etc.)	бут	but
braço, descanso (m)	чыканак такооч	tʃıkanak takootʃ
costas (f pl)	жөлөнгүч	dʒөlөngytʃ
gaveta (f)	суурма	suurma

96. Quarto de dormir

roupa (f) de cama	шейшеп	ʃeiʃep
travesseiro (m)	жаздык	dʒazdık
fronha (f)	жаздык кап	dʒazdık kap
cobertor (m)	жууркан	dʒuurkan
lençol (m)	шейшеп	ʃeiʃep
colcha (f)	жапкыч	dʒapkıtʃ

97. Cozinha

cozinha (f)	ашкана	aʃkana
gás (m)	газ	gaz
fogão (m) a gás	газ плитасы	gaz plitası
fogão (m) elétrico	электр плитасы	elektr plitası
forno (m)	духовка	duxovka
forno (m) de micro-ondas	микротолкун меши	mikrotolkun meʃi

geladeira (f)	муздаткыч	muzdatkıtʃ
congelador (m)	тоңдургуч	toŋdurgutʃ
máquina (f) de lavar louça	идиш жуучу машина	idiʃ dʒuutʃu maʃina

moedor (m) de carne	эт туурагыч	et tuuragıtʃ
espremedor (m)	шире сыккыч	ʃire sıkkıtʃ
torradeira (f)	тостер	toster
batedeira (f)	миксер	mikser

máquina (f) de café	кофе кайнаткыч	kofe kajnatkıtʃ
cafeteira (f)	кофе кайнатуучу идиш	kofe kajnatuutʃu idiʃ
moedor (m) de café	кофе майдалагыч	kofe majdalagıtʃ

chaleira (f)	чайнек	tʃajnek
bule (m)	чайнек	tʃajnek
tampa (f)	капкак	kapkak
coador (m) de chá	чыпка	tʃıpka

colher (f)	кашык	kaʃık
colher (f) de chá	чай кашык	tʃaj kaʃık
colher (f) de sopa	аш кашык	aʃ kaʃık
garfo (m)	вилка	vilka
faca (f)	бычак	bıtʃak

louça (f)	идиш-аяк	idiʃ-ajak
prato (m)	табак	tabak

pires (m)	табак	tabak
cálice (m)	рюмка	rumka
copo (m)	ыстакан	ıstakan
xícara (f)	чөйчөк	ʧøjʧøk

açucareiro (m)	кум шекер салгыч	kum ʃeker salgıʧ
saleiro (m)	туз салгыч	tuz salgıʧ
pimenteiro (m)	мурч салгыч	murʧ salgıʧ
manteigueira (f)	май салгыч	maj salgıʧ

panela (f)	мискей	miskej
frigideira (f)	табак	tabak
concha (f)	чөмүч	ʧømyʧ
coador (m)	депкир	depkir
bandeja (f)	батыныс	batınıs

garrafa (f)	бөтөлкө	bøtølkø
pote (m) de vidro	банка	banka
lata (~ de cerveja)	банка	banka

abridor (m) de garrafa	ачкыч	atʃkıʧ
abridor (m) de latas	ачкыч	atʃkıʧ
saca-rolhas (m)	штопор	ʃtopor
filtro (m)	чыпка	ʧıpka
filtrar (vt)	чыпкалоо	ʧıpkaloo

lixo (m)	таштанды	taʃtandı
lixeira (f)	таштанды чака	taʃtandı ʧaka

98. Casa de banho

banheiro (m)	ванная	vannaja
água (f)	суу	suu
torneira (f)	чорго	ʧorgo
água (f) quente	ысык суу	ısık suu
água (f) fria	муздак суу	muzdak suu

pasta (f) de dente	тиш пастасы	tiʃ pastası
escovar os dentes	тиш жуу	tiʃ dʒuu
escova (f) de dente	тиш щёткасы	tiʃ ʃʧ'otkası

barbear-se (vr)	кырынуу	kırınuu
espuma (f) de barbear	кырынуу үчүн көбүк	kırınuu yʧyn købyk
gilete (f)	устара	ustara

lavar (vt)	жуу	dʒuu
tomar banho	жуунуу	dʒuunuu
chuveiro (m), ducha (f)	душ	duʃ
tomar uma ducha	душка түшүү	duʃka tyʃyy

banheira (f)	ванна	vanna
vaso (m) sanitário	унитаз	unitaz
pia (f)	раковина	rakovina
sabonete (m)	самын	samın

saboneteira (f)	самын салгыч	samın salgıtʃ
esponja (f)	губка	gubka
xampu (m)	шампунь	ʃampunʲ
toalha (f)	сүлгү	sylgy
roupão (m) de banho	халат	χalat

lavagem (f)	кир жуу	kir dʒuu
lavadora (f) de roupas	кир жуучу машина	kir dʒuutʃu maʃina
lavar a roupa	кир жуу	kir dʒuu
detergente (m)	кир жуучу порошок	kir dʒuutʃu poroʃok

99. Eletrodomésticos

televisor (m)	сыналгы	sınalgı
gravador (m)	магнитофон	magnitofon
videogravador (m)	видеомагнитофон	videomagnitofon
rádio (m)	үналгы	ynalgı
leitor (m)	плеер	pleer

projetor (m)	видеопроектор	videoproektor
cinema (m) em casa	үй кинотеатры	yj kinoteatrı
DVD Player (m)	DVD ойноткуч	dividi ojnotkutʃ
amplificador (m)	күчөткүч	kytʃøtkytʃ
console (f) de jogos	оюн приставкасы	ojʉn pristavkası

câmera (f) de vídeo	видеокамера	videokamera
máquina (f) fotográfica	фотоаппарат	fotoapparat
câmera (f) digital	санарип камерасы	sanarip kamerası

aspirador (m)	чаң соргуч	tʃaŋ sorgutʃ
ferro (m) de passar	үтүк	ytyk
tábua (f) de passar	үтүктөөчү тактай	ytyktøøtʃy taktaj

telefone (m)	телефон	telefon
celular (m)	мобилдик	mobildik
máquina (f) de escrever	машинка	maʃinka
máquina (f) de costura	кийим тигүүчү машинка	kijim tigyytʃy maʃinka

microfone (m)	микрофон	mikrofon
fone (m) de ouvido	кулакчын	kulaktʃın
controle remoto (m)	пульт	pulʲt

CD (m)	CD, компакт-диск	sidi, kompakt-disk
fita (f) cassete	кассета	kasseta
disco (m) de vinil	пластинка	plastinka

100. Reparações. Renovação

renovação (f)	ремонт	remont
renovar (vt), fazer obras	ремонт жасоо	remont dʒasoo
reparar (vt)	оңдоо	oŋdoo
consertar (vt)	иретке келтирүү	iretke keltiryy

refazer (vt)	кайра жасатуу	kajra dʒasatuu
tinta (f)	сыр	sır
pintar (vt)	боео	boeo
pintor (m)	боекчу	boektʃu
pincel (m)	кисть	kistʲ

| cal (f) | акиташ | akitaʃ |
| caiar (vt) | актоо | aktoo |

papel (m) de parede	туш кагаз	tuʃ kagaz
colocar papel de parede	туш кагаз менен чаптоо	tuʃ kagaz menen tʃaptoo
verniz (m)	лак	lak
envernizar (vt)	лак менен жабуу	lak menen dʒabuu

101. Canalizações

água (f)	суу	suu
água (f) quente	ысык суу	ısık suu
água (f) fria	муздак суу	muzdak suu
torneira (f)	чорго	tʃorgo

gota (f)	тамчы	tamtʃı
gotejar (vi)	тамчылоо	tamtʃıloo
vazar (vt)	агуу	aguu
vazamento (m)	суу өтүү	suu øtyy
poça (f)	көлчүк	køltʃyk

tubo (m)	түтүк	tytyk
válvula (f)	чорго	tʃorgo
entupir-se (vr)	тыгылуу	tıgıluu

ferramentas (f pl)	аспаптар	aspaptar
chave (f) inglesa	бурама ачкыч	burama atʃkıtʃ
desenroscar (vt)	бурап чыгаруу	burap tʃıgaruu
enroscar (vt)	бурап бекитүү	burap bekityy

desentupir (vt)	тазалоо	tazaloo
encanador (m)	сантехник	santeχnik
porão (m)	жер асты	dʒer astı
rede (f) de esgotos	канализация	kanalizatsija

102. Fogo. Deflagração

incêndio (m)	өрт	ørt
chama (f)	жалын	dʒalın
faísca (f)	учкун	utʃkun
fumaça (f)	түтүн	tytyn
tocha (f)	шамана	ʃamana
fogueira (f)	от	ot

| gasolina (f) | күйүүчү май | kyjyytʃy may |
| querosene (m) | керосин | kerosin |

inflamável (adj)	күйүүчү	kyjyytʃy
explosivo (adj)	жарылуу коркунучу	dʒarıluu korkunutʃu
PROIBIDO FUMAR!	ТАМЕКИ ЧЕГҮҮГӨ БОЛБОЙТ!	tameki tʃegyygø bolbojt!

segurança (f)	коопсуз	koopsuz
perigo (m)	коркунуч	korkunutʃ
perigoso (adj)	кооптуу	kooptuu

incendiar-se (vr)	от алуу	ot aluu
explosão (f)	жарылуу	dʒarıluu
incendiar (vt)	өрттөө	ørttøø
incendiário (m)	өрттөөчү	ørttøøtʃy
incêndio (m) criminoso	өрттөө	ørttøø

flamejar (vi)	жалындап күйүү	dʒalındap kyjyy
queimar (vi)	күйүү	kyjyy
queimar tudo (vi)	күйүп кетүү	kyjyp ketyy

chamar os bombeiros	өрт өчүргүчтөрдү чакыруу	ørt øtʃyrgytʃtørdy tʃakıruu
bombeiro (m)	өрт өчүргүч	ørt øtʃyrgytʃ
caminhão (m) de bombeiros	өрт өчүрүүчү машина	ørt øtʃyryytʃy maʃina
corpo (m) de bombeiros	өрт өчүрүү командасы	ørt øtʃyryy komandası
escada (f) extensível	өрт өчүрүүчү шаты	ørt øtʃyryytʃy ʃatı

mangueira (f)	шланг	ʃlang
extintor (m)	өрт өчүргүч	ørt øtʃyrgytʃ
capacete (m)	каска	kaska
sirene (f)	сирена	sirena

gritar (vi)	айгай салуу	ajgaj saluu
chamar por socorro	жардамга чакыруу	dʒardamga tʃakıruu
socorrista (m)	куткаруучу	kutkaruutʃu
salvar, resgatar (vt)	куткаруу	kutkaruu

chegar (vi)	келүү	kelyy
apagar (vt)	өчүрүү	øtʃyryy
água (f)	суу	suu
areia (f)	кум	kum

ruínas (f pl)	уранды	urandı
ruir (vi)	уроо	uroo
desmoronar (vi)	кулоо	kuloo
desabar (vi)	урап тушүү	urap tuʃyy

| fragmento (m) | сынык | sınık |
| cinza (f) | күл | kyl |

| sufocar (vi) | тумчугуу | tumtʃuguu |
| perecer (vi) | өлүү | ølyy |

ATIVIDADES HUMANAS

Emprego. Negócios. Parte 1

103. Escritório. O trabalho no escritório

escritório (~ de advogados)	офис	ofis
escritório (do diretor, etc.)	кабинет	kabinet
recepção (f)	кабыл алуу катчысы	kabıl aluu katʧısı
secretário (m)	катчы	katʧı
secretária (f)	катчы аял	katʧı ajal
diretor (m)	директор	direktor
gerente (m)	башкаруучу	baʃkaruutʃu
contador (m)	бухгалтер	buχgalter
empregado (m)	кызматкер	kızmatker
mobiliário (m)	эмерек	emerek
mesa (f)	стол	stol
cadeira (f)	кресло	kreslo
gaveteiro (m)	үкөк	ykøk
cabideiro (m) de pé	кийим илгич	kijim ilgitʃ
computador (m)	компьютер	kompjuter
impressora (f)	принтер	printer
fax (m)	факс	faks
fotocopiadora (f)	көчүрүүчү аппарат	køtʃyryytʃy apparat
papel (m)	кагаз	kagaz
artigos (m pl) de escritório	кеңсе буюмдары	keŋse bujumdarı
tapete (m) para mouse	килемче	kilemtʃe
folha (f)	баракча	baraktʃa
pasta (f)	папка	papka
catálogo (m)	каталог	katalog
lista (f) telefônica	абоненттердин тизмеси	abonentterdin tizmesi
documentação (f)	документтер	dokumentter
brochura (f)	китепче	kiteptʃe
panfleto (m)	баракча	baraktʃa
amostra (f)	үлгү	ylgy
formação (f)	окутуу	okutuu
reunião (f)	кеңеш	keŋeʃ
hora (f) de almoço	түшкү танапис	tyʃky tanapis
fazer uma cópia	көчүрмө алуу	køtʃyrmø aluu
tirar cópias	көбөйтүү	købøjtyy
receber um fax	факс алуу	faks aluu
enviar um fax	факс жөнөтүү	faks dʒønøtyy

fazer uma chamada	чалуу	ʧaluu
responder (vt)	жооп берүү	ʤoop beryy
passar (vt)	байланыштыруу	bajlanıʃtıruu

marcar (vt)	уюштуруу	ujuʃturuu
demonstrar (vt)	көрсөтүү	kørsøtyy
estar ausente	келбей калуу	kelbej kaluu
ausência (f)	барбай калуу	barbaj kaluu

104. Processos negociais. Parte 1

| negócio (m) | иш | iʃ |
| ocupação (f) | жумуш | ʤumuʃ |

firma, empresa (f)	фирма	firma
companhia (f)	компания	kompanija
corporação (f)	корпорация	korporatsija
empresa (f)	ишкана	iʃkana
agência (f)	агенттик	agenttik

acordo (documento)	келишим	keliʃim
contrato (m)	контракт	kontrakt
acordo (transação)	бүтүм	bytym
pedido (m)	буйрутма	bujrutma
termos (m pl)	шарт	ʃart

por atacado	дүңү менен	dyŋy menen
por atacado (adj)	дүңүнөн	dyŋynøn
venda (f) por atacado	дүң соода	dyŋ sooda
a varejo	чекене	ʧekene
venda (f) a varejo	чекене соода	ʧekene sooda

concorrente (m)	атаандаш	ataandaʃ
concorrência (f)	атаандаштык	ataandaʃtık
competir (vi)	атаандашуу	ataandaʃuu

| sócio (m) | өнөктөш | ønøktøʃ |
| parceria (f) | өнөктөштүк | ønøktøʃtyk |

crise (f)	каатчылык	kaatʧılık
falência (f)	кудуретсиздик	kuduretsizdik
entrar em falência	кудуретсиз калуу	kuduretsiz kaluu
dificuldade (f)	кыйынчылык	kıjınʧılık
problema (m)	кейгей	køjgøj
catástrofe (f)	киши көрбөсүн	kiʃi kørbøsyn

economia (f)	экономика	ekonomika
econômico (adj)	экономикалык	ekonomikalık
recessão (f) econômica	экономикалык төмөндөө	ekonomikalık tømøndøø

objetivo (m)	максат	maksat
tarefa (f)	маселе	masele
comerciar (vi, vt)	соодалашуу	soodalaʃuu
rede (de distribuição)	тармак	tarmak

estoque (m)	кампа	kampa
sortimento (m)	ассортимент	assortiment

líder (m)	алдыңкы катардагы	aldıŋkı katardagı
grande (~ empresa)	ири	iri
monopólio (m)	монополия	monopolija

teoria (f)	теория	teorija
prática (f)	тажрыйба	tadʒrıjba
experiência (f)	тажрыйба	tadʒrıjba
tendência (f)	умтулуу	umtuluu
desenvolvimento (m)	өнүгүү	ønygyy

105. Processos negociais. Parte 2

rentabilidade (f)	пайда	pajda
rentável (adj)	майнаптуу	majnaptuu

delegação (f)	делегация	delegatsija
salário, ordenado (m)	кызмат акы	kızmat akı
corrigir (~ um erro)	түзөтүү	tyzøtyy
viagem (f) de negócios	иш сапар	iʃ sapar
comissão (f)	комиссия	komissija

controlar (vt)	башкаруу	baʃkaruu
conferência (f)	иш жыйын	iʃ dʒıjın
licença (f)	лицензия	litsenzija
confiável (adj)	ишеничтүү	iʃenitʃtyy

empreendimento (m)	демилге	demilge
norma (f)	стандарт	standart
circunstância (f)	жагдай	dʒagdaj
dever (do empregado)	милдет	mildet

empresa (f)	уюм	ujʉm
organização (f)	уюштуруу	ujʉʃturuu
organizado (adj)	уюштурулган	ujʉʃturulgan
anulação (f)	токтотуу	toktotuu
anular, cancelar (vt)	жокко чыгаруу	dʒokko tʃıgaruu
relatório (m)	отчет	ottʃet

patente (f)	патент	patent
patentear (vt)	патентөө	patentøø
planejar (vt)	пландаштыруу	plandaʃtıruu

bônus (m)	сыйлык	sıjlık
profissional (adj)	кесипкөй	kesipkøj
procedimento (m)	тартип	tartip

examinar (~ a questão)	карап чыгуу	karap tʃıguu
cálculo (m)	эсеп-кысап	esep-kısap
reputação (f)	аброй	abroj
risco (m)	тобокел	tobokel
dirigir (~ uma empresa)	башкаруу	baʃkaruu

94

informação (f)	маалымат	maalımat
propriedade (f)	менчик	mentʃik
união (f)	бирикме	birikme

seguro (m) de vida	жашоону камсыздандыруу	dʒaʃoonu kamsızdandıruu
fazer um seguro	камсыздандыруу	kamsızdandıruu
seguro (m)	камсыздандыруу	kamsızdandıruu

leilão (m)	тоорук	tooruk
notificar (vt)	билдирүү	bildiryy
gestão (f)	башкаруу	baʃkaruu
serviço (indústria de ~s)	кызмат	kızmat

fórum (m)	форум	forum
funcionar (vi)	иш-милдетти аткаруу	iʃ-mildetti atkaruu
estágio (m)	кадам	kadam
jurídico, legal (adj)	укуктуу	ukuktuu
advogado (m)	юрист	jʉrist

106. Produção. Trabalhos

usina (f)	завод	zavod
fábrica (f)	фабрика	fabrika
oficina (f)	цех	tseχ
local (m) de produção	өндүрүш	øndyryʃ

indústria (f)	өнөр-жай	ønør-dʒaj
industrial (adj)	өнөр-жай	ønør-dʒaj
indústria (f) pesada	оор өнөр-жай	oor ønør-dʒaj
indústria (f) ligeira	жеңил өнөр-жай	dʒeŋil ønør-dʒaj

produção (f)	өндүрүм	øndyrym
produzir (vt)	өндүрүү	øndyryy
matérias-primas (f pl)	чийки зат	tʃijki zat

chefe (m) de obras	бригадир	brigadir
equipe (f)	бригада	brigada
operário (m)	жумушчу	dʒumuʃtʃu

dia (m) de trabalho	иш күнү	iʃ kyny
intervalo (m)	тыныгуу	tınıguu
reunião (f)	чогулуш	tʃoguluʃ
discutir (vt)	талкуулоо	talkuuloo

plano (m)	план	plan
cumprir o plano	планды аткаруу	plandı atkaruu
taxa (f) de produção	иштеп чыгаруу коюму	iʃtep tʃıgaruu kojʉmu
qualidade (f)	сапат	sapat
controle (m)	текшерүү	tekʃeryy
controle (m) da qualidade	сапат текшерүү	sapat tekʃeryy

segurança (f) no trabalho	эмгек коопсуздугу	emgek koopsuzdugu
disciplina (f)	тартип	tartip

95

infração (f)	бузуу	buzuu
violar (as regras)	бузуу	buzuu
greve (f)	ишти калтыруу	iʃti kaltıruu
grevista (m)	иш калтыргыч	iʃ kaltırgıtʃ
estar em greve	ишти калтыруу	iʃti kaltıruu
sindicato (m)	профсоюз	profsojʉz
inventar (vt)	ойлоп табуу	ojlop tabuu
invenção (f)	ойлоп табылган нерсе	ojlop tabılgan nerse
pesquisa (f)	изилдөө	izildøø
melhorar (vt)	жакшыртуу	dʒakʃırtuu
tecnologia (f)	технология	teχnologija
desenho (m) técnico	чийме	tʃijme
carga (f)	жүк	dʒyk
carregador (m)	жүк ташуучу	dʒyk taʃuutʃu
carregar (o caminhão, etc.)	жүктөө	dʒyktøø
carregamento (m)	жүктөө	dʒyktøø
descarregar (vt)	жүк түшүрүү	dʒyk tyʃuryy
descarga (f)	жүк түшүрүү	dʒyk tyʃyryy
transporte (m)	транспорт	transport
companhia (f) de transporte	транспорттук компания	transporttuk kompanija
transportar (vt)	транспорт менен ташуу	transport menen taʃuu
vagão (m) de carga	вагон	vagon
tanque (m)	цистерна	tsısterna
caminhão (m)	жүк ташуучу машина	dʒyk taʃuutʃu maʃina
máquina (f) operatriz	станок	stanok
mecanismo (m)	механизм	meχanizm
resíduos (m pl) industriais	таштандылар	taʃtandılar
embalagem (f)	таңгактоо	taŋgaktoo
embalar (vt)	таңгактоо	taŋgaktoo

107. Contrato. Acordo

contrato (m)	контракт	kontrakt
acordo (m)	макулдашуу	makuldaʃuu
adendo, anexo (m)	тиркеме	tirkeme
assinar o contrato	контракт түзүү	kontrakt tyzyy
assinatura (f)	кол тамга	kol tamga
assinar (vt)	кол коюу	kol kojʉu
carimbo (m)	мөөр	møør
objeto (m) do contrato	келишимдин предмети	keliʃimdin predmeti
cláusula (f)	пункт	punkt
partes (f pl)	тараптар	taraptar
domicílio (m) legal	юридикалык дарек	jʉridikalık darek
violar o contrato	контрактты бузуу	kontrakttı buzuu
obrigação (f)	милдеттенме	mildettenme

responsabilidade (f)	жоопкерчилик	dʒoopkertʃilik
força (f) maior	форс-мажор	fors-madʒor
litígio (m), disputa (f)	талаш	talaʃ
multas (f pl)	жаза чаралары	dʒaza tʃaraları

108. Importação & Exportação

importação (f)	импорт	import
importador (m)	импорттоочу	importtootʃu
importar (vt)	импорттоо	importtoo
de importação	импорт	import

exportação (f)	экспорт	eksport
exportador (m)	экспорттоочу	eksporttootʃu
exportar (vt)	экспорттоо	eksporttoo
de exportação	экспорт	eksport

| mercadoria (f) | товар | tovar |
| lote (de mercadorias) | жүк тобу | dʒyk tobu |

peso (m)	салмак	salmak
volume (m)	көлөм	køløm
metro (m) cúbico	куб метр	kub metr

produtor (m)	өндүрүүчү	øndyryytʃy
companhia (f) de transporte	транспорттук компания	transporttuk kompanija
contêiner (m)	контейнер	kontejner

fronteira (f)	чек ара	tʃek ara
alfândega (f)	бажыкана	badʒıkana
taxa (f) alfandegária	бажы салык	badʒı salık
funcionário (m) da alfândega	бажы кызматкери	badʒı kızmatkeri
contrabando (atividade)	контрабанда	kontrabanda
contrabando (produtos)	контрабанда	kontrabanda

109. Finanças

ação (f)	акция	aktsija
obrigação (f)	баалуу кагаздар	baaluu kagazdar
nota (f) promissória	вексель	vekselʲ

| bolsa (f) de valores | биржа | birdʒa |
| cotação (m) das ações | акциялар курсу | aktsijalar kursu |

| tornar-se mais barato | арзандоо | arzandoo |
| tornar-se mais caro | кымбаттоо | kımbattoo |

| parte (f) | үлүш | ylyʃ |
| participação (f) majoritária | башкаруучу пакет | baʃkaruutʃu paket |

| investimento (m) | салым | salım |
| investir (vt) | салым кылуу | salım kıluu |

porcentagem (f)	пайыз	pajız
juros (m pl)	пайыз менен пайда	pajız menen pajda
lucro (m)	пайда	pajda
lucrativo (adj)	майнаптуу	majnaptuu
imposto (m)	салык	salık
divisa (f)	валюта	valüta
nacional (adj)	улуттук	uluttuk
câmbio (m)	алмаштыруу	almaʃtıruu
contador (m)	бухгалтер	buxgalter
contabilidade (f)	бухгалтерия	buxgalterija
falência (f)	кудуретсиздик	kuduretsizdik
falência, quebra (f)	кыйроо	kıjroo
ruína (f)	жакырдануу	dʒakırdanuu
estar quebrado	жакырдануу	dʒakırdanuu
inflação (f)	инфляция	inflʲatsija
desvalorização (f)	девальвация	devalʲvatsija
capital (m)	капитал	kapital
rendimento (m)	киреше	kireʃe
volume (m) de negócios	жүгүртүлүш	dʒygyrtylyʃ
recursos (m pl)	такоолдор	takooldor
recursos (m pl) financeiros	акча каражаттары	aktʃa karadʒattarı
despesas (f pl) gerais	кошумча чыгашалар	koʃumtʃa tʃıgaʃalar
reduzir (vt)	кыскартуу	kıskartuu

110. Marketing

marketing (m)	базар таануу	bazar taanuu
mercado (m)	базар	bazar
segmento (m) do mercado	базар сегменти	bazar segmenti
produto (m)	өнүм	ønym
mercadoria (f)	товар	tovar
marca (f)	соода маркасы	sooda markası
marca (f) registrada	соода маркасы	sooda markası
logotipo (m)	фирмалык белги	firmalık belgi
logo (m)	логотип	logotip
demanda (f)	талап	talap
oferta (f)	сунуш	sunuʃ
necessidade (f)	керек	kerek
consumidor (m)	керектөөчү	kerektøøtʃy
análise (f)	талдоо	taldoo
analisar (vt)	талдоо	taldoo
posicionamento (m)	турак табуу	turak tabuu
posicionar (vt)	турак табуу	turak tabuu
preço (m)	баа	baa
política (f) de preços	баа саясаты	baa sajasatı
formação (f) de preços	баа чыгаруу	baa tʃıgaruu

111. Publicidade

publicidade (f)	жарнама	dʒarnama
fazer publicidade	жарнамалоо	dʒarnamaloo
orçamento (m)	бюджет	budʒet
anúncio (m)	жарнама	dʒarnama
publicidade (f) na TV	теле жарнама	tele dʒarnama
publicidade (f) na rádio	радио жарнама	radio dʒarnama
publicidade (f) exterior	сырткы жарнама	sırtkı dʒarnama
comunicação (f) de massa	масс медия	mass medija
periódico (m)	мезгилдүү басылма	mezgildyy basılma
imagem (f)	имидж	imidʒ
slogan (m)	лозунг	lozung
mote (m), lema (f)	ураан	uraan
campanha (f)	кампания	kampanija
campanha (f) publicitária	жарнамалык кампания	dʒarnamalık kampanija
grupo (m) alvo	максаттуу топ	maksattuu top
cartão (m) de visita	таанытма	taanıtma
panfleto (m)	баракча	baraktʃa
brochura (f)	китепче	kiteptʃe
folheto (m)	кат-кат китепче	kat-kat kiteptʃe
boletim (~ informativo)	бюллетень	bulletenʲ
letreiro (m)	көрнөк	kørnøk
cartaz, pôster (m)	көрнөк	kørnøk
painel (m) publicitário	жарнамалык такта	dʒarnamalık takta

112. Banca

banco (m)	банк	bank
balcão (f)	бөлүм	bølym
consultor (m) bancário	кеңешчи	keŋeʃtʃi
gerente (m)	башкаруучу	baʃkaruutʃu
conta (f)	эсеп	esep
número (m) da conta	эсеп номери	esep nomeri
conta (f) corrente	учурдагы эсеп	utʃurdagı esep
conta (f) poupança	топтолмо эсеп	toptolmo esep
abrir uma conta	эсеп ачуу	esep atʃuu
fechar uma conta	эсеп жабуу	esep dʒabuu
depositar na conta	эсепке акча салуу	esepke aktʃa saluu
sacar (vt)	эсептен акча чыгаруу	esepten aktʃa tʃıgaruu
depósito (m)	аманат	amanat
fazer um depósito	аманат кылуу	amanat kıluu
transferência (f) bancária	акча которуу	aktʃa kotoruu

transferir (vt)	акча которуу	aktʃa kotoruu
soma (f)	сумма	summa
Quanto?	Канча?	kantʃa?

assinatura (f)	кол тамга	kol tamga
assinar (vt)	кол коюу	kol kojʉu

cartão (m) de crédito	насыя картасы	nasıja kartası
senha (f)	код	kod
número (m) do cartão de crédito	насыя картанын номери	nasıja kartanın nomeri
caixa (m) eletrônico	банкомат	bankomat

cheque (m)	чек	tʃek
passar um cheque	чек жазып берүү	tʃek dʒazıp beryy
talão (m) de cheques	чек китепчеси	tʃek kiteptʃesi

empréstimo (m)	насыя	nasıja
pedir um empréstimo	насыя үчүн кайрылуу	nasıja ytʃyn kajrıluu
obter empréstimo	насыя алуу	nasıja aluu
dar um empréstimo	насыя берүү	nasıja beryy
garantia (f)	кепилдик	kepildik

113. Telefone. Conversação telefônica

telefone (m)	телефон	telefon
celular (m)	мобилдик	mobildik
secretária (f) eletrônica	автоматтык жооп берүүчү	avtomattık dʒoop beryytʃy

fazer uma chamada	чалуу	tʃaluu
chamada (f)	чакыруу	tʃakıruu

discar um número	номер терүү	nomer teryy
Alô!	Алло!	allo!
perguntar (vt)	суроо	suroo
responder (vt)	жооп берүү	dʒoop beryy

ouvir (vt)	угуу	uguu
bem	жакшы	dʒakʃı
mal	жаман	dʒaman
ruído (m)	ызы-чуу	ızı-tʃuu

fone (m)	трубка	trubka
pegar o telefone	трубканы алуу	trubkanı aluu
desligar (vi)	трубканы коюу	trubkanı kojʉu

ocupado (adj)	бош эмес	boʃ emes
tocar (vi)	шыңгыроо	ʃıŋgıroo
lista (f) telefônica	телефондук китепче	telefonduk kiteptʃe
local (adj)	жергиликтүү	dʒergiliktyy
chamada (f) local	жергиликтүү чакыруу	dʒergiliktyy tʃakıruu
de longa distância	шаар аралык	ʃaar aralık
chamada (f) de longa distância	шаар аралык чакыруу	ʃaar aralık tʃakıruu

| internacional (adj) | эл аралык | el aralık |
| chamada (f) internacional | эл аралык чакыруу | el aralık tʃakıruu |

114. Telefone móvel

celular (m)	мобилдик	mobildik
tela (f)	дисплей	displej
botão (m)	баскыч	baskıtʃ
cartão SIM (m)	SIM-карта	sim-karta

bateria (f)	батарея	batareja
descarregar-se (vr)	зарядканын түгөнүүсү	zarʲadkanın tygønyysy
carregador (m)	заряддоочу шайман	zarʲaddootʃu ʃajman

| menu (m) | меню | menʉ |
| configurações (f pl) | орнотуулар | ornotuular |

| melodia (f) | обон | obon |
| escolher (vt) | тандоо | tandoo |

calculadora (f)	калькулятор	kalʲkulʲator
correio (m) de voz	автоматтык жооп бергич	avtomattık dʒoop bergitʃ
despertador (m)	ойготкуч	ojgotkutʃ
contatos (m pl)	байланыштар	bajlanıʃtar

| mensagem (f) de texto | SMS-кабар | esemes-kabar |
| assinante (m) | абонент | abonent |

115. Estacionário

| caneta (f) | калем сап | kalem sap |
| caneta (f) tinteiro | калем уч | kalem utʃ |

lápis (m)	карандаш	karandaʃ
marcador (m) de texto	маркер	marker
caneta (f) hidrográfica	фломастер	flomaster

| bloco (m) de notas | дептерче | deptertʃe |
| agenda (f) | күндөлүк | kyndølyk |

régua (f)	сызгыч	sızgıtʃ
calculadora (f)	калькулятор	kalʲkulʲator
borracha (f)	өчүргүч	øtʃyrgytʃ

| alfinete (m) | кнопка | knopka |
| clipe (m) | кыскыч | kıskıtʃ |

| cola (f) | желим | dʒelim |
| grampeador (m) | степлер | stepler |

| furador (m) de papel | тешкич | teʃkitʃ |
| apontador (m) | учтагыч | utʃtagıtʃ |

116. Vários tipos de documentos

relatório (m)	отчет	otʃet
acordo (m)	макулдашуу	makuldaʃuu
ficha (f) de inscrição	билдирме	bildirme
autêntico (adj)	кɵзү	køzy
crachá (m)	тешбелги	tøʃbelgi
cartão (m) de visita	таанытма	taanıtma

certificado (m)	сертификат	sertifikat
cheque (m)	чек	tʃek
conta (f)	эсеп	esep
constituição (f)	конституция	konstitutsija

contrato (m)	келишим	keliʃim
cópia (f)	кечүрме	køtʃyrmø
exemplar (~ assinado)	нуска	nuska

declaração (f) alfandegária	бажы декларациясы	badʒı deklaratsijası
documento (m)	документ	dokument
carteira (f) de motorista	айдоочу күбөлүгү	ajdootʃu kybølygy
adendo, anexo (m)	тиркеме	tirkeme
questionário (m)	форма	forma

carteira (f) de identidade	ɵздүк билдиргичи	øzdyk bildirgitʃi
inquérito (m)	суроо-талап	suroo-talap
convite (m)	чакыруу билет	tʃakıruu bilet
fatura (f)	фактура	faktura

lei (f)	мыйзам	mıjzam
carta (correio)	кат	kat
papel (m) timbrado	бланк	blank
lista (f)	тизме	tizme
manuscrito (m)	кол жазма	kol dʒazma
boletim (~ informativo)	бюллетень	bʉlletenʲ
bilhete (mensagem breve)	кыскача жазуу	kıskatʃa dʒazuu

passe (m)	ɵткɵрмɵ	øtkørmø
passaporte (m)	паспорт	pasport
permissão (f)	уруксат кагазы	uruksat kagazı
currículo (m)	таржымал	tardʒımal
nota (f) promissória	тил кат	til kat
recibo (m)	дүмүрчек	dymyrtʃøk
talão (f)	чек	tʃek
relatório (m)	рапорт	raport

mostrar (vt)	кɵрсɵтүү	kørsøtyy
assinar (vt)	кол коюу	kol kojʉu
assinatura (f)	кол тамга	kol tamga
carimbo (m)	мɵɵр	møør
texto (m)	текст	tekst
ingresso (m)	билет	bilet

riscar (vt)	чийип салуу	tʃijip saluu
preencher (vt)	толтуруу	tolturuu

| carta (f) de porte | коштомо кагаз | koʃtomo kagaz |
| testamento (m) | керээз | kereez |

117. Tipos de negócios

serviços (m pl) de contabilidade	бухгалтердик кызмат	buҳgalterdik kızmat
publicidade (f)	жарнама	dʒarnama
agência (f) de publicidade	жарнама агенттиги	dʒarnama agenttigi
ar (m) condicionado	аба желдеткичтер	aba dʒeldetkitʃter
companhia (f) aérea	авиакомпания	aviakompanija

bebidas (f pl) alcoólicas	алкоголь ичимдиктери	alkogolʲ itʃimdikteri
comércio (m) de antiguidades	антиквариат	antikvariat
galeria (f) de arte	арт-галерея	art-galereja
serviços (m pl) de auditoria	аудиторлук кызмат	auditorluk kızmat

negócios (m pl) bancários	банк бизнеси	bank biznesi
bar (m)	бар	bar
salão (m) de beleza	сулуулук салону	suluuluk salonu
livraria (f)	китеп дүкөнү	kitep dykøny
cervejaria (f)	сыра чыгаруучу жай	sıra tʃıgaruutʃu dʒaj
centro (m) de escritórios	бизнес-борбор	biznes-borbor
escola (f) de negócios	бизнес-мектеп	biznes-mektep

cassino (m)	казино	kazino
construção (f)	курулуш	kuruluʃ
consultoria (f)	консалтинг	konsalting

clínica (f) dentária	стоматология	stomatologija
design (m)	дизайн	dizajn
drogaria (f)	дарыкана	darıkana
lavanderia (f)	химиялык тазалоо	ҳimijalık tazaloo
agência (f) de emprego	кадрдык агенттиги	kadrdık agenttigi

serviços (m pl) financeiros	каржылык кызматтар	kardʒılık kızmattar
alimentos (m pl)	азык-түлүк	azık-tylyk
funerária (f)	ырасым бюросу	ırasım bɵrosu
mobiliário (m)	эмерек	emerek
roupa (f)	кийим	kijim
hotel (m)	мейманкана	mejmankana

sorvete (m)	бал муздак	bal muzdak
indústria (f)	өнөр-жай	ønør-dʒaj
seguro (~ de vida, etc.)	камсыздандыруу	kamsızdandıruu
internet (f)	интернет	internet
investimento (m)	салымдар	salımdar

joalheiro (m)	зергер	zerger
joias (f pl)	зер буюмдар	zer bujɵmdar
lavanderia (f)	кир жуу ишканасы	kir dʒuu iʃkanası
assessorias (f pl) jurídicas	юридикалык кызматтар	jɵridikalık kızmattar
indústria (f) ligeira	жеңил өнөр-жай	dʒeŋil ønør-dʒaj
revista (f)	журнал	dʒurnal

vendas (f pl) por catálogo	каталог боюнча соода-сатык	katalog bojunʧa sooda-satık
medicina (f)	медицина	meditsina
cinema (m)	кинотеатр	kinoteatr
museu (m)	музей	muzej
agência (f) de notícias	жаңылыктар агенттиги	ʤaŋılıktar agenttigi
jornal (m)	гезит	gezit
boate (casa noturna)	түнкү клуб	tyŋky klub
petróleo (m)	мунайзат	munajzat
serviços (m pl) de remessa	чабармандык кызматы	ʧabarmandık kızmatı
indústria (f) farmacêutica	фармацевтика	farmatsevtika
tipografia (f)	полиграфия	poligrafija
editora (f)	басмакана	basmakana
rádio (m)	уналгы	ynalgı
imobiliário (m)	кыймылсыз мүлк	kıjmılsız mylk
restaurante (m)	ресторан	restoran
empresa (f) de segurança	күзөт агенттиги	kyzøt agenttigi
esporte (m)	спорт	sport
bolsa (f) de valores	биржа	birʤa
loja (f)	дүкөн	dykøn
supermercado (m)	супермаркет	supermarket
piscina (f)	бассейн	bassejn
alfaiataria (f)	ателье	atelje
televisão (f)	телекөрсөтүү	telekørsøtyy
teatro (m)	театр	teatr
comércio (m)	соода	sooda
serviços (m pl) de transporte	ташып жеткирүү	taʃıp ʤetkiryy
viagens (f pl)	туризм	turizm
veterinário (m)	мал доктуру	mal dokturu
armazém (m)	кампа	kampa
recolha (f) do lixo	таштанды чыгаруу	taʃtandı ʧıgaruu

Emprego. Negócios. Parte 2

118. Espetáculo. Feira

feira, exposição (f)	көргөзмө	kørgøzmø
feira (f) comercial	соода көргөзмөсү	sooda kørgøzmøsy
participação (f)	катышуу	katıʃuu
participar (vi)	катышуу	katıʃuu
participante (m)	катышуучу	katıʃuutʃu
diretor (m)	директор	direktor
direção (f)	уюштуруу комитети	ujʉʃturuu komiteti
organizador (m)	уюштуруучу	ujʉʃturuutʃu
organizar (vt)	уюштуруу	ujʉʃturuu
ficha (f) de inscrição	катышууга ынта билдирмеси	katıʃuuga ınta bildirmesi
preencher (vt)	толтуруу	tolturuu
detalhes (m pl)	ийне-жиби	ijne-dʒibi
informação (f)	маалымат	maalımat
preço (m)	баа	baa
incluindo	кошуп	koʃup
incluir (vt)	кошулган	koʃulgan
pagar (vt)	төлөө	tøløø
taxa (f) de inscrição	каттоо төгүмү	kattoo tøgymy
entrada (f)	кирүү	kiryy
pavilhão (m), salão (f)	павильон	pavilʲon
inscrever (vt)	каттоо	kattoo
crachá (m)	төшбелги	tøʃbelgi
stand (m)	көргөзмө стенди	kørgøzmø stendi
reservar (vt)	камдык буйрутмалоо	kamdık bujrutmaloo
vitrine (f)	айнек стенд	ajnek stend
lâmpada (f)	чырак	tʃırak
design (m)	дизайн	dizajn
pôr (posicionar)	жайгаштыруу	dʒajgaʃtıruu
ser colocado, -a	жайгашуу	dʒajgaʃuu
distribuidor (m)	дистрибьютор	distribjʉtor
fornecedor (m)	жеткирип берүүчү	dʒetkirip beryytʃy
fornecer (vt)	жеткирип берүү	dʒetkirip beryy
país (m)	өлкө	ølkø
estrangeiro (adj)	чет өлкөлүк	tʃet ølkølyk
produto (m)	өнүм	ønym
associação (f)	ассоциация	assotsiatsija

sala (f) de conferência	конференц-зал	konferents-zal
congresso (m)	конгресс	kongress
concurso (m)	жарыш	dʒarıʃ

visitante (m)	келүүчү	kelyytʃy
visitar (vt)	баш багуу	baʃ baguu
cliente (m)	кардар	kardar

119. Media

jornal (m)	гезит	gezit
revista (f)	журнал	dʒurnal
imprensa (f)	пресса	pressa
rádio (m)	уналгы	ynalgı
estação (f) de rádio	радио толкуну	radio tolkunu
televisão (f)	телекөрсөтүү	telekørsøtyy

apresentador (m)	алып баруучу	alıp baruutʃu
locutor (m)	диктор	diktor
comentarista (m)	баяндамачы	bajandamatʃı

jornalista (m)	журналист	dʒurnalist
correspondente (m)	кабарчы	kabartʃı
repórter (m) fotográfico	фотокорреспондент	fotokorrespondent
repórter (m)	репортёр	reportior

redator (m)	редактор	redaktor
redator-chefe (m)	башкы редактор	baʃkı redaktor

assinar a ...	жазылуу	dʒazıluu
assinatura (f)	жазылуу	dʒazıluu
assinante (m)	жазылуучу	dʒazıluutʃu
ler (vt)	окуу	okuu
leitor (m)	окурман	okurman

tiragem (f)	нуска	nuska
mensal (adj)	ай сайын	aj sajın
semanal (adj)	жума сайын	dʒuma sajın
número (jornal, revista)	номер	nomer
recente, novo (adj)	жаңы	dʒaŋı

manchete (f)	баш аты	baʃ atı
pequeno artigo (m)	кыскача макала	kıskatʃa makala
coluna (~ semanal)	рубрика	rubrika
artigo (m)	макала	makala
página (f)	бет	bet

reportagem (f)	репортаж	reportadʒ
evento (festa, etc.)	окуя	okuja
sensação (f)	дүң салуу	dyŋ saluu
escândalo (m)	жаңжал	dʒaŋdʒal
escandaloso (adj)	жаңжалчы	dʒaŋdʒaltʃı
grande (adj)	чуулгандуу	tʃuulganduu
programa (m)	көрсөтүү	kørsøtyy

entrevista (f)	интервью	intervju
transmissão (f) ao vivo	түз берүү	tyz beryy
canal (m)	канал	kanal

120. Agricultura

agricultura (f)	дыйкан чарбачылык	dıjkan tʃarbatʃılık
camponês (m)	дыйкан	dıjkan
camponesa (f)	дыйкан аял	dıjkan ajal
agricultor, fazendeiro (m)	фермер	fermer

| trator (m) | трактор | traktor |
| colheitadeira (f) | комбайн | kombajn |

arado (m)	соко	soko
arar (vt)	жер айдоо	dʒer ajdoo
campo (m) lavrado	айдоо жер	ajdoo dʒer
sulco (m)	жөөк	dʒøøk

semear (vt)	себүү	sebyy
plantadeira (f)	сеялка	sejalka
semeadura (f)	эгүү	egyy

| foice (m) | чалгы | tʃalgı |
| cortar com foice | чабуу | tʃabuu |

| pá (f) | күрөк | kyrøk |
| cavar (vt) | казуу | kazuu |

enxada (f)	кетмен	ketmen
capinar (vt)	отоо	otoo
erva (f) daninha	отоо чөп	otoo tʃøp

regador (m)	гүл челек	gyl tʃelek
regar (plantas)	сугаруу	sugaruu
rega (f)	сугат	sugat

| forquilha (f) | айры | ajrı |
| ancinho (m) | тырмоо | tırmoo |

fertilizante (m)	жер семирткич	dʒer semirtkitʃ
fertilizar (vt)	жер семиртүү	dʒer semirtyy
estrume, esterco (m)	кык	kık

campo (m)	талаа	talaa
prado (m)	шалбаа	ʃalbaa
horta (f)	чарбак	tʃarbak
pomar (m)	бакча	baktʃa

pastar (vt)	жаюу	dʒadʒuu
pastor (m)	чабан	tʃaban
pastagem (f)	жайыт	dʒajıt
pecuária (f)	мал чарбачылык	mal tʃarbatʃılık
criação (f) de ovelhas	кой чарбачылык	koj tʃarbatʃılık

plantação (f)	плантация	plantatsija
canteiro (m)	жөөк	dʒøøk
estufa (f)	күнөскана	kynøskana

| seca (f) | кургакчылык | kurgaktʃılık |
| seco (verão ~) | кургак | kurgak |

grão (m)	дан эгиндери	dan eginderi
cereais (m pl)	дан эгиндери	dan eginderi
colher (vt)	чаап алуу	tʃaap aluu

moleiro (m)	тегирменчи	tegirmentʃi
moinho (m)	тегирмен	tegirmen
moer (vt)	майдалоо	majdaloo
farinha (f)	ун	un
palha (f)	саман	saman

121. Construção. Processo de construção

canteiro (m) de obras	курулуш	kuruluʃ
construir (vt)	куруу	kuruu
construtor (m)	куруучу	kuruutʃu

projeto (m)	долбоор	dolboor
arquiteto (m)	архитектор	arχitektor
operário (m)	жумушчу	dʒumuʃtʃu

fundação (f)	пайдубал	pajdubal
telhado (m)	чатыр	tʃatır
estaca (f)	казык	kazık
parede (f)	дубал	dubal

| colunas (f pl) de sustentação | арматура | armatura |
| andaime (m) | куруучу тепкичтер | kuruutʃu tepkitʃter |

concreto (m)	бетон	beton
granito (m)	гранит	granit
pedra (f)	таш	taʃ
tijolo (m)	кыш	kıʃ

areia (f)	кум	kum
cimento (m)	цемент	tsement
emboço, reboco (m)	шыбак	ʃıbak
emboçar, rebocar (vt)	шыбоо	ʃıboo

tinta (f)	сыр	sır
pintar (vt)	боео	boeo
barril (m)	бочка	botʃka

grua (f), guindaste (m)	кран	kran
erguer (vt)	көтөрүү	køtøryy
baixar (vt)	түшүрүү	tyʃyryy
buldózer (m)	бульдозер	bulʲdozer
escavadora (f)	экскаватор	ekskavator

caçamba (f)	ковш	kovʃ
escavar (vt)	казуу	kazuu
capacete (m) de proteção	каска	kaska

122. Ciência. Investigação. Cientistas

ciência (f)	илим	ilim
científico (adj)	илимий	ilimij
cientista (m)	илимпоз	ilimpoz
teoria (f)	теория	teorija

axioma (m)	аксиома	aksioma
análise (f)	талдоо	taldoo
analisar (vt)	талдоо	taldoo
argumento (m)	далил	dalil
substância (f)	зат	zat

hipótese (f)	гипотеза	gipoteza
dilema (m)	дилемма	dilemma
tese (f)	диссертация	dissertatsija
dogma (m)	догма	dogma

doutrina (f)	доктрина	doktrina
pesquisa (f)	изилдөө	izildøø
pesquisar (vt)	изилдөө	izildøø
testes (m pl)	сынак	sınak
laboratório (m)	лаборатория	laboratorija

método (m)	ыкма	ıkma
molécula (f)	молекула	molekula
monitoramento (m)	бейлөө	bejløø
descoberta (f)	таап ачуу	taap atʃuu

postulado (m)	постулат	postulat
princípio (m)	усул	usul
prognóstico (previsão)	божомол	bodʒomol
prognosticar (vt)	алдын ала айтуу	aldın ala ajtuu

síntese (f)	синтез	sintez
tendência (f)	умтулуу	umtuluu
teorema (m)	теорема	teorema

| ensinamentos (m pl) | окуу | okuu |
| fato (m) | далил | dalil |

| expedição (f) | экспедиция | ekspeditsija |
| experiência (f) | тажрыйба | tadʒrıjba |

acadêmico (m)	академик	akademik
bacharel (m)	бакалавр	bakalavr
doutor (m)	доктор	doktor
professor (m) associado	доцент	dotsent
mestrado (m)	магистр	magistr
professor (m)	профессор	professor

Profissões e ocupações

123. Procura de emprego. Demissão

trabalho (m)	иш	iʃ
equipe (f)	жамаат	dʒamaat
pessoal (m)	жамаат курамы	dʒamaat kuramı
carreira (f)	мансап	mansap
perspectivas (f pl)	перспектива	perspektiva
habilidades (f pl)	чеберчилик	tʃebertʃilik
seleção (f)	тандоо	tandoo
agência (f) de emprego	кадрдык агенттиги	kadrdık agenttigi
currículo (m)	таржымал	tardʒımal
entrevista (f) de emprego	аңгемелешүү	aŋgemeleʃyy
vaga (f)	жумуш орун	dʒumuʃ orun
salário (m)	эмгек акы	emgek akı
salário (m) fixo	маяна	majana
pagamento (m)	акысын телее	akısın tøløø
cargo (m)	кызмат орун	kızmat orun
dever (do empregado)	милдет	mildet
gama (f) de deveres	милдеттенмелер	mildettenmeler
ocupado (adj)	бош эмес	boʃ emes
despedir, demitir (vt)	бошотуу	boʃotuu
demissão (f)	бошотуу	boʃotuu
desemprego (m)	жумушсуздук	dʒumuʃsuzduk
desempregado (m)	жумушсуз	dʒumuʃsuz
aposentadoria (f)	бааракы	baarakı
aposentar-se (vr)	ардактуу эс алууга чыгуу	ardaktuu es aluuga tʃıguu

124. Gente de negócios

diretor (m)	директор	direktor
gerente (m)	башкаруучу	baʃkaruutʃu
patrão, chefe (m)	башкаруучу	baʃkaruutʃu
superior (m)	башчы	baʃtʃı
superiores (m pl)	башчылар	baʃtʃılar
presidente (m)	президент	prezident
chairman (m)	терага	tøraga
substituto (m)	орун басар	orun basar
assistente (m)	жардамчы	dʒardamtʃı

secretário (m)	катчы	kattʃı
secretário (m) pessoal	жеке катчы	dʒeke kattʃı
homem (m) de negócios	бизнесмен	biznesmen
empreendedor (m)	ишкер	iʃker
fundador (m)	негиздөөчү	negizdøøtʃy
fundar (vt)	негиздөө	negizdøø
principiador (m)	уюмдаштыруучу	ujɵmdaʃtıruutʃu
parceiro, sócio (m)	өнөктөш	ønøktøʃ
acionista (m)	акция кармоочу	aktsija karmootʃu
milionário (m)	миллионер	millioner
bilionário (m)	миллиардер	milliarder
proprietário (m)	ээси	eesi
proprietário (m) de terras	жер ээси	dʒer eesi
cliente (m)	кардар	kardar
cliente (m) habitual	туруктуу кардар	turuktuu kardar
comprador (m)	сатып алуучу	satıp aluutʃu
visitante (m)	келүүчү	kelyytʃy
profissional (m)	кесипкөй	kesipkøj
perito (m)	ишбилги	iʃbilgi
especialista (m)	адис	adis
banqueiro (m)	банкир	bankir
corretor (m)	далдалчы	daldaltʃı
caixa (m, f)	кассир	kassir
contador (m)	бухгалтер	buχgalter
guarda (m)	кароолчу	karooltʃu
investidor (m)	салым кошуучу	salım koʃuutʃu
devedor (m)	карыздар	karızdar
credor (m)	насыя алуучу	nasıja aluutʃu
mutuário (m)	карызга алуучу	karızga aluutʃu
importador (m)	импорттоочу	importtootʃu
exportador (m)	экспорттоочу	eksporttootʃu
produtor (m)	өндүрүүчү	øndyryytʃy
distribuidor (m)	дистрибьютор	distribjɵtor
intermediário (m)	ортомчу	ortomtʃu
consultor (m)	кеңешчи	keŋeʃtʃi
representante comercial	сатуу агенти	satuu agenti
agente (m)	агент	agent
agente (m) de seguros	камсыздандыруучу агент	kamsızdandıruutʃu agent

125. Profissões de serviços

cozinheiro (m)	ашпозчу	aʃpoztʃu
chefe (m) de cozinha	башкы ашпозчу	baʃkı aʃpoztʃu

padeiro (m)	навайчы	navajtʃı
barman (m)	бармен	barmen
garçom (m)	официант	ofitsiant
garçonete (f)	официант кыз	ofitsiant kız

advogado (m)	жактоочу	dʒaktootʃu
jurista (m)	юрист	jurist
notário (m)	нотариус	notarius

eletricista (m)	электрик	elektrik
encanador (m)	сантехник	santeχnik
carpinteiro (m)	жыгач уста	dʒıgatʃ usta

massagista (m)	укалоочу	ukalootʃu
massagista (f)	укалоочу	ukalootʃu
médico (m)	доктур	doktur

taxista (m)	такси айдоочу	taksi ajdootʃu
condutor (automobilista)	айдоочу	ajdootʃu
entregador (m)	жеткирүүчү	dʒetkiryytʃy

camareira (f)	үй кызматкери	yj kızmatkeri
guarda (m)	кароолчу	karooltʃu
aeromoça (f)	стюардесса	stuardessa

professor (m)	мугалим	mugalim
bibliotecário (m)	китепканачы	kitepkanatʃı
tradutor (m)	котормочу	kotormotʃu
intérprete (m)	оозеки котормочу	oozeki kotormotʃu
guia (m)	гид	gid

cabeleireiro (m)	чач тарач	tʃatʃ taratʃ
carteiro (m)	кат ташуучу	kat taʃuutʃu
vendedor (m)	сатуучу	satuutʃu

jardineiro (m)	багбанчы	bagbantʃı
criado (m)	үй кызматчы	yj kızmattʃı
criada (f)	үй кызматчы аял	yj kızmattʃı ajal
empregada (f) de limpeza	тазалагыч	tazalagıtʃ

126. Profissões militares e postos

soldado (m) raso	катардагы жоокер	katardagı dʒooker
sargento (m)	сержант	serdʒant
tenente (m)	лейтенант	lejtenant
capitão (m)	капитан	kapitan

major (m)	майор	major
coronel (m)	полковник	polkovnik
general (m)	генерал	general
marechal (m)	маршал	marʃal
almirante (m)	адмирал	admiral
militar (m)	аскер кызматчысы	asker kızmattʃısı
soldado (m)	аскер	asker

| oficial (m) | офицер | ofitser |
| comandante (m) | командир | komandir |

guarda (m) de fronteira	чек арачы	ʧek araʧı
operador (m) de rádio	радист	radist
explorador (m)	чалгынчы	ʧalgınʧı
sapador-mineiro (m)	сапёр	sapɩor
atirador (m)	аткыч	atkıʧ
navegador (m)	штурман	ʃturman

127. Oficiais. Padres

| rei (m) | король, падыша | korolⁱ, padıʃa |
| rainha (f) | ханыша | χanıʃa |

| príncipe (m) | канзаада | kanzaada |
| princesa (f) | ханбийке | χanbijke |

| czar (m) | падыша | padıʃa |
| czarina (f) | ханыша | χanıʃa |

presidente (m)	президент	prezident
ministro (m)	министр	ministr
primeiro-ministro (m)	премьер-министр	premjer-ministr
senador (m)	сенатор	senator

diplomata (m)	дипломат	diplomat
cônsul (m)	консул	konsul
embaixador (m)	элчи	elʧi
conselheiro (m)	кеңешчи	keŋeʃʧi

funcionário (m)	аткаминер	atkaminer
prefeito (m)	префект	prefekt
Presidente (m) da Câmara	мэр	mer

| juiz (m) | сот | sot |
| procurador (m) | прокурор | prokuror |

missionário (m)	миссионер	missioner
monge (m)	кечил	keʧil
abade (m)	аббат	abbat
rabino (m)	раввин	ravvin

vizir (m)	визирь	vizirⁱ
xá (m)	шах	ʃaχ
xeique (m)	шейх	ʃejχ

128. Profissões agrícolas

abelheiro (m)	балчы	balʧı
pastor (m)	чабан	ʧaban
agrônomo (m)	агроном	agronom

criador (m) de gado	малчы	malʧı
veterinário (m)	мал доктуру	mal dokturu

agricultor, fazendeiro (m)	фермер	fermer
vinicultor (m)	вино жасоочу	vino dʒasooʧu
zoólogo (m)	зоолог	zoolog
vaqueiro (m)	ковбой	kovboj

129. Profissões artísticas

ator (m)	актёр	aktʲor
atriz (f)	актриса	aktrisa

cantor (m)	ырчы	ırʧı
cantora (f)	ырчы кыз	ırʧı kız

bailarino (m)	бийчи жигит	bijʧi dʒigit
bailarina (f)	бийчи кыз	bijʧi kız

artista (m)	аткаруучу	atkaruuʧu
artista (f)	аткаруучу	atkaruuʧu

músico (m)	музыкант	muzıkant
pianista (m)	пианист	pianist
guitarrista (m)	гитарист	gitarist

maestro (m)	дирижёр	diridʒʲor
compositor (m)	композитор	kompozitor
empresário (m)	импресарио	impresario

diretor (m) de cinema	режиссёр	redʒissʲor
produtor (m)	продюсер	produser
roteirista (m)	сценарист	stsenarist
crítico (m)	сынчы	sınʧı

escritor (m)	жазуучу	dʒazuuʧu
poeta (m)	акын	akın
escultor (m)	бедизчи	bedizʧi
pintor (m)	сүрөтчү	syrøtʧy

malabarista (m)	жонглёр	dʒonglʲor
palhaço (m)	маскарапоз	maskarapoz
acrobata (m)	акробат	akrobat
ilusionista (m)	көз боечу	køz boeʧu

130. Várias profissões

médico (m)	доктур	doktur
enfermeira (f)	медсестра	medsestra
psiquiatra (m)	психиатр	psiçiatr
dentista (m)	тиш доктур	tiʃ doktur
cirurgião (m)	хирург	xirurg

astronauta (m)	астронавт	astronavt
astrônomo (m)	астроном	astronom
piloto (m)	учкуч	uʧkuʧ

motorista (m)	айдоочу	ajdooʧu
maquinista (m)	машинист	maʃinist
mecânico (m)	механик	meχanik

mineiro (m)	кенчи	kenʧi
operário (m)	жумушчу	dʒumuʃʧu
serralheiro (m)	слесарь	slesarʲ
marceneiro (m)	жыгач уста	dʒıgaʧ usta
torneiro (m)	токарь	tokarʲ
construtor (m)	куруучу	kuruuʧu
soldador (m)	ширеткич	ʃiretkiʧ

professor (m)	профессор	professor
arquiteto (m)	архитектор	arχitektor
historiador (m)	тарыхчы	tarıχʧı
cientista (m)	илимпоз	ilimpoz
físico (m)	физик	fizik
químico (m)	химик	χimik

arqueólogo (m)	археолог	arχeolog
geólogo (m)	геолог	geolog
pesquisador (cientista)	изилдөөчү	izildøøʧy

| babysitter, babá (f) | бала баккыч | bala bakkıʧ |
| professor (m) | мугалим | mugalim |

redator (m)	редактор	redaktor
redator-chefe (m)	башкы редактор	baʃkı redaktor
correspondente (m)	кабарчы	kabarʧı
datilógrafa (f)	машинистка	maʃinistka

designer (m)	дизайнер	dizajner
especialista (m) em informática	компьютер адиси	kompjɵter adisi
programador (m)	программист	programmist
engenheiro (m)	инженер	indʒener

marujo (m)	деңизчи	deŋizʧi
marinheiro (m)	матрос	matros
socorrista (m)	куткаруучу	kutkaruuʧu

bombeiro (m)	өрт өчүргүч	ørt øʧyrgyʧ
polícia (m)	полиция кызматкери	politsija kızmatkeri
guarda-noturno (m)	кароолчу	karoolʧu
detetive (m)	аңдуучу	aŋduuʧu

funcionário (m) da alfândega	бажы кызматкери	badʒı kızmatkeri
guarda-costas (m)	жан сакчы	dʒan sakʧı
guarda (m) prisional	күзөтчү	kyzøtʧy
inspetor (m)	инспектор	inspektor
esportista (m)	спортчу	sportʧu
treinador (m)	машыктыруучу	maʃıktıruuʧu

115

açougueiro (m)	касапчы	kasapʧı
sapateiro (m)	өтүкчү	øtykʧy
comerciante (m)	жеке соодагер	ʤeke soodager
carregador (m)	жүк ташуучу	ʤyk taʃuuʧu

estilista (m)	модельер	modeljer
modelo (f)	модель	modelʲ

131. Ocupações. Estatuto social

estudante (~ de escola)	окуучу	okuuʧu
estudante (~ universitária)	студент	student

filósofo (m)	философ	filosof
economista (m)	экономист	ekonomist
inventor (m)	ойлоп табуучу	ojlop tabuuʧu

desempregado (m)	жумушсуз	ʤumuʃsuz
aposentado (m)	бааргер	baarger
espião (m)	тыңчы	tıŋʧı

preso, prisioneiro (m)	камактагы адам	kamaktagı adam
grevista (m)	иш калтыргыч	iʃ kaltırgıʧ
burocrata (m)	бюрократ	bʉrokrat
viajante (m)	саякатчы	sajakatʧı

homossexual (m)	гомосексуалист	gomoseksualist
hacker (m)	хакер	χaker
hippie (m, f)	хиппи	χippi

bandido (m)	ууру-кески	uuru-keski
assassino (m)	жалданма киши өлтүргүч	ʤaldanma kiʃi øltyrgyʧ
drogado (m)	баңги	baŋgi
traficante (m)	баңгизат сатуучу	baŋgizat satuuʧu
prostituta (f)	сойку	sojku
cafetão (m)	жан бакты	ʤan baktı

bruxo (m)	жадыгөй	ʤadıgøj
bruxa (f)	жадыгөй	ʤadıgøj
pirata (m)	деңиз каракчысы	deŋiz karakʧısı
escravo (m)	кул	kul
samurai (m)	самурай	samuraj
selvagem (m)	жапайы	ʤapajı

Desportos

132. Tipos de desportos. Desportistas

esportista (m)	спортчу	sporttʃu
tipo (m) de esporte	спорттун түрү	sporttun tyry
basquete (m)	баскетбол	basketbol
jogador (m) de basquete	баскетбол ойноочу	basketbol ojnootʃu
beisebol (m)	бейсбол	bejsbol
jogador (m) de beisebol	бейсбол ойноочу	bejsbol ojnootʃu
futebol (m)	футбол	futbol
jogador (m) de futebol	футбол ойноочу	futbol ojnootʃu
goleiro (m)	дарбазачы	darbazatʃı
hóquei (m)	хоккей	χokkej
jogador (m) de hóquei	хоккей ойноочу	χokkej ojnootʃu
vôlei (m)	волейбол	volejbol
jogador (m) de vôlei	волейбол ойноочу	volejbol ojnootʃu
boxe (m)	бокс	boks
boxeador (m)	бокс мушташуучу	boks muʃtaʃuutʃu
luta (f)	күрөш	kyrøʃ
lutador (m)	күрөшчү	kyrøʃtʃy
caratê (m)	карате	karate
carateca (m)	карате мушташуучу	karate muʃtaʃuutʃu
judô (m)	дзюдо	dzɯdo
judoca (m)	дзюдо чалуучу	dzɯdo tʃaluutʃu
tênis (m)	теннис	tennis
tenista (m)	теннис ойноочу	tennis ojnootʃu
natação (f)	сүзүү	syzyy
nadador (m)	сүзүүчү	syzyytʃy
esgrima (f)	кылычташуу	kılıtʃtaʃuu
esgrimista (m)	кылычташуучу	kılıtʃtaʃuutʃu
xadrez (m)	шахмат	ʃaχmat
jogador (m) de xadrez	шахмат ойноочу	ʃaχmat ojnootʃu
alpinismo (m)	альпинизм	alʲpinizm
alpinista (m)	альпинист	alʲpinist
corrida (f)	чуркоо	tʃurkoo

corredor (m)	жөө күлүк	dʒøø kylyk
atletismo (m)	жеңил атлетика	dʒeŋil atletika
atleta (m)	атлет	atlet

| hipismo (m) | ат спорту | at sportu |
| cavaleiro (m) | чабандес | tʃabandes |

patinação (f) artística	муз бийи	muz biji
patinador (m)	муз бийчи	muz bijtʃi
patinadora (f)	муз бийчи	muz bijtʃi

| halterofilismo (m) | оор атлетика | oor atletika |
| halterofilista (m) | оор атлет | oor atlet |

| corrida (f) de carros | авто жарыш | avto dʒarɪʃ |
| piloto (m) | гонщик | gonʃtʃik |

| ciclismo (m) | велоспорт | velosport |
| ciclista (m) | велосипед тебүүчү | velosiped tebyytʃy |

salto (m) em distância	узундукка секирүү	uzundukka sekiryy
salto (m) com vara	шырык менен секирүү	ʃɪrɪk menen sekiryy
atleta (m) de saltos	секирүүчү	sekiryytʃy

133. Tipos de desportos. Diversos

futebol (m) americano	американский футбол	amerikanskij futbol
badminton (m)	бадминтон	badminton
biatlo (m)	биатлон	biatlon
bilhar (m)	бильярд	biljard

bobsled (m)	бобслей	bobslej
musculação (f)	бодибилдинг	bodibilding
polo (m) aquático	суу полосу	suu polosu
handebol (m)	гандбол	gandbol
golfe (m)	гольф	golʲf

remo (m)	калакты уруу	kalaktı uruu
mergulho (m)	сууга чөмүүчү	suuga tʃømyytʃy
corrida (f) de esqui	чаңгы жарышы	tʃaŋgı dʒarıʃı
tênis (m) de mesa	стол тенниси	stol tennisi

vela (f)	парус астында сызуу	parus astında sızuu
rali (m)	ралли	ralli
rúgbi (m)	регби	regbi
snowboard (m)	сноуборд	snoubord
arco-e-flecha (m)	жаа атуу	dʒaa atuu

134. Ginásio

| barra (f) | штанга | ʃtanga |
| halteres (m pl) | гантелдер | gantelder |

aparelho (m) de musculação	машыгуу машине	maʃiguu maʃine
bicicleta (f) ergométrica	велотренажёр	velotrenadʒior
esteira (f) de corrida	тегеретме	tegeretme
barra (f) fixa	кɵпүрɵ жыгач	køpyrø dʒɪgatʃ
barras (f pl) paralelas	брусдар	brusdar
cavalo (m)	ат	at
tapete (m) de ginástica	мат	mat
corda (f) de saltar	секиргич	sekirgitʃ
aeróbica (f)	аэробика	aerobika
ioga, yoga (f)	йога	joga

135. Hóquei

hóquei (m)	хоккей	χokkej
jogador (m) de hóquei	хоккей ойноочу	χokkej ojnootʃu
jogar hóquei	хоккей ойноо	χokkej ojnoo
gelo (m)	муз	muz
disco (m)	шайба	ʃajba
taco (m) de hóquei	иймек таяк	ijmek tajak
patins (m pl) de gelo	коньки	koniki
muro (m)	тосмо	tosmo
tiro (m)	сокку	sokku
goleiro (m)	дарбазачы	darbazatʃɪ
gol (m)	гол	gol
marcar um gol	гол киргизүү	gol kirgizyy
tempo (m)	мезгил	mezgil
segundo tempo (m)	экинчи мезгил	ekintʃi mezgil
banco (m) de reservas	кезек отургучу	kezek oturgutʃu

136. Futebol

futebol (m)	футбол	futbol
jogador (m) de futebol	футбол ойноочу	futbol ojnootʃu
jogar futebol	футбол ойноо	futbol ojnoo
Time (m) Principal	жогорку лига	dʒogorku liga
time (m) de futebol	футбол клубу	futbol klubu
treinador (m)	машыктыруучу	maʃɪktɪruutʃu
proprietário (m)	ээси	eesi
equipe (f)	топ	top
capitão (m)	топтун капитаны	toptun kapitanɪ
jogador (m)	оюнчу	ojɯntʃu
jogador (m) reserva	кезектеги оюнчу	kezektegi ojɯntʃu
atacante (m)	чабуулчу	tʃabuultʃu
centroavante (m)	борбордук чабуулчу	borborduk tʃabuultʃu

marcador (m)	жаадыргыч	dʒaadırgıtʃ
defesa (m)	коргоочу	korgootʃu
meio-campo (m)	жарым коргоочу	dʒarım korgootʃu

jogo (m), partida (f)	матч	mattʃ
encontrar-se (vr)	жолугушуу	dʒoluguʃuu
final (m)	финал	final
semifinal (f)	жарым финал	dʒarım final
campeonato (m)	чемпионат	tʃempionat

tempo (m)	тайм	tajm
primeiro tempo (m)	биринчи тайм	birintʃi tajm
intervalo (m)	тыныгуу	tınıguu

goleira (f)	дарбаза	darbaza
goleiro (m)	дарбазачы	darbazatʃı
trave (f)	штанга	ʃtanga
travessão (m)	көпүрө жыгач	køpyrø dʒıgatʃ
rede (f)	тор	tor
tomar um gol	гол киргизип алуу	gol kirgizip aluu

bola (f)	топ	top
passe (m)	топ узатуу	top uzatuu
chute (m)	сокку	sokku
chutar (vt)	сокку берүү	sokku beryy
pontapé (m)	жаза сокку	dʒaza sokku
escanteio (m)	бурчтан сокку	burtʃtan sokku

ataque (m)	чабуул	tʃabuul
contra-ataque (m)	каршы чабуул	karʃı tʃabuul
combinação (f)	комбинация	kombinatsija

árbitro (m)	арбитр	arbitr
apitar (vi)	ышкыруу	ıʃkıruu
apito (m)	ышкырык	ıʃkırık
falta (f)	бузуу	buzuu
cometer a falta	бузуу	buzuu
expulsar (vt)	оюн талаасынан чыгаруу	ojưn talaasınan tʃıgaruu

cartão (m) amarelo	сары карточка	sarı kartotʃka
cartão (m) vermelho	кызыл карточка	kızıl kartotʃka
desqualificação (f)	дисквалификация	diskvalifikatsija
desqualificar (vt)	дисквалифициялоо	diskvalifitsijaloo

pênalti (m)	пенальти	penalʲti
barreira (f)	дубал	dubal
marcar (vt)	жаадыруу	dʒaadıruu
gol (m)	гол	gol
marcar um gol	гол киргизүү	gol kirgizyy

substituição (f)	алмаштыруу	almaʃtıruu
substituir (vt)	алмаштыруу	almaʃtıruu
regras (f pl)	эрежелер	eredʒeler
tática (f)	тактика	taktika
estádio (m)	стадион	stadion
arquibancadas (f pl)	трибуна	tribuna

fã, torcedor (m)	күйөрман	kyjørman
gritar (vi)	кыйкыруу	kıjkıruu
placar (m)	табло	tablo
resultado (m)	эсеп	esep
derrota (f)	утулуу	utuluu
perder (vt)	жеңилүү	ʤeŋilyy
empate (m)	теңме-тең	teŋme-teŋ
empatar (vi)	теңме-тең бүтүрүү	teŋme-teŋ bytyryy
vitória (f)	жеңиш	ʤeŋiʃ
vencer (vi, vt)	жеңүү	ʤeŋyy
campeão (m)	чемпион	ʧempion
melhor (adj)	эң жакшы	eŋ ʤakʃı
felicitar (vt)	куттуктоо	kuttuktoo
comentarista (m)	баяндамачы	bajandamaʧı
comentar (vt)	баяндоо	bajandoo
transmissão (f)	берүү	beryy

137. Esqui alpino

esqui (m)	чаңгы	ʧaŋgı
esquiar (vi)	чаңгы тебүү	ʧaŋgı tebyy
estação (f) de esqui	тоо лыжа курорту	too lıʤa kurortu
teleférico (m)	көтөргүч	køtørgyʧ
bastões (m pl) de esqui	таякчалар	tajakʧalar
declive (m)	эңкейиш	eŋkejiʃ
slalom (m)	слалом	slalom

138. Tênis. Golfe

golfe (m)	гольф	golʲf
clube (m) de golfe	гольф-клуб	golʲf-klub
jogador (m) de golfe	гольф оюнчу	golʲf ojɯnʧu
buraco (m)	тешикче	teʃikʧe
taco (m)	иймек таяк	ijmek tajak
trolley (m)	иймек таяк үчүн арабача	ijmek tajak yʧyn arabaʧa
tênis (m)	теннис	tennis
quadra (f) de tênis	корт	kort
saque (m)	кийирүү	kijiryy
sacar (vi)	кийирүү	kijiryy
raquete (f)	ракетка	raketka
rede (f)	тор	tor
bola (f)	топ	top

139. Xadrez

xadrez (m)	шахмат	ʃaχmat
peças (f pl) de xadrez	шахмат фигурасы	ʃaχmat figurası
jogador (m) de xadrez	шахмат ойноочу	ʃaχmat ojnootʃu
tabuleiro (m) de xadrez	шахмат тактасы	ʃaχmat taktası
peça (f)	фигура	figura
brancas (f pl)	актар	aktar
pretas (f pl)	каралар	karalar
peão (m)	пешка	peʃka
bispo (m)	пил	pil
cavalo (m)	ат	at
torre (f)	ладья	ladja
dama (f)	ферзь	ferzʲ
rei (m)	король	korolʲ
vez (f)	жүрүш	dʒyryʃ
mover (vt)	жүрүү	dʒyryy
sacrificar (vt)	курман кылуу	kurman kıluu
roque (m)	рокировка	rokirovka
xeque (m)	шах	ʃaχ
xeque-mate (m)	мат	mat
torneio (m) de xadrez	шахмат турнири	ʃaχmat turniri
grão-mestre (m)	гроссмейстер	grossmejster
combinação (f)	комбинация	kombinatsija
partida (f)	партия	partija
jogo (m) de damas	шашкалар	ʃaʃkalar

140. Boxe

boxe (m)	бокс	boks
combate (m)	мушташ	muʃtaʃ
luta (f) de boxe	жекеме-жеке мушташ	dʒekeme-dʒeke muʃtaʃ
round (m)	раунд	raund
ringue (m)	ринг	ring
gongo (m)	гонг	gong
murro, soco (m)	сокку	sokku
derrubada (f)	нокдаун	nokdaun
nocaute (m)	нокаут	nokaut
nocautear (vt)	нокаутка жиберүү	nokautka dʒiberyy
luva (f) de boxe	бокс колкабы	boks kolkabı
juiz (m)	рефери	referi
peso-pena (m)	жеңил салмак	dʒeŋil salmak
peso-médio (m)	орто салмак	orto salmak
peso-pesado (m)	оор салмак	oor salmak

141. Desportos. Diversos

Jogos (m pl) Olímpicos	Олимпиада Оюндары	olimpiada ojundarı
vencedor (m)	жеңүүчү	dʒeŋyytʃy
vencer (vi)	жеңүү	dʒeŋyy
vencer (vi, vt)	утуу	utuu
líder (m)	топ башы	top baʃı
liderar (vt)	топ башында болуу	top baʃında boluu
primeiro lugar (m)	биринчи орун	birintʃi orun
segundo lugar (m)	экинчи орун	ekintʃi orun
terceiro lugar (m)	үчүнчү орун	ytʃyntʃy orun
medalha (f)	медаль	medalʲ
troféu (m)	трофей	trofej
taça (f)	кубок	kubok
prêmio (m)	байге	bajge
prêmio (m) principal	баш байге	baʃ bajge
recorde (m)	рекорд	rekord
estabelecer um recorde	рекорд коюу	rekord kojuu
final (m)	финал	final
final (adj)	финалдык	finaldık
campeão (m)	чемпион	tʃempion
campeonato (m)	чемпионат	tʃempionat
estádio (m)	стадион	stadion
arquibancadas (f pl)	трибуна	tribuna
fã, torcedor (m)	күйөрман	kyjørman
adversário (m)	каршылаш	karʃılaʃ
partida (f)	старт	start
linha (f) de chegada	маара	maara
derrota (f)	утулуу	utuluu
perder (vt)	жеңилүү	dʒeŋilyy
árbitro, juiz (m)	судья	sudja
júri (m)	калыстар	kalıstar
resultado (m)	эсеп	esep
empate (m)	теңме-тең	teŋme-teŋ
empatar (vi)	теңме-тең бүтүрүү	teŋme-teŋ bytyryy
ponto (m)	упай	upaj
resultado (m) final	натыйжа	natıjdʒa
tempo (m)	убак	ubak
intervalo (m)	тыныгуу	tınıguu
doping (m)	допинг	doping
penalizar (vt)	жазалоо	dʒazaloo
desqualificar (vt)	дисквалификациялоо	diskvalifitsijaloo
aparelho, aparato (m)	снаряд	snarʲad

dardo (m)	найза	najza
peso (m)	ядро	jadro
bola (f)	бильярд шары	biljard ʃarı

alvo, objetivo (m)	бута	buta
alvo (~ de papel)	бута	buta
disparar, atirar (vi)	атуу	atuu
preciso (tiro ~)	таамай	taamaj

treinador (m)	машыктыруучу	maʃıktıruutʃu
treinar (vt)	машыктыруу	maʃıktıruu
treinar-se (vr)	машыгуу	maʃıguu
treino (m)	машыгуу	maʃıguu

academia (f) de ginástica	спортзал	sportzal
exercício (m)	көнүгүү	kønygyy
aquecimento (m)	дене керүү	dene keryy

Educação

142. Escola

escola (f)	мектеп	mektep
diretor (m) de escola	мектеп директору	mektep direktoru
aluno (m)	окуучу бала	okuutʃu bala
aluna (f)	окуучу кыз	okuutʃu kız
estudante (m)	окуучу	okuutʃu
estudante (f)	окуучу кыз	okuutʃu kız
ensinar (vt)	окутуу	okutuu
aprender (vt)	окуу	okuu
decorar (vt)	жаттоо	dʒattoo
estudar (vi)	үйрөнүү	yjrønyy
estar na escola	мектепке баруу	mektepke baruu
ir à escola	окууга баруу	okuuga baruu
alfabeto (m)	алфавит	alfavit
disciplina (f)	сабак	sabak
sala (f) de aula	класс	klass
lição, aula (f)	сабак	sabak
recreio (m)	танапис	tanapis
toque (m)	коңгуроо	koŋguroo
classe (f)	парта	parta
quadro (m) negro	такта	takta
nota (f)	баа	baa
boa nota (f)	жакшы баа	dʒakʃı baa
nota (f) baixa	жаман баа	dʒaman baa
dar uma nota	баа коюу	baa kojʉu
erro (m)	ката	kata
errar (vi)	ката кетирүү	kata ketiryy
corrigir (~ um erro)	түзөтүү	tyzøtyy
cola (f)	шпаргалка	ʃpargalka
dever (m) de casa	үй иши	yj iʃi
exercício (m)	көнүгүү	kønygyy
estar presente	катышуу	katıʃuu
estar ausente	келбей калуу	kelbej kaluu
faltar às aulas	сабактарды калтыруу	sabaktardı kaltıruu
punir (vt)	жазалоо	dʒazaloo
punição (f)	жаза	dʒaza
comportamento (m)	жүрүм-турум	dʒyrym-turum

boletim (m) escolar	күндөлүк	kyndølyk
lápis (m)	карандаш	karandaʃ
borracha (f)	өчүргүч	øtʃyrgytʃ
giz (m)	бор	bor
porta-lápis (m)	калем салгыч	kalem salgɪtʃ

mala, pasta, mochila (f)	портфель	portfelʲ
caneta (f)	калем сап	kalem sap
caderno (m)	дептер	depter
livro (m) didático	китеп	kitep
compasso (m)	циркуль	tsɪrkulʲ

traçar (vt)	чийүү	tʃijyy
desenho (m) técnico	чийме	tʃijme

poesia (f)	ыр сап	ɪr sap
de cor	жатка	dʒatka
decorar (vt)	жаттоо	dʒattoo

férias (f pl)	эс алуу	es aluu
estar de férias	эс алууда болуу	es aluuda boluu
passar as férias	эс алууну өткөзүү	es aluunu øtkøzyy

teste (m), prova (f)	текшерүү иш	tekʃeryy iʃ
redação (f)	дил баян	dil bajan
ditado (m)	жат жаздыруу	dʒat dʒazdɪruu
exame (m), prova (f)	экзамен	ekzamen
fazer prova	экзамен тапшыруу	ekzamen tapʃɪruu
experiência (~ química)	тажрыйба	tadʒrɪjba

143. Colégio. Universidade

academia (f)	академия	akademija
universidade (f)	университет	universitet
faculdade (f)	факультет	fakulʲtet

estudante (m)	студент бала	student bala
estudante (f)	студент кыз	student kɪz
professor (m)	мугалим	mugalim

auditório (m)	дарскана	darskana
graduado (m)	окуу жайды бүтүрүүчү	okuu dʒajdɪ bytyryytʃy

diploma (m)	диплом	diplom
tese (f)	диссертация	dissertatsija

estudo (obra)	изилдөө	izildøø
laboratório (m)	лаборатория	laboratorija

palestra (f)	лекция	lektsija
colega (m) de curso	курсташ	kurstaʃ

bolsa (f) de estudos	стипендия	stipendija
grau (m) acadêmico	илимий даража	ilimij daradʒa

144. Ciências. Disciplinas

matemática (f)	математика	matematika
álgebra (f)	алгебра	algebra
geometria (f)	геометрия	geometrija
astronomia (f)	астрономия	astronomija
biologia (f)	биология	biologija
geografia (f)	география	geografija
geologia (f)	геология	geologija
história (f)	тарых	tarıχ
medicina (f)	медицина	meditsina
pedagogia (f)	педагогика	pedagogika
direito (m)	укук	ukuk
física (f)	физика	fizika
química (f)	химия	χimija
filosofia (f)	философия	filosofija
psicologia (f)	психология	psiχologija

145. Sistema de escrita. Ortografia

gramática (f)	грамматика	grammatika
vocabulário (m)	лексика	leksika
fonética (f)	фонетика	fonetika
substantivo (m)	зат атооч	zat atooʧ
adjetivo (m)	сын атооч	sın atooʧ
verbo (m)	этиш	etiʃ
advérbio (m)	тактооч	taktooʧ
pronome (m)	ат атооч	at atooʧ
interjeição (f)	сырдык сөз	sırdık søz
preposição (f)	препозиция	prepozitsija
raiz (f)	сөздүн уңгусу	søzdyn uŋgusu
terminação (f)	жалгоо	dʒalgoo
prefixo (m)	префикс	prefiks
sílaba (f)	муун	muun
sufixo (m)	суффикс	suffiks
acento (m)	басым	basım
apóstrofo (f)	апостроф	apostrof
ponto (m)	чекит	ʧekit
vírgula (f)	үтүр	ytyr
ponto e vírgula (m)	чекитүү үтүр	ʧekityy ytyr
dois pontos (m pl)	кош чекит	koʃ ʧekit
reticências (f pl)	көп чекит	køp ʧekit
ponto (m) de interrogação	суроо белгиси	suroo belgisi
ponto (m) de exclamação	илеп белгиси	ilep belgisi

aspas (f pl)	тырмакча	tırmaktʃa
entre aspas	тырмакчага алынган	tırmaktʃaga alıngan
parênteses (m pl)	кашаа	kaʃaa
entre parênteses	кашаага алынган	kaʃaaga alıngan

hífen (m)	дефис	defis
travessão (m)	тире	tire
espaço (m)	аралык	aralık

| letra (f) | тамга | tamga |
| letra (f) maiúscula | баш тамга | baʃ tamga |

| vogal (f) | үндүү тыбыш | yndyy tıbıʃ |
| consoante (f) | үнсүз тыбыш | ynsyz tıbıʃ |

frase (f)	сүйлөм	syjløm
sujeito (m)	сүйлөмдүн ээси	syjlømdyn eesi
predicado (m)	баяндооч	bajandootʃ

linha (f)	сап	sap
em uma nova linha	жаңы сап	dʒaŋı sap
parágrafo (m)	абзац	abzats

palavra (f)	сөз	søz
grupo (m) de palavras	сөз айкашы	søz ajkaʃı
expressão (f)	туюнтма	tujʉntma
sinônimo (m)	синоним	sinonim
antônimo (m)	антоним	antonim

regra (f)	эреже	eredʒe
exceção (f)	чектен чыгаруу	tʃekten tʃıgaruu
correto (adj)	туура	tuura

conjugação (f)	жактоо	dʒaktoo
declinação (f)	жөндөлүш	dʒøndølyʃ
caso (m)	жөндөмө	dʒøndømø
pergunta (f)	суроо	suroo
sublinhar (vt)	баса белгилее	basa belgiløø
linha (f) pontilhada	пунктир	punktir

146. Línguas estrangeiras

língua (f)	тил	til
estrangeiro (adj)	чет	tʃet
língua (f) estrangeira	чет тил	tʃet til
estudar (vt)	окуу	okuu
aprender (vt)	үйрөнүү	yjrønyy

ler (vt)	окуу	okuu
falar (vi)	сүйлөө	syjløø
entender (vt)	түшүнүү	tyʃynyy
escrever (vt)	жазуу	dʒazuu
rapidamente	тез	tez
devagar, lentamente	жай	dʒaj

fluentemente	эркин	erkin
regras (f pl)	эрежелер	eredʒeler
gramática (f)	грамматика	grammatika
vocabulário (m)	лексика	leksika
fonética (f)	фонетика	fonetika

livro (m) didático	китеп	kitep
dicionário (m)	сөздүк	søzdyk
manual (m) autodidático	өзу үйрөткүч	øzy yjrøtkyʧ
guia (m) de conversação	тилачар	tilaʧar

fita (f) cassete	кассета	kasseta
videoteipe (m)	видеокассета	videokasseta
CD (m)	CD, компакт-диск	sidi, kompakt-disk
DVD (m)	DVD-диск	dividi-disk

alfabeto (m)	алфавит	alfavit
soletrar (vt)	эжелеп айтуу	edʒelep ajtuu
pronúncia (f)	айтылышы	ajtılıʃı

sotaque (m)	акцент	aktsent
com sotaque	акцент менен	aktsent menen
sem sotaque	акцентсиз	aktsentsiz

palavra (f)	сөз	søz
sentido (m)	маани	maani

curso (m)	курстар	kurstar
inscrever-se (vr)	курска жазылуу	kurska dʒazıluu
professor (m)	окутуучу	okutuuʧu

tradução (processo)	которуу	kotoruu
tradução (texto)	котормо	kotormo
tradutor (m)	котормочу	kotormoʧu
intérprete (m)	оозеки котормочу	oozeki kotormoʧu

poliglota (m)	полиглот	poliglot
memória (f)	эс тутум	es tutum

147. Personagens de contos de fadas

Papai Noel (m)	Санта Клаус	santa klaus
Cinderela (f)	Кулала кыз	kylala kız
sereia (f)	суу периси	suu perisi
Netuno (m)	Нептун	neptun

bruxo, feiticeiro (m)	сыйкырчы	sıjkırʧı
fada (f)	сыйкырчы	sıjkırʧı
mágico (adj)	сыйкырдуу	sıjkırduu
varinha (f) mágica	сыйкырлуу таякча	sıjkırluu tajakʧa

conto (m) de fadas	жомок	dʒomok
milagre (m)	керемет	keremet
anão (m)	эргежээл	ergedʒeel

transformar-se em ...	...га айлануу	...ga ajlanuu
fantasma (m)	көрүнчү	køryntʃy
fantasma (m)	арбак	arbak
monstro (m)	желмогуз	dʒelmoguz
dragão (m)	ажыдаар	adʒıdaar
gigante (m)	дөө	døø

148. Signos do Zodíaco

Áries (f)	Кой	koj
Touro (m)	Букачар	bukatʃar
Gêmeos (m pl)	Эгиздер	egizder
Câncer (m)	Рак	rak
Leão (m)	Арстан	arstan
Virgem (f)	Суу пери	suu peri

Libra (f)	Тараза	taraza
Escorpião (m)	Чаян	tʃajan
Sagitário (m)	Жаачы	dʒaatʃı
Capricórnio (m)	Текечер	teketʃer
Aquário (m)	Суу куяр	suu kujar
Peixes (pl)	Балыктар	balıktar

caráter (m)	мүнөз	mynøz
traços (m pl) do caráter	мүнөздүн түрү	mynøzdyn tyry
comportamento (m)	жүрүм-турум	dʒyrym-turum
prever a sorte	төлгө ачуу	tølgø atʃuu
adivinha (f)	көз ачык	køz atʃık
horóscopo (m)	жылдыз төлгө	dʒıldız tølgø

Artes

149. Teatro

teatro (m)	театр	teatr
ópera (f)	опера	opera
opereta (f)	оперетта	operetta
balé (m)	балет	balet
cartaz (m)	афиша	afiʃa
companhia (f) de teatro	труппа	truppa
turnê (f)	гастрольго чыгуу	gastrolⁱgo ʧɪguu
estar em turnê	гастрольдо жүрүү	gastrolⁱdo ʤyryy
ensaiar (vt)	репетиция кылуу	repetitsija kɪluu
ensaio (m)	репетиция	repetitsija
repertório (m)	репертуар	repertuar
apresentação (f)	көрсөтүү	kørsøtyy
espetáculo (m)	спектакль	spektaklⁱ
peça (f)	пьеса	pjesa
entrada (m)	билет	bilet
bilheteira (f)	билет кассасы	bilet kassasɪ
hall (m)	холл	χoll
vestiário (m)	гардероб	garderob
senha (f) numerada	номерок	nomerok
binóculo (m)	дүрбү	dyrby
lanterninha (m)	текшерүүчү	tekʃeryyʧy
plateia (f)	партер	parter
balcão (m)	балкон	balkon
primeiro balcão (m)	бельэтаж	beljetaʤ
camarote (m)	ложа	loʤa
fila (f)	катар	katar
assento (m)	орун	orun
público (m)	эл	el
espectador (m)	көрүүчү	køryyʧy
aplaudir (vt)	кол чабуу	kol ʧabuu
aplauso (m)	кол чабуулар	kol ʧabuular
ovação (f)	дүркүрөгөн кол чабуулар	dyrkyrøgøn kol ʧabuular
palco (m)	сахна	saχna
cortina (f)	көшөгө	køʃøgø
cenário (m)	декорация	dekoratsija
bastidores (m pl)	көшөгө артында	køʃøgø artɪnda
cena (f)	көрсөтмө	kørsøtmø
ato (m)	окуя	okuja
intervalo (m)	антракт	antrakt

150. Cinema

ator (m)	актёр	aktⁱor
atriz (f)	актриса	aktrisa
cinema (m)	кино	kino
filme (m)	тасма	tasma
episódio (m)	серия	serija
filme (m) policial	детектив	detektiv
filme (m) de ação	салгылаш тасмасы	salgılaʃ tasması
filme (m) de aventuras	укмуштуу окуялуу тасма	ukmuʃtuu okujaluu tasma
filme (m) de ficção científica	билим-жалган аралаш тасмасы	bilim-dʒalgan aralaʃ tasması
filme (m) de horror	коркутуу тасмасы	korkutuu tasması
comédia (f)	күлкүлүү кино	kylkylyy kino
melodrama (m)	ый менен кайгы аралаш	ıy menen kajgı aralaʃ
drama (m)	драма	drama
filme (m) de ficção	көркөм тасма	kørkøm tasma
documentário (m)	документүү тасма	dokumentyy tasma
desenho (m) animado	мультфильм	mulⁱtfilⁱm
cinema (m) mudo	үнсүз кино	ynsyz kino
papel (m)	роль	rolⁱ
papel (m) principal	башкы роль	baʃkı rolⁱ
representar (vt)	ойноо	ojnoo
estrela (f) de cinema	кино жылдызы	kino dʒıldızı
conhecido (adj)	белгилүү	belgilyy
famoso (adj)	атактуу	ataktuu
popular (adj)	даңазалуу	daŋazaluu
roteiro (m)	сценарий	stsenarij
roteirista (m)	сценарист	stsenarist
diretor (m) de cinema	режиссёр	redʒissⁱor
produtor (m)	продюсер	produser
assistente (m)	ассистент	assistent
diretor (m) de fotografia	оператор	operator
dublê (m)	айлагер	ajlager
dublê (m) de corpo	кейпин кийүүчү	kejpin kijyytʃy
filmar (vt)	тасма тартуу	tasma tartuu
audição (f)	сыноо	sınoo
filmagem (f)	тартуу	tartuu
equipe (f) de filmagem	тартуу группасы	tartuu gruppası
set (m) de filmagem	тартуу аянты	tartuu ajantı
câmera (f)	кинокамера	kinokamera
cinema (m)	кинотеатр	kinoteatr
tela (f)	экран	ekran
exibir um filme	тасманы көрсөтүү	tasmanı kørsøtyy
trilha (f) sonora	үн нугу	yn nugu
efeitos (m pl) especiais	атайын эффектер	atajın effekter

legendas (f pl)	субтитрлер	subtitrler
crédito (m)	титрлер	titrler
tradução (f)	которуу	kotoruu

151. Pintura

arte (f)	көркөм өнөр	kørkøm ønør
belas-artes (f pl)	көркөм чеберчилик	kørkøm tʃebertʃilik
galeria (f) de arte	арт-галерея	art-galereja
exibição (f) de arte	сүрөт көргөзмөсү	syrøt kørgøzmøsy
pintura (f)	живопись	dʒivopisʲ
arte (f) gráfica	графика	grafika
arte (f) abstrata	абстракционизм	abstraktsionizm
impressionismo (m)	импрессионизм	impressionizm
pintura (f), quadro (m)	сүрөт	syrøt
desenho (m)	сүрөт	syrøt
cartaz, pôster (m)	көрнөк	kørnøk
ilustração (f)	иллюстрация	illustratsija
miniatura (f)	миниатюра	miniatura
cópia (f)	кечүрмө	køtʃyrmø
reprodução (f)	репродукция	reproduktsija
mosaico (m)	мозаика	mozaika
vitral (m)	витраж	vitradʒ
afresco (m)	фреска	freska
gravura (f)	гравюра	gravura
busto (m)	бюст	bust
escultura (f)	айкел	ajkel
estátua (f)	айкел	ajkel
gesso (m)	гипс	gips
em gesso (adj)	гипстен	gipsten
retrato (m)	портрет	portret
autorretrato (m)	автопортрет	avtoportret
paisagem (f)	теребел сүрөтү	terebel syrøty
natureza (f) morta	буюмдар сүрөтү	bujumdar syrøty
caricatura (f)	карикатура	karikatura
esboço (m)	сомо	somo
tinta (f)	боек	boek
aquarela (f)	акварель	akvarelʲ
tinta (f) a óleo	майбоёк	majbojok
lápis (m)	карандаш	karandaʃ
tinta (f) nanquim	тушь	tuʃ
carvão (m)	көмүр	kømyr
desenhar (vt)	тартуу	tartuu
pintar (vt)	боёк менен тартуу	bojok menen tartuu
posar (vi)	атайын туруу	atajın turuu
modelo (m)	атайын туруучу	atajın turuutʃu

modelo (f)	атайын туруучу	atajın turuutʃu
pintor (m)	сүрөтчү	syrøtʃy
obra (f)	чыгарма	tʃıgarma
obra-prima (f)	чеберчиликтин чокусу	tʃebertʃiliktin tʃokusu
estúdio (m)	устакана	ustakana

tela (f)	кендир	kendir
cavalete (m)	мольберт	molʲbert
paleta (f)	палитра	palitra

moldura (f)	алкак	alkak
restauração (f)	калыбына келтирүү	kalıbına keltiryy
restaurar (vt)	калыбына келтирүү	kalıbına keltiryy

152. Literatura & Poesia

literatura (f)	адабият	adabijat
autor (m)	автор	avtor
pseudônimo (m)	лакап ат	lakap at

livro (m)	китеп	kitep
volume (m)	том	tom
índice (m)	мазмун	mazmun
página (f)	бет	bet
protagonista (m)	башкы каарман	baʃkı kaarman
autógrafo (m)	кол тамга	kol tamga

conto (m)	окуя	okuja
novela (f)	аңгеме	aŋgeme
romance (m)	роман	roman
obra (f)	дил баян	dil bajan
fábula (m)	тамсил	tamsil
romance (m) policial	детектив	detektiv

verso (m)	ыр сап	ır sap
poesia (f)	поэзия	poezija
poema (m)	поэма	poema
poeta (m)	акын	akın

ficção (f)	сулуулатып жазуу	suluulatıp dʒazuu
ficção (f) científica	билим-жалган аралаш	bilim-dʒalgan aralaʃ
aventuras (f pl)	укмуштуу окуялар	ukmuʃtuu okujalar
literatura (f) didática	билим берүү адабияты	bilim beryy adabijatı
literatura (f) infantil	балдар адабияты	baldar adabijatı

153. Circo

circo (m)	цирк	tsırk
circo (m) ambulante	цирк-шапито	tsırk-ʃapito
programa (m)	программа	programma
apresentação (f)	көрсөтүү	kørsøtyy
número (m)	номер	nomer

picadeiro (f)	арена	arena
pantomima (f)	пантомима	pantomima
palhaço (m)	маскарапоз	maskarapoz

acrobata (m)	акробат	akrobat
acrobacia (f)	акробатика	akrobatika
ginasta (m)	гимнаст	gimnast
ginástica (f)	гимнастика	gimnastika
salto (m) mortal	тоңкочуктап атуу	toŋkotʃuktap atuu

homem (m) forte	атлет	atlet
domador (m)	ыкка көндүрүүчү	ıkka køndyryytʃy
cavaleiro (m) equilibrista	чабандес	tʃabandes
assistente (m)	жардамчы	dʒardamtʃı

truque (m)	ыкма	ıkma
truque (m) de mágica	көз боемо	køz boemo
ilusionista (m)	көз боемочу	køz boemotʃu

malabarista (m)	жонглёр	dʒongljor
fazer malabarismos	жонглёрлук кылуу	dʒongljorluk kıluu
adestrador (m)	үйрөтүүчү	yjrøtyytʃy
adestramento (m)	үйрөтүү	yjrøtyy
adestrar (vt)	үйрөтүү	yjrøtyy

154. Música. Música popular

música (f)	музыка	muzıka
músico (m)	музыкант	muzıkant
instrumento (m) musical	музыка аспабы	muzıka aspabı
tocar ...	...да ойноо	...da ojnoo

guitarra (f)	гитара	gitara
violino (m)	скрипка	skripka
violoncelo (m)	виолончель	violontʃelj
contrabaixo (m)	контрабас	kontrabas
harpa (f)	арфа	arfa

piano (m)	пианино	pianino
piano (m) de cauda	рояль	rojalj
órgão (m)	орган	organ

instrumentos (m pl) de sopro	үйлө аспаптары	yjlø aspaptarı
oboé (m)	гобой	goboj
saxofone (m)	саксофон	saksofon
clarinete (m)	кларнет	klarnet
flauta (f)	флейта	flejta
trompete (m)	сурнай	surnaj

| acordeão (m) | аккордеон | akkordeon |
| tambor (m) | добулбас | dobulbas |

| dueto (m) | дуэт | duet |
| trio (m) | трио | trio |

135

quarteto (m)	квартет	kvartet
coro (m)	хор	χor
orquestra (f)	оркестр	orkestr
música (f) pop	поп-музыка	pop-muzıka
música (f) rock	рок-музыка	rok-muzıka
grupo (m) de rock	рок-группа	rok-gruppa
jazz (m)	джаз	dʒaz
ídolo (m)	аздек	azdek
fã, admirador (m)	күйөрман	kyjørman
concerto (m)	концерт	kontsert
sinfonia (f)	симфония	simfonija
composição (f)	чыгарма	tʃıgarma
compor (vt)	чыгаруу	tʃıgaruu
canto (m)	ырдоо	ırdoo
canção (f)	ыр	ır
melodia (f)	обон	obon
ritmo (m)	ыргак	ırgak
blues (m)	блюз	blʉz
notas (f pl)	ноталар	notalar
batuta (f)	таякча	tajaktʃa
arco (m)	кылдуу таякча	kılduu tajaktʃa
corda (f)	кыл	kıl
estojo (m)	куту	kutu

Descanso. Entretenimento. Viagens

155. Viagens

turismo (m)	туризм	turizm
turista (m)	турист	turist
viagem (f)	саякат	sajakat
aventura (f)	укмуштуу окуя	ukmuʃtuu okuja
percurso (curta viagem)	сапар	sapar
férias (f pl)	дем алыш	dem alıʃ
estar de férias	дем алышка чыгуу	dem alıʃka tʃıguu
descanso (m)	эс алуу	es aluu
trem (m)	поезд	poezd
de trem (chegar ~)	поезд менен	poezd menen
avião (m)	учак	utʃak
de avião	учакта	utʃakta
de carro	автомобилде	avtomobilde
de navio	кемеде	kemede
bagagem (f)	жүк	dʒyk
mala (f)	чемодан	tʃemodan
carrinho (m)	араба	araba
passaporte (m)	паспорт	pasport
visto (m)	виза	viza
passagem (f)	билет	bilet
passagem (f) aérea	авиабилет	aviabilet
guia (m) de viagem	жол көрсөткүч	dʒol kørsøtkytʃ
mapa (m)	карта	karta
área (f)	жай	dʒaj
lugar (m)	жер	dʒer
exotismo (m)	экзотика	ekzotika
exótico (adj)	экзотикалуу	ekzotikaluu
surpreendente (adj)	ажайып	adʒajıp
grupo (m)	топ	top
excursão (f)	экскурсия	ekskursija
guia (m)	экскурсия жетекчиси	ekskursija dʒetektʃisi

156. Hotel

hotel (m), hospedaria (f)	мейманкана	mejmankana
motel (m)	мотель	moteli
três estrelas	үч жылдыздуу	ytʃ dʒıldızduu

| cinco estrelas | беш жылдыздуу | beʃ dʒɪldɪzduu |
| ficar (vi, vt) | токтоо | toktoo |

quarto (m)	номер	nomer
quarto (m) individual	бир орундуу	bir orunduu
quarto (m) duplo	эки орундуу	eki orunduu
reservar um quarto	номерди камдык буйрутмалоо	nomerdi kamdık bujrutmaloo

| meia pensão (f) | жарым пансион | dʒarım pansion |
| pensão (f) completa | толук пансион | toluk pansion |

com banheira	ваннасы менен	vannasɪ menen
com chuveiro	душ менен	duʃ menen
televisão (m) por satélite	спутник	sputnik
ar (m) condicionado	аба желдеткич	aba dʒeldetkitʃ
toalha (f)	сүлгү	sylgy
chave (f)	ачкыч	atʃkɪtʃ

administrador (m)	администратор	administrator
camareira (f)	үй кызматкери	yj kɪzmatkeri
bagageiro (m)	жүк ташуучу	dʒyk taʃuutʃu
porteiro (m)	эшик ачуучу	eʃik atʃuutʃu

restaurante (m)	ресторан	restoran
bar (m)	бар	bar
café (m) da manhã	таңкы тамак	taŋkɪ tamak
jantar (m)	кечки тамак	ketʃki tamak
bufê (m)	шведче стол	ʃvedtʃe stol

| saguão (m) | вестибюль | vestibulʲ |
| elevador (m) | лифт | lift |

| NÃO PERTURBE | ТЫНЧЫБЫЗДЫ АЛБАГЫЛА! | tıntʃɪbɪzdɪ albagıla! |
| PROIBIDO FUMAR! | ТАМЕКИ ЧЕГҮҮГӨ БОЛБОЙТ! | tameki tʃegyygø bolbojt! |

157. Livros. Leitura

livro (m)	китеп	kitep
autor (m)	автор	avtor
escritor (m)	жазуучу	dʒazuutʃu
escrever (~ um livro)	жазуу	dʒazuu

leitor (m)	окурман	okurman
ler (vt)	окуу	okuu
leitura (f)	окуу	okuu

| para si | үн чыгарбай | yn tʃɪgarbaj |
| em voz alta | үн чыгарып | yn tʃɪgarıp |

| publicar (vt) | басып чыгаруу | basıp tʃɪgaruu |
| publicação (f) | басып чыгаруу | basıp tʃɪgaruu |

138

editor (m)	басып чыгаруучу	basıp tʃıgaruutʃu
editora (f)	басмакана	basmakana
sair (vi)	жарык көрүү	dʒarık køryy
lançamento (m)	чыгуу	tʃıguu
tiragem (f)	нуска	nuska
livraria (f)	китеп дүкөнү	kitep dykøny
biblioteca (f)	китепкана	kitepkana
novela (f)	аңгеме	aŋgeme
conto (m)	окуя	okuja
romance (m)	роман	roman
romance (m) policial	детектив	detektiv
memórias (f pl)	эсте калгандары	este kalgandarı
lenda (f)	уламыш	ulamıʃ
mito (m)	миф	mif
poesia (f)	ыр	ır
autobiografia (f)	автобиография	avtobiografija
obras (f pl) escolhidas	тандалма	tandalma
ficção (f) científica	билим-жалган аралаш	bilim-dʒalgan aralaʃ
título (m)	аталышы	atalıʃı
introdução (f)	кириш сөз	kiriʃ søz
folha (f) de rosto	наам барагы	naam baragı
capítulo (m)	бөлүм	bølum
excerto (m)	үзүндү	yzyndy
episódio (m)	эпизод	epizod
enredo (m)	сюжет	sʉdʒet
conteúdo (m)	мазмун	mazmun
índice (m)	мазмун	mazmun
protagonista (m)	башкы каарман	baʃkı kaarman
volume (m)	том	tom
capa (f)	мукаба	mukaba
encadernação (f)	мукабалоо	mukabaloo
marcador (m) de página	чеп кат	tʃøp kat
página (f)	бет	bet
folhear (vt)	барактоо	baraktoo
margem (f)	талаа	talaa
anotação (f)	белги	belgi
nota (f) de rodapé	эскертүү	eskertyy
texto (m)	текст	tekst
fonte (f)	шрифт	ʃrift
falha (f) de impressão	ката	kata
tradução (f)	котормо	kotormo
traduzir (vt)	которуу	kotoruu
original (m)	түпнуска	typnuska
famoso (adj)	атактуу	ataktuu

desconhecido (adj)	белгисиз	belgisiz
interessante (adj)	кызыктуу	kızıktuu
best-seller (m)	талашып сатып алынган	talaʃıp satıp alıngan

dicionário (m)	сөздүк	søzdyk
livro (m) didático	китеп	kitep
enciclopédia (f)	энциклопедия	entsiklopedija

158. Caça. Pesca

caça (f)	аңчылык	aŋʧılık
caçar (vi)	аңчылык кылуу	aŋʧılık kıluu
caçador (m)	аңчы	aŋʧı

disparar, atirar (vi)	атуу	atuu
rifle (m)	мылтык	mıltık
cartucho (m)	ок	ok
chumbo (m) de caça	чачма	ʧaʧma

armadilha (f)	капкан	kapkan
armadilha (com corda)	тузак	tuzak
cair na armadilha	капканга түшүү	kapkanga tyʃyy
pôr a armadilha	капкан коюу	kapkan kojʉu

caçador (m) furtivo	браконьер	brakonjer
caça (animais)	илбээсин	ilbeesin
cão (m) de caça	тайган	tajgan
safári (m)	сафари	safari
animal (m) empalhado	кеп	kep
pescador (m)	балыкчы	balıkʧı
pesca (f)	балык улоо	balık uloo
pescar (vt)	балык улоо	balık uloo

vara (f) de pesca	кайырмак	kajırmak
linha (f) de pesca	кайырмак жиби	kajırmak dʒibi
anzol (m)	илгич	ilgiʧ
boia (f), flutuador (m)	калкыма	kalkıma
isca (f)	жем	dʒem

lançar a linha	кайырмак таштоо	kajırmak taʃtoo
morder (peixe)	чокулоо	ʧokuloo
pesca (f)	кармалган балык	karmalgan balık
buraco (m) no gelo	муздагы оюк	muzdagı ojʉk

rede (f)	тор	tor
barco (m)	кайык	kajık
pescar com rede	тор менен кармоо	tor menen karmoo
lançar a rede	тор таштоо	tor taʃtoo
puxar a rede	торду чыгаруу	tordu ʧıgaruu
cair na rede	торго түшүү	torgo tyʃyy

baleeiro (m)	кит уулоочу	kit uulooʧu
baleeira (f)	кит уулоочу кеме	kit uulooʧu keme
arpão (m)	гарпун	garpun

159. Jogos. Bilhar

bilhar (m)	бильярд	biljard
sala (f) de bilhar	бильярдкана	biljardkana
bola (f) de bilhar	бильярд шары	biljard ʃarı
embolsar uma bola	шарды киргизүү	ʃardı kirgizyy
taco (m)	кий	kij
caçapa (f)	луза	luza

160. Jogos. Jogar cartas

ouros (m pl)	момун	momun
espadas (f pl)	карга	karga
copas (f pl)	кызыл ача	kızıl atʃa
paus (m pl)	чырым	tʃırım
ás (m)	туз	tuz
rei (m)	король	korolʲ
dama (f), rainha (f)	матке	matke
valete (m)	балта	balta
carta (f) de jogar	оюн картасы	ojɵn kartası
cartas (f pl)	карталар	kartalar
trunfo (m)	көзүр	kɵzyr
baralho (m)	колода	koloda
ponto (m)	очко	otʃko
dar, distribuir (vt)	таратуу	taratuu
embaralhar (vt)	аралаштыруу	aralaʃtıruu
vez, jogada (f)	жүрүү	dʒyryy
trapaceiro (m)	шумпай	ʃumpaj

161. Casino. Roleta

cassino (m)	казино	kazino
roleta (f)	рулетка	ruletka
aposta (f)	коюм	kojɵm
apostar (vt)	коюм коюу	kojɵm kojɵu
vermelho (m)	кызыл	kızıl
preto (m)	кара	kara
apostar no vermelho	кызылга коюу	kızılga kojɵu
apostar no preto	карага коюу	karaga kojɵu
croupier (m, f)	крупье	krupje
girar da roleta	барабанды айлантуу	barabandı ajlantuu
regras (f pl) do jogo	оюн эрежеси	odʒɵn eredʒesi
ficha (f)	фишка	fiʃka
ganhar (vi, vt)	утуу	utuu
ganho (m)	утуу	utuu

| perder (dinheiro) | женилүү | ʤeɲilyy |
| perda (f) | уткузуу | utkuzuu |

jogador (m)	оюнчу	ojɯnʧu
blackjack, vinte-e-um (m)	блэк джек	blek ʤek
jogo (m) de dados	сөөк оюну	søøk ojɯnu
dados (m pl)	сөөктөр	søøktør
caça-níqueis (m)	оюн автоматы	ojɯn avtomatı

162. Descanso. Jogos. Diversos

passear (vi)	сейилдөө	sejildøø
passeio (m)	жөө сейилдөө	ʤøø sejildøø
viagem (f) de carro	саякат	sajakat
aventura (f)	укмуштуу окуя	ukmuʃtuu okuja
piquenique (m)	пикник	piknik

jogo (m)	оюн	ojɯn
jogador (m)	оюнчу	ojɯnʧu
partida (f)	партия	partija

colecionador (m)	жыйнакчы	ʤıjnakʧı
colecionar (vt)	жыйноо	ʤıjnoo
coleção (f)	жыйнак	ʤıjnak

palavras (f pl) cruzadas	кроссворд	krossvord
hipódromo (m)	ат майданы	at majdanı
discoteca (f)	дискотека	diskoteka

| sauna (f) | сауна | sauna |
| loteria (f) | лотерея | lotereja |

campismo (m)	жөө сапар	ʤøø sapar
acampamento (m)	лагерь	lagerʲ
barraca (f)	чатыр	ʧatır
bússola (f)	компас	kompas
campista (m)	турист	turist

ver (vt), assistir à ...	көрүү	køryy
telespectador (m)	телекөрүүчү	telekøryyʧy
programa (m) de TV	теле көрсөтүү	tele kørsøtyy

163. Fotografia

| máquina (f) fotográfica | фотоаппарат | fotoapparat |
| foto, fotografia (f) | фото | foto |

fotógrafo (m)	сүрөтчү	syrøtʧy
estúdio (m) fotográfico	фотостудия	fotostudija
álbum (m) de fotografias	фотоальбом	fotoalʲbom
lente (f) fotográfica	объектив	obʰjektiv
lente (f) teleobjetiva	телеобъектив	teleobʰjektiv

filtro (m)	фильтр	filʲtr
lente (f)	линза	linza

ótica (f)	оптика	optika
abertura (f)	диафрагма	diafragma
exposição (f)	тушугуу	tuʃuguu
visor (m)	көрүнүш табуучу	kørynyʃ tabuutʃu

câmera (f) digital	санарип камерасы	sanarip kamerası
tripé (m)	үч бут	ytʃ but
flash (m)	жарк этүү	dʒark etyy

fotografar (vt)	сүрөткө тартуу	syrøtkø tartuu
tirar fotos	тартуу	tartuu
fotografar-se (vr)	сүрөткө түшүү	syrøtkø tyʃyy

foco (m)	фокус	fokus
focar (vt)	фокусту оңдоо	fokustu oŋdoo
nítido (adj)	фокуста	fokusta
nitidez (f)	дааналык	daanalık

contraste (m)	контраст	kontrast
contrastante (adj)	контрасттагы	kontrasttagı

retrato (m)	сүрөт	syrøt
negativo (m)	негатив	negativ
filme (m)	фотоплёнка	fotoplʲonka
fotograma (m)	кадр	kadr
imprimir (vt)	басып чыгаруу	basıp tʃıgaruu

164. Praia. Natação

praia (f)	суу жээги	suu dʒeegi
areia (f)	кум	kum
deserto (adj)	ээн суу жээги	een suu dʒeegi

bronzeado (m)	күнгө күйүү	kyngø kyjyy
bronzear-se (vr)	күнгө кактануу	kyngø kaktanuu
bronzeado (adj)	күнгө күйгөн	kyngø kyjgøn
protetor (m) solar	күнгө күйүш үчүн крем	kyngø kyjyʃ ytʃyn krem

biquíni (m)	бикини	bikini
maiô (m)	купальник	kupalʲnik
calção (m) de banho	плавки	plavki

piscina (f)	бассейн	bassejn
nadar (vi)	сүзүү	syzyy
chuveiro (m), ducha (f)	душ	duʃ
mudar, trocar (vt)	кийим алмаштыруу	kijim almaʃtıruu
toalha (f)	сүлгү	sylgy

barco (m)	кайык	kajık
lancha (f)	катер	kater
esqui (m) aquático	суу чаңгысы	suu tʃaŋgısı

barco (m) de pedais	суу велосипеди	suu velosipedi
surf, surfe (m)	тактай тебүү	taktaj tebyy
surfista (m)	тактай тебүүчү	taktaj tebyytʃy

equipamento (m) de mergulho	акваланг	akvalang
pé (m pl) de pato	ласты	lastı
máscara (f)	маска	maska
mergulhador (m)	сууга сүңгүү	suuga syŋgyy
mergulhar (vi)	сүңгүү	syŋgyy
debaixo d'água	суу астында	suu astında

guarda-sol (m)	зонт	zont
espreguiçadeira (f)	шезлонг	ʃezlong
óculos (m pl) de sol	көз айнек	køz ajnek
colchão (m) de ar	сүзүү үчүн матрас	syzyy ytʃyn matras

| brincar (vi) | ойноо | ojnoo |
| ir nadar | сууга түшүү | suuga tyʃyy |

bola (f) de praia	топ	top
encher (vt)	үйлөө	yjløø
inflável (adj)	үйлөнмө	yjlønmø

onda (f)	толкун	tolkun
boia (f)	буй	buj
afogar-se (vr)	чөгүү	tʃøgyy

salvar (vt)	куткаруу	kutkaruu
colete (m) salva-vidas	куткаруучу күрмө	kutkaruutʃu kyrmø
observar (vt)	байкоо	bajkoo
salva-vidas (pessoa)	куткаруучу	kutkaruutʃu

EQUIPAMENTO TÉCNICO. TRANSPORTES

Equipamento técnico. Transportes

165. Computador

computador (m)	компьютер	kompjuter
computador (m) portátil	ноутбук	noutbuk
ligar (vt)	күйгүзүү	kyjgyzyy
desligar (vt)	өчүрүү	øtʃyryy
teclado (m)	ариптакта	ariptakta
tecla (f)	баскыч	baskıtʃ
mouse (m)	чычкан	tʃıtʃkan
tapete (m) para mouse	килемче	kilemtʃe
botão (m)	баскыч	baskıtʃ
cursor (m)	курсор	kursor
monitor (m)	монитор	monitor
tela (f)	экран	ekran
disco (m) rígido	катуу диск	katuu disk
capacidade (f) do disco rígido	катуу дисктин көлөмү	katuu disktin kølømy
memória (f)	эс тутум	es tutum
memória RAM (f)	оперативдик эс тутум	operativdik es tutum
arquivo (m)	файл	fajl
pasta (f)	папка	papka
abrir (vt)	ачуу	atʃuu
fechar (vt)	жабуу	dʒabuu
salvar (vt)	сактоо	saktoo
deletar (vt)	жок кылуу	dʒok kıluu
copiar (vt)	көчүрүү	køtʃyryy
ordenar (vt)	иреттөө	irettøø
copiar (vt)	өткөрүү	øtkøryy
programa (m)	программа	programma
software (m)	программалык	programmalık
programador (m)	программист	programmist
programar (vt)	программалаштыруу	programmalaʃtıruu
hacker (m)	хакер	χaker
senha (f)	сырсөз	sırsøz
vírus (m)	вирус	virus
detectar (vt)	издеп табуу	izdep tabuu
byte (m)	байт	bajt

megabyte (m)	мегабайт	megabajt
dados (m pl)	маалыматтар	maalımattar
base (f) de dados	маалымат базасы	maalımat bazası

cabo (m)	кабель	kabelʲ
desconectar (vt)	ажыратуу	adʒıratuu
conectar (vt)	туташтыруу	tutaʃtıruu

166. Internet. E-mail

internet (f)	интернет	internet
browser (m)	браузер	brauzer
motor (m) de busca	издөө аспабы	izdøø aspabı
provedor (m)	провайдер	provajder

webmaster (m)	веб-мастер	web-master
website (m)	веб-сайт	web-sajt
web page (f)	веб-баракча	web-baraktʃa

| endereço (m) | дарек | darek |
| livro (m) de endereços | дарек китепчеси | darek kiteptʃesi |

caixa (f) de correio	почта ящиги	potʃta jaʃtʃigi
correio (m)	почта	potʃta
cheia (caixa de correio)	толуп калган	tolup kalgan

mensagem (f)	кабар	kabar
mensagens (f pl) recebidas	келген кабарлар	kelgen kabarlar
mensagens (f pl) enviadas	жөнөтүлгөн кабарлар	dʒønøtylgøn kabarlar

remetente (m)	жөнөтүүчү	dʒønøtyytʃy
enviar (vt)	жөнөтүү	dʒønøtyy
envio (m)	жөнөтүү	dʒønøtyy

| destinatário (m) | алуучу | aluutʃu |
| receber (vt) | алуу | aluu |

| correspondência (f) | жазышуу | dʒazıʃuu |
| corresponder-se (vr) | жазышуу | dʒazıʃuu |

arquivo (m)	файл	fajl
fazer download, baixar (vt)	жүктөө	dʒyktøø
criar (vt)	жаратуу	dʒaratuu
deletar (vt)	жок кылуу	dʒok kıluu
deletado (adj)	жок кылынган	dʒok kılıngan

conexão (f)	байланыш	bajlanıʃ
velocidade (f)	ылдамдык	ıldamdık
modem (m)	модем	modem
acesso (m)	жеткирилүү	dʒetkirilyy
porta (f)	порт	port

| conexão (f) | туташуу | tutaʃuu |
| conectar (vi) | ... туташуу | ... tutaʃuu |

| escolher (vt) | тандоо | tandoo |
| buscar (vt) | ... издөө | ... izdøø |

167. Eletricidade

eletricidade (f)	электр кубаты	elektr kubatı
elétrico (adj)	электрикалык	elektrikalık
planta (f) elétrica	электростанция	elektrostantsija
energia (f)	энергия	energija
energia (f) elétrica	электр кубаты	elektr kubatı

lâmpada (f)	лампочка	lampotʃka
lanterna (f)	шам	ʃam
poste (m) de iluminação	шам	ʃam

luz (f)	жарык	dʒarık
ligar (vt)	күйгүзүү	kyjgyzyy
desligar (vt)	өчүрүү	øtʃyryy
apagar a luz	жарыкты өчүрүү	dʒarıktı øtʃyryy

queimar (vi)	күйүп кетүү	kyjyp ketyy
curto-circuito (m)	кыска туташуу	kıska tutaʃuu
ruptura (f)	үзүлүү	yzylyy
contato (m)	контакт	kontakt

interruptor (m)	өчүргүч	øtʃyrgytʃ
tcmada (de parede)	розетка	rozetka
plugue (m)	сайгыч	sajgıtʃ
extensão (f)	узарткыч	uzartkıtʃ

fusível (m)	эриме сактагыч	erime saktagıtʃ
fio, cabo (m)	зым	zım
instalação (f) elétrica	электр зымы	elektr zımı

ampère (m)	ампер	amper
amperagem (f)	токтун күчү	toktun kytʃy
volt (m)	вольт	volʲt
voltagem (f)	чыңалуу	tʃıŋaluu

| aparelho (m) elétrico | электр алет | elektr alet |
| indicador (m) | көрсөткүч | kørsøtkytʃ |

eletricista (m)	электрик	elektrik
soldar (vt)	кандоо	kandoo
soldador (m)	кандагыч аспап	kandagıtʃ aspap
corrente (f) elétrica	электр тогу	elektr togu

168. Ferramentas

ferramenta (f)	аспап	aspap
ferramentas (f pl)	аспаптар	aspaptar
equipamento (m)	жабдуу	dʒabduu

martelo (m)	балка	balka
chave (f) de fenda	бурагыч	buragıtʃ
machado (m)	балта	balta
serra (f)	араа	araa
serrar (vt)	аралоо	araloo
plaina (f)	тактай сүргүч	taktaj syrgytʃ
aplainar (vt)	сүрүү	syryy
soldador (m)	кандагыч аспап	kaŋdagıtʃ aspap
soldar (vt)	кандоо	kaŋdoo
lima (f)	егее	øgøø
tenaz (f)	аттиш	attiʃ
alicate (m)	жалпак тиштүү кычкач	dʒalpak tiʃtyy kıtʃkatʃ
formão (m)	тешкич	teʃkitʃ
broca (f)	бургу	burgu
furadeira (f) elétrica	үшкү	yʃky
furar (vt)	бургулап тешүү	burgulap teʃyy
faca (f)	бычак	bıtʃak
canivete (m)	чөнтөк бычак	tʃøntøk bıtʃak
lâmina (f)	миз	miz
afiado (adj)	курч	kurtʃ
cego (adj)	мокок	mokok
embotar-se (vr)	мокотулуу	mokotuluu
afiar, amolar (vt)	курчутуу	kurtʃutuu
parafuso (m)	буроо	buroo
porca (f)	бурама	burama
rosca (f)	бураманын сайы	buramanın sajı
parafuso (para madeira)	буроо мык	buroo mık
prego (m)	мык	mık
cabeça (f) do prego	баш	baʃ
régua (f)	сызгыч	sızgıtʃ
fita (f) métrica	рулетка	ruletka
nível (m)	деңгээл	deŋgeel
lupa (f)	чоңойтуч	tʃoŋojtutʃ
medidor (m)	ченөөчү аспап	tʃenøøtʃy aspap
medir (vt)	ченөө	tʃenøø
escala (f)	шкала	ʃkala
indicação (f), registro (m)	көрсөтүү ченем	kørsøtyy tʃenem
compressor (m)	компрессор	kompressor
microscópio (m)	микроскоп	mikroskop
bomba (f)	соргу	sorgu
robô (m)	робот	robot
laser (m)	лазер	lazer
chave (f) de boca	гайка ачкычы	gajka atʃkıtʃı
fita (f) adesiva	жабышкак тасма	dʒabıʃkak tasma

cola (f)	желим	dʒelim
lixa (f)	кум кагаз	kum kagaz
mola (f)	серпилгич	serpilgitʃ
ímã (m)	магнит	magnit
luva (f)	колкап	kolkap
corda (f)	аркан	arkan
cabo (~ de nylon, etc.)	жип	dʒip
fio (m)	зым	zım
cabo (~ elétrico)	кабель	kabelʲ
marreta (f)	барскан	barskan
pé de cabra (m)	лом	lom
escada (f) de mão	шаты	ʃatı
escada (m)	кичинекей шаты	kitʃinekej ʃatı
enroscar (vt)	бурап бекитүү	burap bekityy
desenroscar (vt)	бурап чыгаруу	burap tʃıgaruu
apertar (vt)	кысуу	kısuu
colar (vt)	жабыштыруу	dʒabıʃtıruu
cortar (vt)	кесүү	kesyy
falha (f)	бузулгандык	buzulgandık
conserto (m)	оңдоо	oŋdoo
consertar, reparar (vt)	оңдоо	oŋdoo
regular, ajustar (vt)	тууралоо	tuuraloo
verificar (vt)	текшерүү	tekʃeryy
verificação (f)	текшерүү	tekʃeryy
indicação (f), registro (m)	көрсөтүү ченем	kørsøtyy tʃenem
seguro (adj)	ишеничтүү	iʃenitʃtyy
complicado (adj)	кыйын	kıjın
enferrujar (vi)	дат басуу	dat basuu
enferrujado (adj)	дат баскан	dat baskan
ferrugem (f)	дат	dat

Transportes

169. Avião

avião (m)	учак	utʃak
passagem (f) aérea	авиабилет	aviabilet
companhia (f) aérea	авиакомпания	aviakompanija
aeroporto (m)	аэропорт	aeroport
supersônico (adj)	сверхзвуковой	sverχzvukovoj
comandante (m) do avião	кеме командири	keme komandiri
tripulação (f)	экипаж	ekipaʤ
piloto (m)	учкуч	utʃkutʃ
aeromoça (f)	стюардесса	stʉardessa
copiloto (m)	штурман	ʃturman
asas (f pl)	канаттар	kanattar
cauda (f)	куйрук	kujruk
cabine (f)	кабина	kabina
motor (m)	кыймылдаткыч	kɨjmɨldatkɨtʃ
trem (m) de pouso	шасси	ʃassi
turbina (f)	турбина	turbina
hélice (f)	пропеллер	propeller
caixa-preta (f)	кара куту	kara kutu
coluna (f) de controle	штурвал	ʃturval
combustível (m)	күйүүчү май	kyjyytʃy may
instruções (f pl) de segurança	коопсуздук көрсөтмөсү	koopsuzduk kørsøtmøsy
máscara (f) de oxigênio	кислород чумбөтү	kislorod tʃymbøty
uniforme (m)	бир беткей кийим	bir betkey kijim
colete (m) salva-vidas	куткаруучу курмө	kutkaruutʃu kyrmø
paraquedas (m)	парашют	paraʃʉt
decolagem (f)	учуп көтөрүлүү	utʃup køtørylyy
descolar (vi)	учуп көтөрүлүү	utʃup køtørylyy
pista (f) de decolagem	учуп чыгуу тилкеси	utʃup tʃɨguu tilkesi
visibilidade (f)	көрүнүш	kørynyʃ
voo (m)	учуу	utʃuu
altura (f)	бийиктик	bijiktik
poço (m) de ar	аба чуңкуру	aba tʃyŋkuru
assento (m)	орун	orun
fone (m) de ouvido	кулакчын	kulaktʃɨn
mesa (f) retrátil	буктөлмө стол	byktølmø stol
janela (f)	иллюминатор	illʉminator
corredor (m)	өтмөк	øtmøk

170. Comboio

trem (m)	поезд	poezd
trem (m) elétrico	электричка	elektritʃka
trem (m)	бат жүрүүчү поезд	bat dʒyryytʃy poezd
locomotiva (f) diesel	тепловоз	teplovoz
locomotiva (f) a vapor	паровоз	parovoz
vagão (f) de passageiros	вагон	vagon
vagão-restaurante (m)	вагон-ресторан	vagon-restoran
carris (m pl)	рельсалар	relʲsalar
estrada (f) de ferro	темир жолу	temir dʒolu
travessa (f)	шпала	ʃpala
plataforma (f)	платформа	platforma
linha (f)	жол	dʒol
semáforo (m)	семафор	semafor
estação (f)	бекет	beket
maquinista (m)	машинист	maʃinist
bagageiro (m)	жук ташуучу	dʒuk taʃuutʃu
hospedeiro, -a (m, f)	проводник	provodnik
passageiro (m)	жүргүнчү	dʒyrgyntʃy
revisor (m)	текшерүүчү	tekʃeryytʃy
corredor (m)	коридор	koridor
freio (m) de emergência	стоп-кран	stop-kran
compartimento (m)	купе	kupe
cama (f)	текче	tektʃe
cama (f) de cima	үстүнкү текче	ystyŋky tektʃe
cama (f) de baixo	ылдыйкы текче	ıldıjkı tektʃe
roupa (f) de cama	жууркан-төшөк	dʒuurkan-tøʃøk
passagem (f)	билет	bilet
horário (m)	ырааттама	ıraattama
painel (m) de informação	табло	tablo
partir (vt)	жөнөө	dʒønøø
partida (f)	жөнөө	dʒønøø
chegar (vi)	келүү	kelyy
chegada (f)	келүү	kelyy
chegar de trem	поезд менен келүү	poezd menen kelyy
pegar o trem	поездге отуруу	poezdge oturuu
descer de trem	поездден түшүү	poezdden tyʃyy
acidente (m) ferroviário	кыйроо	kıjroo
descarrilar (vi)	рельсадан чыгып кетүү	relʲsadan tʃıgıp ketyy
locomotiva (f) a vapor	паровоз	parovoz
foguista (m)	от жагуучу	ot dʒaguutʃu
fornalha (f)	меш	meʃ
carvão (m)	көмүр	kømyr

171. Barco

navio (m)	кеме	keme
embarcação (f)	кеме	keme
barco (m) a vapor	пароход	paroχod
barco (m) fluvial	теплоход	teploχod
transatlântico (m)	лайнер	lajner
cruzeiro (m)	крейсер	krejser
iate (m)	яхта	jaχta
rebocador (m)	буксир	buksir
barcaça (f)	баржа	bardʒa
ferry (m)	паром	parom
veleiro (m)	парус	parus
bergantim (m)	бригантина	brigantina
quebra-gelo (m)	муз жаргыч кеме	muz dʒargɪtʃ keme
submarino (m)	суу астында жүрүүчү кеме	suu astında dʒyryytʃy keme
bote, barco (m)	кайык	kajık
baleeira (bote salva-vidas)	шлюпка	ʃlʉpka
bote (m) salva-vidas	куткаруу шлюпкасы	kutkaruu ʃlʉpkası
lancha (f)	катер	kater
capitão (m)	капитан	kapitan
marinheiro (m)	матрос	matros
marujo (m)	деңизчи	deŋiztʃi
tripulação (f)	экипаж	ekipadʒ
contramestre (m)	боцман	botsman
grumete (m)	юнга	jʉnga
cozinheiro (m) de bordo	кок	kok
médico (m) de bordo	кеме доктуру	keme dokturu
convés (m)	палуба	paluba
mastro (m)	мачта	matʃta
vela (f)	парус	parus
porão (m)	трюм	trʉm
proa (f)	тумшук	tumʃuk
popa (f)	кеменин арткы бөлүгү	kemenin artkı bølygy
remo (m)	калак	kalak
hélice (f)	винт	vint
cabine (m)	каюта	kajʉta
sala (f) dos oficiais	кают-компания	kajʉt-kompanija
sala (f) das máquinas	машина бөлүгү	maʃina bølygy
ponte (m) de comando	капитан мостиги	kapitan mostigi
sala (f) de comunicações	радиорубка	radiorubka
onda (f)	толкун	tolkun
diário (m) de bordo	кеме журналы	keme dʒurnalı
luneta (f)	дүрбү	dyrby

sino (m)	коңгуроо	konguroo
bandeira (f)	байрак	bajrak
cabo (m)	аркан	arkan
nó (m)	түйүн	tyjyn
corrimão (m)	туткуч	tutkuʧ
prancha (f) de embarque	трап	trap
âncora (f)	кеме казык	keme kazık
recolher a âncora	кеме казыкты көтөрүү	keme kazıktı køtøryy
jogar a âncora	кеме казыкты таштоо	keme kazıktı taʃtoo
amarra (corrente de âncora)	казык чынжыры	kazık ʧındʒırı
porto (m)	порт	port
cais, amarradouro (m)	причал	priʧal
atracar (vi)	келип токтоо	kelip toktoo
desatracar (vi)	жээктен алыстоо	dʒeekten alıstoo
viagem (f)	саякат	sajakat
cruzeiro (m)	деңиз саякаты	deniz sajakatı
rumo (m)	курс	kurs
itinerário (m)	каттам	kattam
canal (m) de navegação	фарватер	farvater
banco (m) de areia	тайыз жер	tajız dʒer
encalhar (vt)	тайыз жерге отуруу	tajız dʒerge oturuu
tempestade (f)	бороон чапкын	boroon ʧapkın
sinal (m)	сигнал	signal
afundar-se (vr)	чөгүү	ʧøgyy
Homem ao mar!	Сууда адам бар!	suuda adam bar!
SOS	SOS	sos
boia (f) salva-vidas	куткаруучу тегерек	kutkaruuʧu tegerek

172. Aeroporto

aeroporto (m)	аэропорт	aeroport
avião (m)	учак	uʧak
companhia (f) aérea	авиакомпания	aviakompanija
controlador (m) de tráfego aéreo	авиадиспетчер	aviadispetʧer
partida (f)	учуп кетүү	uʧup ketyy
chegada (f)	учуп келүү	uʧup kelyy
chegar (vi)	учуп келүү	uʧup kelyy
hora (f) de partida	учуп кетүү убактысы	uʧup ketyy ubaktısı
hora (f) de chegada	учуп келүү убактысы	uʧup kelyy ubaktısı
estar atrasado	кармалуу	karmaluu
atraso (m) de voo	учуп кетүүнүн кечигиши	uʧup ketyynyn keʧigiʃi
painel (m) de informação	маалымат таблосу	maalımat tablosu
informação (f)	маалымат	maalımat

anunciar (vt)	кулактандыруу	kulaktandıruu
voo (m)	рейс	rejs
alfândega (f)	бажыкана	badʒıkana
funcionário (m) da alfândega	бажы кызматкери	badʒı kızmatkeri
declaração (f) alfandegária	бажы декларациясы	badʒı deklaratsijası
preencher (vt)	толтуруу	tolturuu
preencher a declaração	декларация толтуруу	deklaratsija tolturuu
controle (m) de passaporte	паспорт текшерүү	pasport tekʃeryy
bagagem (f)	жүк	dʒyk
bagagem (f) de mão	кол жүгү	kol dʒygy
carrinho (m)	араба	araba
pouso (m)	конуу	konuu
pista (f) de pouso	конуу тилкеси	konuu tilkesi
aterrissar (vi)	конуу	konuu
escada (f) de avião	трап	trap
check-in (m)	катталуу	kattaluu
balcão (m) do check-in	каттоо стойкасы	kattoo stojkası
fazer o check-in	катталуу	kattaluu
cartão (m) de embarque	отуруу үчүн талон	oturuu ytʃyn talon
portão (m) de embarque	чыгуу	tʃıguu
trânsito (m)	транзит	tranzit
esperar (vi, vt)	күтүү	kytyy
sala (f) de espera	күтүү залы	kutyy zalı
despedir-se (acompanhar)	узатуу	uzatuu
despedir-se (dizer adeus)	коштошуу	koʃtoʃuu

173. Bicicleta. Motocicleta

bicicleta (f)	велосипед	velosiped
lambreta (f)	мотороллер	motoroller
moto (f)	мотоцикл	mototsikl
ir de bicicleta	велосипедде жүрүү	velosipedde dʒyryy
guidão (m)	руль	rulʲ
pedal (m)	педаль	pedalʲ
freios (m pl)	тормоз	tormoz
banco, selim (m)	отургуч	oturgutʃ
bomba (f)	соркыскыч	sorkıskıtʃ
bagageiro (m) de teto	багажник	bagadʒnik
lanterna (f)	фонарь	fonarʲ
capacete (m)	шлем	ʃlem
roda (f)	дөңгөлөк	døŋgøløk
para-choque (m)	калкан	kalkan
aro (m)	дөңгөлөктүн алкагы	døŋgøløktyn alkagı
raio (m)	чабак	tʃabak

Carros

174. Tipos de carros

carro, automóvel (m)	автоунаа	avtounaa
carro (m) esportivo	спорттук автоунаа	sporttuk avtounaa
limusine (f)	лимузин	limuzin
todo o terreno (m)	жолтандабас	dʒoltandabas
conversível (m)	кабриолет	kabriolet
minibus (m)	микроавтобус	mikroavtobus
ambulância (f)	тез жардам	tez dʒardam
limpa-neve (m)	кар күрөөчү машина	kar kyrøøʧy maʃina
caminhão (m)	жүк ташуучу машина	dʒyk taʃuuʧu maʃina
caminhão-tanque (m)	бензовоз	benzovoz
perua, van (f)	фургон	furgon
caminhão-trator (m)	тягач	tʹagaʧ
reboque (m)	чиркегич	ʧirkegiʧ
confortável (adj)	жайлуу	dʒajluu
usado (adj)	колдонулган	koldonulgan

175. Carros. Carroçaria

capô (m)	капот	kapot
para-choque (m)	калкан	kalkan
teto (m)	үстү	ysty
para-brisa (m)	шамалдан тоскон айнек	ʃamaldan toskon ajnek
retrovisor (m)	арткы күзгү	artkı kyzgy
esguicho (m)	айнек жуугуч	ajnek dʒuuguʧ
limpadores (m) de para-brisas	щётка	ʧʹotka
vidro (m) lateral	каптал айнек	kaptal ajnek
elevador (m) do vidro	айнек көтөргүч	ajnek køtørgyʧ
antena (f)	антенна	antenna
teto (m) solar	люк	lɥk
para-choque (m)	бампер	bamper
porta-malas (f)	жүк салгыч	dʒyk salgıʧ
bagageira (f)	жүк салгыч	dʒyk salgıʧ
porta (f)	эшик	eʃik
maçaneta (f)	кармагыч	karmagıʧ
fechadura (f)	кулпу	kulpu
placa (f)	номер	nomer
silenciador (m)	глушитель	gluʃitelʲ

tanque (m) de gasolina	бензобак	benzobak
tubo (m) de exaustão	калдыктар түтүгү	kaldıktar tytygy
acelerador (m)	газ	gaz
pedal (m)	педаль	pedalʲ
pedal (m) do acelerador	газ педали	gaz pedali
freio (m)	тормоз	tormoz
pedal (m) do freio	тормоздун педалы	tormozdun pedalı
frear (vt)	тормоз басуу	tormoz basuu
freio (m) de mão	токтомо тормозу	toktomo tormozu
embreagem (f)	илиштирүү	iliʃtiryy
pedal (m) da embreagem	илиштирүү педали	iliʃtiryy pedali
disco (m) de embreagem	илиштирүү диски	iliʃtiryy diski
amortecedor (m)	амортизатор	amortizator
roda (f)	дөңгөлөк	døŋgøløk
pneu (m) estepe	запас дөңгөлөгү	zapas døŋgøløgy
pneu (m)	покрышка	pokrıʃka
calota (f)	жапкыч	dʒapkıtʃ
rodas (f pl) motrizes	салма дөңгөлөктөр	salma døŋgøløktør
de tração dianteira	алдыңкы дөңгөлөк салмалуу	aldıŋkı døŋgøløk salmaluu
de tração traseira	арткы дөңгөлөк салмалуу	artkı døŋgøløk salmaluu
de tração às 4 rodas	бардык дөңгөлөк салмалуу	bardık døŋgøløk salmaluu
caixa (f) de mudanças	бергилик куту	bergilik kutu
automático (adj)	автоматтык	avtomattık
mecânico (adj)	механикалуу	meχanikaluu
alavanca (f) de câmbio	бергилик кутунун жылышуусу	bergilik kutunun dʒılıʃuusu
farol (m)	фара	fara
faróis (m pl)	фаралар	faralar
farol (m) baixo	жакынкы чырак	dʒakınkı tʃırak
farol (m) alto	алыскы чырак	alıskı tʃırak
luzes (f pl) de parada	стоп-сигнал	stop-signal
luzes (f pl) de posição	габарит чырактары	gabarit tʃıraktarı
luzes (f pl) de emergência	авария чырактары	avarija tʃıraktarı
faróis (m pl) de neblina	туманга каршы чырактар	tumanga karʃı tʃıraktar
pisca-pisca (m)	бурулуш чырагы	buruluʃ tʃıragı
luz (f) de marcha ré	арткы чырак	artkı tʃırak

176. Carros. Habitáculo

interior (do carro)	салон	salon
de couro	тери	teri
de veludo	велюр	velür
estofamento (m)	каптоо	kaptoo

indicador (m)	алет	alet
painel (m)	алет панели	alet paneli
velocímetro (m)	спидометр	spidometr
ponteiro (m)	жебе	dʒebe

hodômetro, odômetro (m)	эсептегич	eseptegitʃ
indicador (m)	көрсөткүч	kørsøtkytʃ
nível (m)	деңгээл	dengeel
luz (f) de aviso	көрсөткүч	kørsøtkytʃ

volante (m)	руль	rulʲ
buzina (f)	сигнал	signal
botão (m)	баскыч	baskıtʃ
interruptor (m)	которгуч	kotorgutʃ

assento (m)	орун	orun
costas (f pl) do assento	жөлөнгүч	dʒøløngytʃ
cabeceira (f)	баш жөлөгүч	baʃ dʒøløgytʃ
cinto (m) de segurança	орундук куру	orunduk kuru
apertar o cinto	курду тагынуу	kurdu tagınuu
ajuste (m)	жөндөө	dʒøndøø

airbag (m)	аба жаздыкчасы	aba dʒazdıktʃası
ar (m) condicionado	аба желдеткич	aba dʒeldetkitʃ

rádio (m)	үналгы	ynalgı
leitor (m) de CD	CD-ойноткуч	sidi-ojnotkutʃ
ligar (vt)	жүргүзүү	dʒyrgyzyy
antena (f)	антенна	antenna
porta-luvas (m)	колкап бөлүмү	kolkap bølymy
cinzeiro (m)	күл салгыч	kyl salgıtʃ

177. Carros. Motor

motor (m)	кыймылдаткыч	kıjmıldatkıtʃ
motor (m)	мотор	motor
a diesel	дизель менен	dizelʲ menen
a gasolina	бензин менен	benzin menen

cilindrada (f)	кыймылдаткычтын көлөмү	kıjmıldatkıtʃtın køłømy
potência (f)	кубатуулугу	kubatuulugu
cavalo (m) de potência	ат күчү	at kytʃy
pistão (m)	бишкек	biʃkek
cilindro (m)	цилиндр	tsılindr
válvula (f)	сарпкапкак	sarpkapkak

injetor (m)	бүрккүч	byrkkytʃ
gerador (m)	генератор	generator
carburador (m)	карбюратор	karbʉrator
óleo (m) de motor	мотор майы	motor majı

radiador (m)	радиатор	radiator
líquido (m) de arrefecimento	суутуучу суюктук	suutuutʃu sujʉktuk

ventilador (m)	желдеткич	ʤeldetkiʧ
bateria (f)	аккумулятор	akkumulʲator
dispositivo (m) de arranque	стартер	starter
ignição (f)	от алдыруу	ot aldıruu
vela (f) de ignição	от алдыруу шамы	ot aldıruu ʃamı

terminal (m)	клемма	klemma
terminal (m) positivo	плюс	plʉs
terminal (m) negativo	минус	minus
fusível (m)	эриме сактагыч	erime saktagıʧ

filtro (m) de ar	аба чыпкасы	aba ʧıpkası
filtro (m) de óleo	май чыпкасы	maj ʧıpkası
filtro (m) de combustível	күйгүчү май чыпкасы	kyjyyʧy may ʧıpkası

178. Carros. Batidas. Reparação

acidente (m) de carro	авто урунушу	avto urunuʃu
acidente (m) rodoviário	жол кырсыгы	ʤol kırsıgı
bater (~ num muro)	урунуу	urunuu
sofrer um acidente	талкалануу	talkalanuu
dano (m)	бузулуу	buzuluu
intato	бүтүн	bytyn

pane (f)	бузулуу	buzuluu
avariar (vi)	бузулуп калуу	buzulup kaluu
cabo (m) de reboque	сүйрөө арканы	syjrøø arkanı

furo (m)	тешилип калуу	teʃilip kaluu
estar furado	желин чыгаруу	ʤelin ʧıgaruu
encher (vt)	үйлөтүү	yjløtyy
pressão (f)	басым	basım
verificar (vt)	текшерүү	tekʃeryy

reparo (m)	оңдоо	oŋdoo
oficina (f) automotiva	автосервис	avtoservis
peça (f) de reposição	белен тетик	belen tetik
peça (f)	тетик	tetik

parafuso (com porca)	буроо	buroo
parafuso (m)	буралма	buralma
porca (f)	бурама	burama
arruela (f)	эбелек	ebelek
rolamento (m)	мунакжаздам	munakʤazdam

tubo (m)	түтүк	tytyk
junta, gaxeta (f)	төшөм	tøʃøm
fio, cabo (m)	зым	zım

macaco (m)	домкрат	domkrat
chave (f) de boca	гайка ачкычы	gajka atʧkıʧı
martelo (m)	балка	balka
bomba (f)	соркыскыч	sorkıskıʧ
chave (f) de fenda	бурагыч	buragıʧ

extintor (m)	өрт өчүргүч	ørt øʧyrgyʧ
triângulo (m) de emergência	эскертүү үчбурчтук	eskertyy yʧburʧtuk
morrer (motor)	өчүп калуу	øʧyp kaluu
paragem, "morte" (f)	иштебей калуу	iʃtebej kaluu
estar quebrado	бузулуп калуу	buzulup kaluu
superaquecer-se (vr)	кайнап кетүү	kajnap ketyy
entupir-se (vr)	тыгылуу	tıgıluu
congelar-se (vr)	тоңуп калуу	toŋup kaluu
rebentar (vi)	жарылып кетүү	dʒarılıp ketyy
pressão (f)	басым	basım
nível (m)	деңгээл	deŋgeel
frouxo (adj)	бош	boʃ
batida (f)	кабырылуу	kabırıluu
ruído (m)	такылдоо	takıldoo
fissura (f)	жарака	dʒaraka
arranhão (m)	чийилип калуу	ʧijilip kaluu

179. Carros. Estrada

estrada (f)	жол	dʒol
autoestrada (f)	кан жол	kan dʒol
rodovia (f)	шоссе	ʃosse
direção (f)	багыт	bagıt
distância (f)	аралык	aralık
ponte (f)	көпүрө	køpyrø
parque (m) de estacionamento	унаа токтоочу жай	unaa toktootʃu dʒaj
praça (f)	аянт	ajant
nó (m) rodoviário	баштан өйдө өткөн жол	baʃtan øjdø øtkøn dʒol
túnel (m)	тоннель	tonnelʲ
posto (m) de gasolina	май куюучу станция	maj kujuuʧu stantsija
parque (m) de estacionamento	унаа токтоочу жай	unaa toktootʃu dʒaj
bomba (f) de gasolina	колонка	kolonka
oficina (f) automotiva	автосервис	avtoservis
abastecer (vt)	май куюу	maj kujuu
combustível (m)	куйуучу май	kyjyyʧy may
galão (m) de gasolina	канистра	kanistra
asfalto (m)	асфальт	asfalʲt
marcação (f) de estradas	салынган тамга	salıngan tamga
meio-fio (m)	бордюр	bordur
guard-rail (m)	тосмо	tosmo
valeta (f)	арык	arık
acostamento (m)	жол чети	dʒol ʧeti
poste (m) de luz	чырак мамы	ʧırak mamı
dirigir (vt)	айдоо	ajdoo
virar (~ para a direita)	бурулуу	buruluu
dar retorno	артка кайтуу	artka kajtuu

ré (f)	артка айдоо	artka ajdoo
buzinar (vi)	сигнал берүү	signal beryy
buzina (f)	дабыш сигналы	dabıʃ signalı
atolar-se (vr)	тыгылып калуу	tıgılıp kaluu
patinar (na lama)	сүйрөө	syjrøø
desligar (vt)	басаңдатуу	basaŋdatuu

velocidade (f)	ылдамдык	ıldamdık
exceder a velocidade	ылдамдыктан ашуу	ıldamdıktan aʃuu
multar (vt)	айып салуу	ajıp saluu
semáforo (m)	светофор	svetofor
carteira (f) de motorista	айдоочу күбөлүгү	ajdootʃu kybølygy

passagem (f) de nível	кесип өтмө	kesip øtmø
cruzamento (m)	кесилиш	kesiliʃ
faixa (f)	жөө жүрүүчүлөр жолу	dʒøø dʒyryytʃylør dʒolu
curva (f)	бурулуш	buruluʃ
zona (f) de pedestres	жөө жүрүүчүлөр алкагы	dʒøø dʒyryytʃylør alkagı

180. Sinais de trânsito

código (m) de trânsito	жол эрежеси	dʒol eredʒesi
sinal (m) de trânsito	белги	belgi
ultrapassagem (f)	озуп өтүү	ozup øtyy
curva (f)	бурулуш	buruluʃ
retorno (m)	артка кайтуу	artka kajtuu
rotatória (f)	айланма кыймыл	ajlanma kıjmıl

sentido proibido	кирүүгө болбойт	kiryygø bolbojt
trânsito proibido	жол кыймылы жок	dʒol kıjmılı dʒok
proibido de ultrapassar	озуп өтүү жок	ozup øtyy dʒok
estacionamento proibido	унаа токтотуу жок	unaa toktotuu dʒok
paragem proibida	токтолуу жок	toktoluu dʒok

curva (f) perigosa	кескин бурулуш	keskin buruluʃ
descida (f) perigosa	тик эңкейиш	tik eŋkejiʃ
trânsito de sentido único	бир тараптуу	bir taraptuu
faixa (f)	жөө жүрүүчүлөр жолу	dʒøø dʒyryytʃylør dʒolu
pavimento (m) escorregadio	тайгалак жол	tajgalak dʒol
conceder passagem	жолду бер	dʒoldu ber

PESSOAS. EVENTOS

Eventos

181. Férias. Evento

festa (f)	майрам	majram
feriado (m) nacional	улуттук	uluttuk
feriado (m)	майрам күнү	majram kyny
festejar (vt)	майрамдоо	majramdoo
evento (festa, etc.)	окуя	okuja
evento (banquete, etc.)	иш-чара	iʃ-ʧara
banquete (m)	банкет	banket
recepção (f)	кабыл алуу	kabıl aluu
festim (m)	той	toj
aniversário (m)	жылдык	dʒıldık
jubileu (m)	юбилей	jубilej
celebrar (vt)	белгилөө	belgilөө
Ano (m) Novo	Жаны жыл	dʒanı dʒıl
Feliz Ano Novo!	Жаны Жылыңар менен!	dʒanı dʒılıŋar menen!
Papai Noel (m)	Аяз ата, Санта Клаус	ajaz ata, santa klaus
Natal (m)	Рождество	rodʒdestvo
Feliz Natal!	Рождество майрамыңыз менен!	rodʒdestvo majramıŋız menen!
árvore (f) de Natal	Жаңы жылдык балаты	dʒaŋı dʒıldık balatı
fogos (m pl) de artifício	салют	salʉt
casamento (m)	үйлөнүү той	yjlөnyy toy
noivo (m)	күйөө	kyjөө
noiva (f)	колукту	koluktu
convidar (vt)	чакыруу	ʧakıruu
convite (m)	чакыруу	ʧakıruu
convidado (m)	конок	konok
visitar (vt)	конокко баруу	konokko baruu
receber os convidados	конок тосуу	konok tosuu
presente (m)	белек	belek
oferecer, dar (vt)	белек берүү	belek beryy
receber presentes	белек алуу	belek aluu
buquê (m) de flores	десте	deste
felicitações (f pl)	куттуктоо	kuttuktoo
felicitar (vt)	куттуктоо	kuttuktoo

cartão (m) de parabéns	куттуктоо ачык каты	kuttuktoo atʃık katı
enviar um cartão postal	ачык катты жөнөтүү	atʃık kattı dʒønøtyy
receber um cartão postal	ачык катты алуу	atʃık kattı aluu

brinde (m)	каалоо тилек	kaaloo tilek
oferecer (vt)	ооз тийгизүү	ooz tijgizyy
champanhe (m)	шампан	ʃampan

divertir-se (vr)	көңүл ачуу	køŋyl atʃuu
diversão (f)	көңүлдүүлүк	køŋyldyylyk
alegria (f)	кубаныч	kubanıtʃ

| dança (f) | бий | bij |
| dançar (vi) | бийлөө | bijløø |

| valsa (f) | вальс | valʲs |
| tango (m) | танго | tango |

182. Funerais. Enterro

cemitério (m)	мүрзө	myrzø
sepultura (f), túmulo (m)	мүрзө	myrzø
cruz (f)	крест	krest
lápide (f)	мүрзө үстүндөгү жазуу	myrzø ystyndøgy dʒazuu
cerca (f)	тосмо	tosmo
capela (f)	кичинекей чиркөө	kitʃinekej tʃirkøø

morte (f)	өлүм	ølym
morrer (vi)	өлүү	ølyy
defunto (m)	маркум	markum
luto (m)	аза	aza

enterrar, sepultar (vt)	көмүү	kømyy
funerária (f)	ырасым бюросу	ırasım bɯrosu
funeral (m)	сөөк узатуу жана көмүү	søøk uzatuu dʒana kømyy
coroa (f) de flores	гүлчамбар	gyltʃambar
caixão (m)	табыт	tabıt
carro (m) funerário	катафалк	katafalk
mortalha (f)	кепин	kepin

procissão (f) funerária	узатуу жүрүшү	uzatuu dʒyryʃy
urna (f) funerária	сөөк күлдүн кутусу	søøk kyldyn kutusu
crematório (m)	крематорий	krematorij

obituário (m), necrologia (f)	некролог	nekrolog
chorar (vi)	ыйлоо	ıjloo
soluçar (vi)	боздоп ыйлоо	bozdop ıjloo

183. Guerra. Soldados

| pelotão (m) | взвод | vzvod |
| companhia (f) | рота | rota |

regimento (m)	полк	polk
exército (m)	армия	armija
divisão (f)	дивизия	divizija
esquadrão (m)	отряд	otrʲad
hoste (f)	куралдуу аскер	kuralduu asker
soldado (m)	аскер	asker
oficial (m)	офицер	ofitser
soldado (m) raso	катардагы жоокер	katardagı dʒooker
sargento (m)	сержант	serdʒant
tenente (m)	лейтенант	lejtenant
capitão (m)	капитан	kapitan
major (m)	майор	major
coronel (m)	полковник	polkovnik
general (m)	генерал	general
marujo (m)	деңизчи	deŋiztʃi
capitão (m)	капитан	kapitan
contramestre (m)	боцман	botsman
artilheiro (m)	артиллерист	artillerist
soldado (m) paraquedista	десантник	desantnik
piloto (m)	учкуч	utʃkutʃ
navegador (m)	штурман	ʃturman
mecânico (m)	механик	meχanik
sapador-mineiro (m)	сапёр	sapʲor
paraquedista (m)	парашютист	paraʃutist
explorador (m)	чалгынчы	tʃalgıntʃı
atirador (m) de tocaia	көзатар	køzatar
patrulha (f)	жол-күзөт	dʒol-kyzøt
patrulhar (vt)	жол-күзөткө чыгуу	dʒol-kyzøtkø tʃiguu
sentinela (f)	сакчы	saktʃı
guerreiro (m)	жоокер	dʒooker
patriota (m)	мекенчил	mekentʃil
herói (m)	баатыр	baatır
heroína (f)	баатыр айым	baatır ajım
traidor (m)	чыккынчы	tʃıkkıntʃı
trair (vt)	кыянаттык кылуу	kıjanattık kıluu
desertor (m)	качкын	katʃkın
desertar (vt)	качуу	katʃuu
mercenário (m)	жалданма	dʒaldanma
recruta (m)	жаңы алынган аскер	dʒaŋı alıngan asker
voluntário (m)	ыктыярчы	ıktıjartʃı
morto (m)	өлтүрүлгөн	øltyrylgøn
ferido (m)	жарадар	dʒaradar
prisioneiro (m) de guerra	туткун	tutkun

184. Guerra. Ações militares. Parte 1

guerra (f)	согуш	soguʃ
guerrear (vt)	согушуу	soguʃuu
guerra (f) civil	жарандык согуш	dʒarandık soguʃ
perfidamente	жүзү каралык менен кол салуу	dʒyzy karalık menen kol saluu
declaração (f) de guerra	согушту жарыялоо	soguʃtu dʒarıjaloo
declarar guerra	согуш жарыялоо	soguʃ dʒarıjaloo
agressão (f)	агрессия	agressija
atacar (vt)	кол салуу	kol saluu
invadir (vt)	басып алуу	basıp aluu
invasor (m)	баскынчы	baskıntʃı
conquistador (m)	басып алуучу	basıp aluutʃu
defesa (f)	коргонуу	korgonuu
defender (vt)	коргоо	korgoo
defender-se (vr)	коргонуу	korgonuu
inimigo (m)	душман	duʃman
adversário (m)	каршылаш	karʃılaʃ
inimigo (adj)	душмандын	duʃmandın
estratégia (f)	стратегия	strategija
tática (f)	тактика	taktika
ordem (f)	буйрук	bujruk
comando (m)	команда	komanda
ordenar (vt)	буйрук берүү	bujruk beryy
missão (f)	тапшырма	tapʃırma
secreto (adj)	жашыруун	dʒaʃıruun
batalha (f)	согуш	soguʃ
combate (m)	салгылаш	salgılaʃ
ataque (m)	чабуул	tʃabuul
assalto (m)	чабуул	tʃabuul
assaltar (vt)	чабуул жасоо	tʃabuul dʒasoo
assédio, sítio (m)	тегеректеп курчоо	tegerektep kurtʃoo
ofensiva (f)	чабуул	tʃabuul
tomar à ofensiva	чабуул салуу	tʃabuul saluu
retirada (f)	чегинүү	tʃeginyy
retirar-se (vr)	чегинүү	tʃeginyy
cerco (m)	курчоо	kurtʃoo
cercar (vt)	курчоого алуу	kurtʃoogo aluu
bombardeio (m)	бомба жаадыруу	bomba dʒaadıruu
lançar uma bomba	бомба таштоо	bomba taʃtoo
bombardear (vt)	бомба жаадыруу	bomba dʒaadıruu
explosão (f)	жарылуу	dʒarıluu

tiro (m)	атылуу	atıluu
dar um tiro	атуу	atuu
tiroteio (m)	атуу	atuu
apontar para ...	мээлөө	meelөө
apontar (vt)	мээлөө	meelөө
acertar (vt)	тийүү	tijyy
afundar (~ um navio, etc.)	чөктүрүү	tʃөktyryy
brecha (f)	тешик	teʃik
afundar-se (vr)	суу астына кетүү	suu astına ketyy
frente (m)	майдан	majdan
evacuação (f)	эвакуация	evakuatsija
evacuar (vt)	эвакуациялоо	evakuatsijaloo
trincheira (f)	окоп	okop
arame (m) enfarpado	тикендүү зым	tikendyy zım
barreira (f) anti-tanque	тосмо	tosmo
torre (f) de vigia	мунара	munara
hospital (m) militar	госпиталь	gospitalʲ
ferir (vt)	жарадар кылуу	dʒaradar kıluu
ferida (f)	жара	dʒara
ferido (m)	жарадар	dʒaradar
ficar ferido	жаракат алуу	dʒarakat aluu
grave (ferida ~)	оор жаракат	oor dʒarakat

185. Guerra. Ações militares. Parte 2

cativeiro (m)	туткун	tutkun
capturar (vt)	туткунга алуу	tutkunga aluu
estar em cativeiro	туткунда болуу	tutkunda boluu
ser aprisionado	туткунга түшүү	tutkunga tyʃyy
campo (m) de concentração	концлагерь	kontslagerʲ
prisioneiro (m) de guerra	туткун	tutkun
escapar (vi)	качуу	katʃuu
trair (vt)	кыянаттык кылуу	kıjanattık kıluu
traidor (m)	чыккынчы	tʃıkkıntʃı
traição (f)	чыккынчылык	tʃıkkıntʃılık
fuzilar, executar (vt)	атып өлтүрүү	atıp өltyryy
fuzilamento (m)	атып өлтүрүү	atıp өltyryy
equipamento (m)	аскер кийими	asker kijimi
insígnia (f) de ombro	погон	pogon
máscara (f) de gás	противогаз	protivogaz
rádio (m)	рация	ratsija
cifra (f), código (m)	шифр	ʃifr
conspiração (f)	жекеликте сактоо	dʒekelikte saktoo
senha (f)	сырсөз	sırsөz

mina (f)	мина	mina
minar (vt)	миналоо	minaloo
campo (m) minado	мина талаасы	mina talaası
alarme (m) aéreo	аба айгайы	aba ajgajı
alarme (m)	айгай	ajgaj
sinal (m)	сигнал	signal
sinalizador (m)	сигнал ракетасы	signal raketası
quartel-general (m)	штаб	ʃtab
reconhecimento (m)	чалгын	tʃalgın
situação (f)	кырдаал	kırdaal
relatório (m)	рапорт	raport
emboscada (f)	буктурма	bukturma
reforço (m)	кошумча күч	koʃumtʃa kytʃ
alvo (m)	бута	buta
campo (m) de tiro	полигон	poligon
manobras (f pl)	манервлер	manervler
pânico (m)	дүрбөлөң	dyrbøløŋ
devastação (f)	кыйроо	kıjroo
ruínas (f pl)	кыйроо	kıjroo
destruir (vt)	кыйратуу	kıjratuu
sobreviver (vi)	тирүү калуу	tiryy kaluu
desarmar (vt)	куралсыздандыруу	kuralsızdandıruu
manusear (vt)	мамиле кылуу	mamile kıluu
Sentido!	Түз тур!	tyz tur!
Descansar!	Эркин!	erkin!
façanha (f)	эрдик	erdik
juramento (m)	ант	ant
jurar (vi)	ант берүү	ant beryy
condecoração (f)	сыйлык	sıjlık
condecorar (vt)	сыйлоо	sıjloo
medalha (f)	медаль	medalʲ
ordem (f)	орден	orden
vitória (f)	жеңиш	dʒeŋiʃ
derrota (f)	жеңилүү	dʒeŋilyy
armistício (m)	жарашуу	dʒaraʃuu
bandeira (f)	байрак	bajrak
glória (f)	даңк	daŋk
parada (f)	парад	parad
marchar (vi)	маршта басуу	marʃta basuu

186. Armas

arma (f)	курал	kural
arma (f) de fogo	курал жарак	kural dʒarak

arma (f) branca	атылбас курал	atılbas kural
arma (f) química	химиялык курал	χimijalık kural
nuclear (adj)	ядерлүү	jaderlyy
arma (f) nuclear	ядерлүү курал	jaderlyy kural
bomba (f)	бомба	bomba
bomba (f) atômica	атом бомбасы	atom bombası
pistola (f)	тапанча	tapantʃa
rifle (m)	мылтык	mıltık
semi-automática (f)	автомат	avtomat
metralhadora (f)	пулемёт	pulemʲot
boca (f)	мылтыктын оозу	mıltıktın oozu
cano (m)	ствол	stvol
calibre (m)	калибр	kalibr
gatilho (m)	курок	kurok
mira (f)	кароолго алуу	karoolgo aluu
carregador (m)	магазин	magazin
coronha (f)	күндак	kyndak
granada (f) de mão	граната	granata
explosivo (m)	жарылуучу зат	dʒarıluutʃu zat
bala (f)	ок	ok
cartucho (m)	патрон	patron
carga (f)	дүрмөк	dyrmøk
munições (f pl)	ок-дары	ok-darı
bombardeiro (m)	бомбалоочу	bombalootʃu
avião (m) de caça	кыйраткыч учак	kıjratkıtʃ utʃak
helicóptero (m)	вертолёт	vertolʲot
canhão (m) antiaéreo	зенитка	zenitka
tanque (m)	танк	tank
canhão (de um tanque)	замбирек	zambirek
artilharia (f)	артиллерия	artillerija
canhão (m)	замбирек	zambirek
fazer a pontaria	мээлөө	meeløø
projétil (m)	снаряд	snarʲad
granada (f) de morteiro	мина	mina
morteiro (m)	миномёт	minomʲot
estilhaço (m)	сыныктар	sınıktar
submarino (m)	суу астында жүрүүчү кеме	suu astında dʒyryytʃy keme
torpedo (m)	торпеда	torpeda
míssil (m)	ракета	raketa
carregar (uma arma)	октоо	oktoo
disparar, atirar (vi)	атуу	atuu
apontar para ...	мээлөө	meeløø
baioneta (f)	найза	najza

espada (f)	шпага	ʃpaga
sabre (m)	кылыч	kılıtʃ
lança (f)	найза	najza
arco (m)	жаа	dʒaa
flecha (f)	жебе	dʒebe
mosquete (m)	мушкет	muʃket
besta (f)	арбалет	arbalet

187. Povos da antiguidade

primitivo (adj)	алгачкы	algatʃkı
pré-histórico (adj)	тарыхтан илгери	tarıxtan ilgeri
antigo (adj)	байыркы	bajırkı

Idade (f) da Pedra	Таш доору	taʃ dooru
Idade (f) do Bronze	Коло доору	kolo dooru
Era (f) do Gelo	Муз доору	muz dooru

tribo (f)	уруу	uruu
canibal (m)	адам жегич	adam dʒegitʃ
caçador (m)	аңчы	aŋtʃı
caçar (vi)	аңчылык кылуу	aŋtʃılık kıluu
mamute (m)	мамонт	mamont

caverna (f)	үңкүр	yŋkyr
fogo (m)	от	ot
fogueira (f)	от	ot
pintura (f) rupestre	ташка чегерилген сүрөт	taʃka tʃegerilgen syrøt

ferramenta (f)	эмгек куралы	emgek kuralı
lança (f)	найза	najza
machado (m) de pedra	таш балта	taʃ balta
guerrear (vt)	согушуу	soguʃuu
domesticar (vt)	колго көндүрүү	kolgo køndyryy

ídolo (m)	бут	but
adorar, venerar (vt)	сыйынуу	sijınuu
superstição (f)	жок нерсеге ишенүү	dʒok nersege iʃenyy
ritual (m)	ырым-жырым	ırım-dʒırım

evolução (f)	эволюция	evolutsija
desenvolvimento (m)	өнүгүү	ønygyy

extinção (f)	жок болуу	dʒok boluu
adaptar-se (vr)	ылайыкташуу	ılajıktaʃuu

arqueologia (f)	археология	arxeologija
arqueólogo (m)	археолог	arxeolog
arqueológico (adj)	археологиялык	arxeologijalık

escavação (sítio)	казуу жери	kazuu dʒeri
escavações (f pl)	казуу иштери	kazuu iʃteri
achado (m)	табылга	tabılga
fragmento (m)	фрагмент	fragment

188. Idade média

povo (m)	эл	el
povos (m pl)	элдер	elder
tribo (f)	уруу	uruu
tribos (f pl)	уруулар	uruular

bárbaros (pl)	варварлар	varvarlar
galeses (pl)	галлдар	galldar
godos (pl)	готтор	gottor
eslavos (pl)	славяндар	slaviandar
viquingues (pl)	викингдер	vikingder

romanos (pl)	римдиктер	rimdikter
romano (adj)	римдик	rimdik

bizantinos (pl)	византиялыктар	vizantijalıktar
Bizâncio	Византия	vizantija
bizantino (adj)	византиялык	vizantijalık

imperador (m)	император	imperator
líder (m)	башчы	baʃʧı
poderoso (adj)	кудуреттүү	kudurettyy
rei (m)	король, падыша	koroli, padıʃa
governante (m)	башкаруучу	baʃkaruutʃu

cavaleiro (m)	рыцарь	rıtsari
senhor feudal (m)	феодал	feodal
feudal (adj)	феодалдуу	feodalduu
vassalo (m)	вассал	vassal

duque (m)	герцог	gertsog
conde (m)	граф	graf
barão (m)	барон	baron
bispo (m)	епископ	episkop

armadura (f)	курал жана соот-шайман	kural dʒana soot-ʃajman
escudo (m)	калкан	kalkan
espada (f)	кылыч	kılıʧ
viseira (f)	туулганын бет калканы	tuulganın bet kalkanı
cota (f) de malha	зоот	zoot

cruzada (f)	крест астындагы черүү	krest astındagı ʧeryy
cruzado (m)	черүүгө чыгуучу	ʧeryygø ʧıguutʃu

território (m)	аймак	ajmak
atacar (vt)	кол салуу	kol saluu
conquistar (vt)	ээ болуу	ee boluu
ocupar, invadir (vt)	басып алуу	basıp aluu

assédio, sítio (m)	тегеректеп курчоо	tegerektep kurtʃoo
sitiado (adj)	курчалган	kurtʃalgan
assediar, sitiar (vt)	курчоого алуу	kurtʃoogo aluu
inquisição (f)	инквизиция	inkvizitsija
inquisidor (m)	инквизитор	inkvizitor

tortura (f)	кыйноо	kıjnoo
cruel (adj)	ырайымсыз	ırajımsız
herege (m)	еретик	eretik
heresia (f)	ересь	eresʲ

navegação (f) marítima	деңизде сүзүү	deŋizde syzyy
pirata (m)	деңиз каракчысы	deŋiz karaktʃısı
pirataria (f)	деңиз каракчылыгы	deŋiz karaktʃılıgı
abordagem (f)	абордаж	abordadʒ
presa (f), butim (m)	олжо	oldʒo
tesouros (m pl)	казына	kazına

descobrimento (m)	ачылыш	atʃılıʃ
descobrir (novas terras)	таап ачуу	taap atʃuu
expedição (f)	экспедиция	ekspeditsija

mosqueteiro (m)	мушкетёр	muʃketʲor
cardeal (m)	кардинал	kardinal
heráldica (f)	геральдика	geralʲdika
heráldico (adj)	гералдык	geraldık

189. Líder. Chefe. Autoridades

rei (m)	король, падыша	korolʲ, padıʃa
rainha (f)	ханыша	χanıʃa
real (adj)	падышалык	padıʃalık
reino (m)	падышалык	padıʃalık

| príncipe (m) | канзаада | kanzaada |
| princesa (f) | ханбийке | χanbijke |

presidente (m)	президент	prezident
vice-presidente (m)	вице-президент	vitse-prezident
senador (m)	сенатор	senator

monarca (m)	монарх	monarχ
governante (m)	башкаруучу	baʃkaruutʃu
ditador (m)	диктатор	diktator
tirano (m)	зулум	zulum
magnata (m)	магнат	magnat

diretor (m)	директор	direktor
chefe (m)	башчы	baʃtʃı
gerente (m)	башкаруучу	baʃkaruutʃu
patrão (m)	шеф	ʃef
dono (m)	кожоюн	kodʒodʒʉn

líder (m)	алдыңкы катардагы	aldıŋkı katardagı
chefe (m)	башчы	baʃtʃı
autoridades (f pl)	бийликтер	bijlikter
superiores (m pl)	башчылар	baʃtʃılar

| governador (m) | губернатор | gubernator |
| cônsul (m) | консул | konsul |

diplomata (m)	дипломат	diplomat
Presidente (m) da Câmara	мэр	mer
xerife (m)	шериф	ʃerif

imperador (m)	император	imperator
czar (m)	падыша	padıʃa
faraó (m)	фараон	faraon
cã, khan (m)	хан	χan

190. Estrada. Caminho. Direções

estrada (f)	жол	dʒol
via (f)	жол	dʒol
rodovia (f)	шоссе	ʃosse
autoestrada (f)	кан жол	kan dʒol
estrada (f) nacional	улуттук жол	uluttuk dʒol
estrada (f) principal	негизги жол	negizgi dʒol
estrada (f) de terra	кыштактар арасындагы жол	kıʃtaktar arasındagı dʒol
trilha (f)	чыйыр жол	tʃijır dʒol
pequena trilha (f)	чыйыр жол	tʃijır dʒol
Onde?	Каерде?	kaerde?
Para onde?	Каяка?	kajaka?
De onde?	Каяктан?	kajaktan?
direção (f)	багыт	bagıt
indicar (~ o caminho)	көрсөтүү	kørsøtyy
para a esquerda	солго	solgo
para a direita	оңго	oŋgo
em frente	түз	tyz
para trás	артка	artka
curva (f)	бурулуш	buruluʃ
virar (~ para a direita)	бурулуу	buruluu
dar retorno	артка кайтуу	artka kajtuu
estar visível	көрүнүп туруу	kørynyp turuu
aparecer (vi)	көрүнүү	kørynyy
paragem (pausa)	токтоо	toktoo
descansar (vi)	эс алуу	es aluu
descanso, repouso (m)	эс алуу	es aluu
perder-se (vr)	адашып кетүү	adaʃıp ketyy
conduzir a ... (caminho)	...га алып баруу	...ga alıp baruu
chegar a ...	...га чыгуу	...ga tʃıguu
trecho (m)	жолдун бир бөлүгү	dʒoldun bir bølygy
asfalto (m)	асфальт	asfalʲt
meio-fio (m)	бордюр	bordʉr

valeta (f)	арык	arık
tampa (f) de esgoto	люк	lük
acostamento (m)	жол чети	dʒol tʃeti
buraco (m)	чуңкур	tʃuŋkur

| ir (a pé) | жее басуу | dʒøø basuu |
| ultrapassar (vt) | ашып кетүү | aʃıp ketyy |

| passo (m) | кадам | kadam |
| a pé | жее | dʒøø |

bloquear (vt)	тосуу	tosuu
cancela (f)	шлагбаум	ʃlagbaum
beco (m) sem saída	туюк кече	tujük køtʃø

191. Violação da lei. Criminosos. Parte 1

bandido (m)	ууру-кески	uuru-keski
crime (m)	кылмыш	kılmıʃ
criminoso (m)	кылмышкер	kılmıʃker

ladrão (m)	ууру	uuru
roubar (vt)	уурдоо	uurdoo
roubo (atividade)	уруулук	uruuluk
furto (m)	уурдоо	uurdoo

raptar, sequestrar (vt)	ала качуу	ala katʃuu
sequestro (m)	ала качуу	ala katʃuu
sequestrador (m)	ала качуучу	ala katʃuutʃu

resgate (m)	кутказуу акчасы	kutkazuu aktʃası
pedir resgate	кутказуу акчага	kutkazuu aktʃaga
	талап коюу	talap kojüu

roubar (vt)	тоноо	tonoo
assalto, roubo (m)	тоноо	tonoo
assaltante (m)	тоноочу	tonootʃu

extorquir (vt)	опузалоо	opuzaloo
extorsionário (m)	опузалоочу	opuzalootʃu
extorsão (f)	опуза	opuza

matar, assassinar (vt)	өлтүрүү	øltyryy
homicídio (m)	өлтүрүү	øltyryy
homicida, assassino (m)	киши өлтүргүч	kiʃi øltyrgytʃ

tiro (m)	атылуу	atıluu
dar um tiro	атуу	atuu
matar a tiro	атып салуу	atıp saluu
disparar, atirar (vi)	атуу	atuu
tiroteio (m)	атышуу	atıʃuu

| incidente (m) | окуя | okuja |
| briga (~ de rua) | уруш | uruʃ |

Socorro!	Жардамга!	dʒardamga!
vítima (f)	жапа чеккен	dʒapa tʃekken
danificar (vt)	зыян келтирүү	zıjan keltiryy
dano (m)	залал	zalal
cadáver (m)	өлүк	ølyk
grave (adj)	оор	oor
atacar (vt)	кол салуу	kol saluu
bater (espancar)	уруу	uruu
espancar (vt)	ур-токмокко алуу	ur-tokmokko aluu
tirar, roubar (dinheiro)	тартып алуу	tartıp aluu
esfaquear (vt)	союп өлтүрүү	sojɥp øltyryy
mutilar (vt)	майып кылуу	majıp kıluu
ferir (vt)	жарадар кылуу	dʒaradar kıluu
chantagem (f)	шантаж кылуу	ʃantadʒ kıluu
chantagear (vt)	шантаждоо	ʃantadʒdoo
chantagista (m)	шантажист	ʃantadʒist
extorsão (f)	рэкет	reket
extorsionário (m)	рэкетир	reketir
gângster (m)	гангстер	gangster
máfia (f)	мафия	mafija
punguista (m)	чөнтөк ууру	tʃøntøk uuru
assaltante, ladrão (m)	бузуп алуучу ууру	buzup aluutʃu uuru
contrabando (m)	контрабанда	kontrabanda
contrabandista (m)	контрабандачы	kontrabandatʃı
falsificação (f)	окшотуп жасоо	okʃotup dʒasoo
falsificar (vt)	жасалмалоо	dʒasalmaloo
falsificado (adj)	жасалма	dʒasalma

192. Violação da lei. Criminosos. Parte 2

estupro (m)	зордуктоо	zorduktoo
estuprar (vt)	зордуктоо	zorduktoo
estuprador (m)	зордукчул	zorduktʃul
maníaco (m)	маньяк	manjak
prostituta (f)	сойку	sojku
prostituição (f)	сойкучулук	sojkutʃuluk
cafetão (m)	жак бакты	dʒak baktı
drogado (m)	баңги	baŋgi
traficante (m)	баңгизат сатуучу	baŋgizat satuutʃu
explodir (vt)	жардыруу	dʒardıruu
explosão (f)	жарылуу	dʒarıluu
incendiar (vt)	өрттөө	ørttøø
incendiário (m)	өрттөөчү	ørttøøtʃy
terrorismo (m)	терроризм	terrorizm
terrorista (m)	террорист	terrorist

refém (m)	заложник	zalodӡnik
enganar (vt)	алдоо	aldoo
engano (m)	алдамчылык	aldamʧılık
vigarista (m)	алдамчы	aldamʧı

subornar (vt)	сатып алуу	satıp aluu
suborno (atividade)	сатып алуу	satıp aluu
suborno (dinheiro)	пара	para

veneno (m)	уу	uu
envenenar (vt)	ууландыруу	uulandıruu
envenenar-se (vr)	уулануу	uulanuu

| suicídio (m) | жанын кыюу | ӡanın kıdӡuu |
| suicida (m) | жанын кыйгыч | ӡanın kıjgıʧ |

ameaçar (vt)	коркутуу	korkutuu
ameaça (f)	коркунуч	korkunuʧ
atentar contra a vida de ...	кол салуу	kol saluu
atentado (m)	кол салуу	kol saluu

| roubar (um carro) | айдап кетүү | ajdap ketyy |
| sequestrar (um avião) | ала качуу | ala kaʧuu |

| vingança (f) | кек | kek |
| vingar (vt) | өч алуу | øʧ aluu |

torturar (vt)	кыйноо	kıjnoo
tortura (f)	кыйноо	kıjnoo
atormentar (vt)	азапка салуу	azapka saluu

pirata (m)	деңиз каракчысы	deŋiz karakʧısı
desordeiro (m)	бейбаш	bejbaʃ
armado (adj)	куралданган	kuraldangan
violência (f)	зордук	zorduk
ilegal (adj)	мыйзамдан тыш	mıjzamdan tıʃ

| espionagem (f) | тыңчылык | tıŋʧılık |
| espionar (vi) | тыңчылык кылуу | tıŋʧılık kıluu |

193. Polícia. Lei. Parte 1

| justiça (sistema de ~) | адилеттүү сот | adilettyy sot |
| tribunal (m) | сот | sot |

juiz (m)	сот	sot
jurados (m pl)	сот калыстары	sot kalıstarı
tribunal (m) do júri	калыстар соту	sot
julgar (vt)	сотко тартуу	sotko tartuu

advogado (m)	жактоочу	ӡaktooʧu
réu (m)	сот жообуна тартылган киши	sot ӡoobuna tartılgan kiʃi
banco (m) dos réus	соттуулар отуруучу орун	sottuular oturuuʧu orun

acusação (f)	айыптоо	ajıptoo
acusado (m)	айыпталуучу	ajıptaluutʃu
sentença (f)	өкүм	økym
sentenciar (vt)	өкүм чыгаруу	økym tʃıgaruu
culpado (m)	күнөөкөр	kynøøkør
punir (vt)	жазалоо	dʒazaloo
punição (f)	жаза	dʒaza
multa (f)	айып	ajıp
prisão (f) perpétua	өмүр бою	ømyr bojʉ
pena (f) de morte	өлүм жазасы	ølym dʒazası
cadeira (f) elétrica	электр столу	elektr stolu
forca (f)	дарга	darga
executar (vt)	өлүм жазасын аткаруу	ølym dʒazasın atkaruu
execução (f)	өлүм жазасын аткаруу	ølym dʒazasın atkaruu
prisão (f)	түрмө	tyrmø
cela (f) de prisão	камера	kamera
escolta (f)	конвой	konvoj
guarda (m) prisional	түрмө сакчысы	tyrmø saktʃısı
preso, prisioneiro (m)	камактагы адам	kamaktagı adam
algemas (f pl)	кишен	kiʃen
algemar (vt)	кишен кийгизүү	kiʃen kijgizyy
fuga, evasão (f)	качуу	katʃuu
fugir (vi)	качуу	katʃuu
desaparecer (vi)	жоголуп кетүү	dʒogolup ketyy
soltar, libertar (vt)	бошотуу	boʃotuu
anistia (f)	амнистия	amnistija
polícia (instituição)	полиция	politsija
polícia (m)	полиция кызматкери	politsija kızmatkeri
delegacia (f) de polícia	полиция бөлүмү	politsija bølymy
cassetete (m)	резина союлчасы	rezina sojʉltʃası
megafone (m)	керней	kernej
carro (m) de patrulha	жол күзөт машинасы	dʒol kyzøt maʃinası
sirene (f)	сирена	sirena
ligar a sirene	сиренаны басуу	sirenanı basuu
toque (m) da sirene	сиренанын боздошу	sirenanın bozdoʃu
cena (f) do crime	кылмыш болгон жер	kılmıʃ bolgon dʒer
testemunha (f)	күбө	kybø
liberdade (f)	эркиндик	erkindik
cúmplice (m)	шерик	ʃerik
escapar (vi)	из жашыруу	iz dʒaʃıruu
traço (não deixar ~s)	из	iz

194. Polícia. Lei. Parte 2

procura (f)	издөө	izdøø
procurar (vt)	... издөө	... izdøø
suspeita (f)	шек	ʃek
suspeito (adj)	шектүү	ʃektyy
parar (veículo, etc.)	токтотуу	toktotuu
deter (fazer parar)	кармоо	karmoo
caso (~ criminal)	иш	iʃ
investigação (f)	териштирүү	teriʃtiryy
detetive (m)	аңдуучу	aŋduutʃu
investigador (m)	тергөөчү	tergøøtʃy
versão (f)	жоромол	dʒoromol
motivo (m)	себеп	sebep
interrogatório (m)	сурак	surak
interrogar (vt)	суракка алуу	surakka aluu
questionar (vt)	сураштыруу	suraʃtıruu
verificação (f)	текшерүү	tekʃeryy
batida (f) policial	тегеректөө	tegerektøø
busca (f)	тинтүү	tintyy
perseguição (f)	куу	kuu
perseguir (vt)	изине түшүү	izine tyʃyy
seguir, rastrear (vt)	изине түшүү	izine tyʃyy
prisão (f)	камак	kamak
prender (vt)	камакка алуу	kamakka aluu
pegar, capturar (vt)	кармоо	karmoo
captura (f)	колго түшүрүү	kolgo tyʃyryy
documento (m)	документ	dokument
prova (f)	далил	dalil
provar (vt)	далилдөө	dalildøø
pegada (f)	из	iz
impressões (f pl) digitais	манжанын изи	mandʒanın izi
prova (f)	далил	dalil
álibi (m)	алиби	alibi
inocente (adj)	бейкүнөө	bejkynøø
injustiça (f)	адилетсиздик	adiletsizdik
injusto (adj)	адилетсиз	adiletsiz
criminal (adj)	кылмыштуу	kılmıʃtuu
confiscar (vt)	тартып алуу	tartıp aluu
droga (f)	баңгизат	baŋgizat
arma (f)	курал	kural
desarmar (vt)	куралсыздандыруу	kuralsızdandıruu
ordenar (vt)	буйрук берүү	bujruk beryy
desaparecer (vi)	жоголуп кетүү	dʒogolup ketyy
lei (f)	мыйзам	mıjzam
legal (adj)	мыйзамдуу	mıjzamduu
ilegal (adj)	мыйзамдан тыш	mıjzamdan tıʃ

176

| responsabilidade (f) | жоопкерчилик | ʤoopkertʃilik |
| responsável (adj) | жоопкерчиликтүү | ʤoopkertʃiliktyy |

NATUREZA

A Terra. Parte 1

195. Espaço sideral

espaço, cosmo (m)	космос	kosmos
espacial, cósmico (adj)	космос	kosmos
espaço (m) cósmico	космос мейкиндиги	kosmos mejkindigi
mundo (m)	дүйнө	dyjnø
universo (m)	аалам	aalam
galáxia (f)	галактика	galaktika
estrela (f)	жылдыз	dʒıldız
constelação (f)	жылдыздар	dʒıldızdar
planeta (m)	планета	planeta
satélite (m)	жолдош	dʒoldoʃ
meteorito (m)	метеорит	meteorit
cometa (m)	комета	kometa
asteroide (m)	астероид	asteroid
órbita (f)	орбита	orbita
girar (vi)	айлануу	ajlanuu
atmosfera (f)	атмосфера	atmosfera
Sol (m)	күн	kyn
Sistema (m) Solar	күн системасы	kyn sisteması
eclipse (m) solar	күндүн тутулушу	kyndyn tutuluʃu
Terra (f)	Жер	dʒer
Lua (f)	Ай	aj
Marte (m)	Марс	mars
Vênus (f)	Венера	venera
Júpiter (m)	Юпитер	jupiter
Saturno (m)	Сатурн	saturn
Mercúrio (m)	Меркурий	merkurij
Urano (m)	Уран	uran
Netuno (m)	Нептун	neptun
Plutão (m)	Плутон	pluton
Via Láctea (f)	Саманчынын жолу	samantʃının dʒolu
Ursa Maior (f)	Чоң Жетиген	tʃoŋ dʒetigen
Estrela Polar (f)	Полярдык Жылдыз	polʲardık dʒıldız
marciano (m)	марсианин	marsianin
extraterrestre (m)	инопланетянин	inoplanetʲanin

alienígena (m)	келгин	kelgin
disco (m) voador	учуучу табак	utʃuutʃu tabak
espaçonave (f)	космос кемеси	kosmos kemesi
estação (f) orbital	орбитадагы станция	orbitadagı stantsija
lançamento (m)	старт	start
motor (m)	кыймылдаткыч	kıjmıldatkıtʃ
bocal (m)	сопло	soplo
combustível (m)	күйгүчү май	kyjyytʃy may
cabine (f)	кабина	kabina
antena (f)	антенна	antenna
vigia (f)	иллюминатор	illɯminator
bateria (f) solar	күн батареясы	kyn batarejası
traje (m) espacial	скафандр	skafandr
imponderabilidade (f)	салмаксыздык	salmaksızdık
oxigênio (m)	кислород	kislorod
acoplagem (f)	жалгаштыруу	dʒalgaʃtıruu
fazer uma acoplagem	жалгаштыруу	dʒalgaʃtıruu
observatório (m)	обсерватория	observatorija
telescópio (m)	телескоп	teleskop
observar (vt)	байкоо	bajkoo
explorar (vt)	изилдее	izildøø

196. A Terra

Terra (f)	Жер	dʒer
globo terrestre (Terra)	жер шары	dʒer ʃarı
planeta (m)	планета	planeta
atmosfera (f)	атмосфера	atmosfera
geografia (f)	география	geografija
natureza (f)	табийгат	tabijgat
globo (mapa esférico)	глобус	globus
mapa (m)	карта	karta
atlas (m)	атлас	atlas
Europa (f)	Европа	evropa
Ásia (f)	Азия	azija
África (f)	Африка	afrika
Austrália (f)	Австралия	avstralija
América (f)	Америка	amerika
América (f) do Norte	Северная Америка	severnaja amerika
América (f) do Sul	Южная Америка	jɯdʒnaja amerika
Antártida (f)	Антарктида	antarktida
Ártico (m)	Арктика	arktika

197. Pontos cardeais

norte (m)	түндүк	tyndyk
para norte	түндүккө	tyndykkø
no norte	түндүктө	tyndyktø
do norte (adj)	түндүк	tyndyk
sul (m)	түштүк	tyʃtyk
para sul	түштүккө	tyʃtykkø
no sul	түштүктө	tyʃtyktø
do sul (adj)	түштүк	tyʃtyk
oeste, ocidente (m)	батыш	batıʃ
para oeste	батышка	batıʃka
no oeste	батышта	batıʃta
ocidental (adj)	батыш	batıʃ
leste, oriente (m)	чыгыш	ʧıgıʃ
para leste	чыгышка	ʧıgıʃka
no leste	чыгышта	ʧıgıʃta
oriental (adj)	чыгыш	ʧıgıʃ

198. Mar. Oceano

mar (m)	деңиз	deŋiz
oceano (m)	мухит	muχit
golfo (m)	булуң	buluŋ
estreito (m)	кысык	kısık
terra (f) firme	жер	ʤer
continente (m)	материк	materik
ilha (f)	арал	aral
península (f)	жарым арал	ʤarım aral
arquipélago (m)	архипелаг	arχipelag
baía (f)	булуң	buluŋ
porto (m)	гавань	gavanʲ
lagoa (f)	лагуна	laguna
cabo (m)	тумшук	tumʃuk
atol (m)	атолл	atoll
recife (m)	риф	rif
coral (m)	маржан	marʤan
recife (m) de coral	маржан рифи	marʤan rifi
profundo (adj)	терең	tereŋ
profundidade (f)	тереңдик	tereŋdik
abismo (m)	түбү жок	tyby ʤok
fossa (f) oceânica	ойдуң	ojduŋ
corrente (f)	агым	agım
banhar (vt)	курчап туруу	kurʧap turuu

litoral (m)	жээк	dʒeek
costa (f)	жээк	dʒeek
maré (f) alta	суунун көтөрүлүшү	suunun køtørylyʃy
refluxo (m)	суунун тартылуусу	suunun tartıluusu
restinga (f)	тайыздык	tajızdık
fundo (m)	суунун түбү	suunun tyby
onda (f)	толкун	tolkun
crista (f) da onda	толкундун кыры	tolkundun kırı
espuma (f)	көбүк	købyk
tempestade (f)	бороон чапкын	boroon tʃapkın
furacão (m)	бороон	boroon
tsunami (m)	цунами	tsunami
calmaria (f)	штиль	ʃtilʲ
calmo (adj)	тынч	tıntʃ
polo (m)	уюл	ujʉl
polar (adj)	полярдык	polʲardık
latitude (f)	кеңдик	keŋdik
longitude (f)	узундук	uzunduk
paralela (f)	параллель	parallelʲ
equador (m)	экватор	ekvator
céu (m)	асман	asman
horizonte (m)	горизонт	gorizont
ar (m)	аба	aba
farol (m)	маяк	majak
mergulhar (vi)	сүңгүү	syŋgyy
afundar-se (vr)	чөгүп кетүү	tʃøgyp ketyy
tesouros (m pl)	казына	kazına

199. Nomes de Mares e Oceanos

Oceano (m) Atlântico	Атлантика мухити	atlantika muχiti
Oceano (m) Índico	Индия мухити	indija muχiti
Oceano (m) Pacífico	Тынч мухити	tıntʃ muχiti
Oceano (m) Ártico	Түндүк Муз мухити	tyndyk muz muχiti
Mar (m) Negro	Кара деңиз	kara deŋiz
Mar (m) Vermelho	Кызыл деңиз	kızıl deŋiz
Mar (m) Amarelo	Сары деңиз	sarı deŋiz
Mar (m) Branco	Ак деңиз	ak deŋiz
Mar (m) Cáspio	Каспий деңизи	kaspij deŋizi
Mar (m) Morto	Өлүк деңиз	ølyk deŋiz
Mar (m) Mediterrâneo	Жер Ортолук деңиз	dʒer ortoluk deŋiz
Mar (m) Egeu	Эгей деңизи	egej deŋizi
Mar (m) Adriático	Адриатика деңизи	adriatika deŋizi
Mar (m) Arábico	Аравия деңизи	aravija deŋizi

Mar (m) do Japão	Япон деңизи	japon deŋizi
Mar (m) de Bering	Беринг деңизи	bering deŋizi
Mar (m) da China Meridional	Түштүк-Кытай деңизи	tyʃtyk-kıtaj deŋizi
Mar (m) de Coral	Маржан деңизи	mardʒan deŋizi
Mar (m) de Tasman	Тасман деңизи	tasman deŋizi
Mar (m) do Caribe	Кариб деңизи	karib deŋizi
Mar (m) de Barents	Баренц деңизи	barents deŋizi
Mar (m) de Kara	Карск деңизи	karsk deŋizi
Mar (m) do Norte	Түндүк деңиз	tyndyk deŋiz
Mar (m) Báltico	Балтика деңизи	baltika deŋizi
Mar (m) da Noruega	Норвегиялык деңизи	norvegijalık deŋizi

200. Montanhas

montanha (f)	тоо	too
cordilheira (f)	тоо тизмеги	too tizmegi
serra (f)	тоо кыркалары	too kırkaları
cume (m)	чоку	tʃoku
pico (m)	чоку	tʃoku
pé (m)	тоо этеги	too etegi
declive (m)	эңкейиш	eŋkejiʃ
vulcão (m)	вулкан	vulkan
vulcão (m) ativo	күйүп жаткан	kyjyp dʒatkan
vulcão (m) extinto	өчүп калган вулкан	øtʃyp kalgan vulkan
erupção (f)	атырылып чыгуу	atırılıp tʃıguu
cratera (f)	кратер	krater
magma (m)	магма	magma
lava (f)	лава	lava
fundido (lava ~a)	кызыган	kızıgan
cânion, desfiladeiro (m)	каньон	kanjon
garganta (f)	капчыгай	kaptʃıgaj
fenda (f)	жарака	dʒaraka
precipício (m)	жар	dʒar
passo, colo (m)	ашуу	aʃuu
planalto (m)	дөңсөө	døŋsøø
falésia (f)	зоока	zooka
colina (f)	дөбө	døbø
geleira (f)	муз	muz
cachoeira (f)	шаркыратма	ʃarkıratma
gêiser (m)	гейзер	gejzer
lago (m)	көл	køl
planície (f)	түздүк	tyzdyk
paisagem (f)	теребел	terebel
eco (m)	жаңырык	dʒaŋırık

alpinista (m)	альпинист	alʲpinist
escalador (m)	скалолаз	skalolaz
conquistar (vt)	багындыруу	bagındıruu
subida, escalada (f)	тоонун чокусуна чыгуу	toonun tʃokusuna tʃıguu

201. Nomes de montanhas

Alpes (m pl)	Альп тоолору	alʲp tooloru
Monte Branco (m)	Монблан	monblan
Pirineus (m pl)	Пиреней тоолору	pirenej tooloru

Cárpatos (m pl)	Карпат тоолору	karpat tooloru
Urais (m pl)	Урал тоолору	ural tooloru
Cáucaso (m)	Кавказ тоолору	kavkaz tooloru
Elbrus (m)	Эльбрус	elʲbrus

Altai (m)	Алтай тоолору	altaj tooloru
Tian Shan (m)	Тянь-Шань	tjanʲ-ʃanʲ
Pamir (m)	Памир тоолору	pamir tooloru
Himalaia (m)	Гималай тоолору	gimalaj tooloru
monte Everest (m)	Эверест	everest

| Cordilheira (f) dos Andes | Анд тоолору | and tooloru |
| Kilimanjaro (m) | Килиманджаро | kilimandʒaro |

202. Rios

rio (m)	дарыя	darıja
fonte, nascente (f)	булак	bulak
leito (m) de rio	сай	saj
bacia (f)	бассейн	bassejn
desaguar no ...	... кুюу	... kujuu

| afluente (m) | куйма | kujma |
| margem (do rio) | жээк | dʒeek |

corrente (f)	агым	agım
rio abaixo	агым боюнча	agım bojuntʃa
rio acima	агымга каршы	agımga karʃı

inundação (f)	ташкын	taʃkın
cheia (f)	суу ташкыны	suu taʃkını
transbordar (vi)	дайранын ташышы	dajranın taʃıʃı
inundar (vt)	суу каптоо	suu kaptoo

| banco (m) de areia | тайыздык | tajızdık |
| corredeira (f) | босого | bosogo |

barragem (f)	тогоон	togoon
canal (m)	канал	kanal
reservatório (m) de água	суу сактагыч	suu saktagıtʃ
eclusa (f)	шлюз	ʃluz

corpo (m) de água	көлмө	kølmø
pântano (m)	саз	saz
lamaçal (m)	баткак	batkak
redemoinho (m)	айлампа	ajlampa
riacho (m)	суу	suu
potável (adj)	ичилчү суу	itʃiltʃy suu
doce (água)	тузсуз	tuzsuz
gelo (m)	муз	muz
congelar-se (vr)	тоңуп калуу	toŋup kaluu

203. Nomes de rios

rio Sena (m)	Сена	sena
rio Loire (m)	Луара	luara
rio Tâmisa (m)	Темза	temza
rio Reno (m)	Рейн	rejn
rio Danúbio (m)	Дунай	dunaj
rio Volga (m)	Волга	volga
rio Don (m)	Дон	don
rio Lena (m)	Лена	lena
rio Amarelo (m)	Хуанхэ	χuanχe
rio Yangtzé (m)	Янцзы	jantszı
rio Mekong (m)	Меконг	mekong
rio Ganges (m)	Ганг	gang
rio Nilo (m)	Нил	nil
rio Congo (m)	Конго	kongo
rio Cubango (m)	Окаванго	okavango
rio Zambeze (m)	Замбези	zambezi
rio Limpopo (m)	Лимпопо	limpopo
rio Mississippi (m)	Миссисипи	missisipi

204. Floresta

floresta (f), bosque (m)	токой	tokoj
florestal (adj)	токойлуу	tokojluu
mata (f) fechada	чытырман токой	tʃıtırman tokoj
arvoredo (m)	токойчо	tokojtʃo
clareira (f)	аянт	ajant
matagal (m)	бадал	badal
mato (m), caatinga (f)	бадал	badal
pequena trilha (f)	чыйыр жол	tʃıjır dʒol
ravina (f)	жар	dʒar
árvore (f)	дарак	darak

| folha (f) | жалбырак | dʒalbırak |
| folhagem (f) | жалбырак | dʒalbırak |

queda (f) das folhas	жалбырак түшүү мезгили	dʒalbırak tyʃyy mezgili
cair (vi)	түшүү	tyʃyy
topo (m)	чоку	tʃoku

ramo (m)	бутак	butak
galho (m)	бутак	butak
botão (m)	бүчүр	bytʃyr
agulha (f)	ийне	ijne
pinha (f)	тобурчак	toburtʃak

buraco (m) de árvore	көңдөй	køŋdøj
ninho (m)	уя	uja
toca (f)	ийин	ijin

tronco (m)	сеңгек	søŋgøk
raiz (f)	тамыр	tamır
casca (f) de árvore	кыртыш	kırtıʃ
musgo (m)	мох	moχ

arrancar pela raiz	дүмүрүн казуу	dymyryn kazuu
cortar (vt)	кыюу	kıjuu
desflorestar (vt)	токойду кыюу	tokojdu kıjuu
toco, cepo (m)	дүмүр	dymyr

fogueira (f)	от	ot
incêndio (m) florestal	өрт	ørt
apagar (vt)	өчүрүү	øtʃyryy

guarda-parque (m)	токойчу	tokojtʃu
proteção (f)	өсүмдүктөрдү коргоо	øsymdyktørdy korgoo
proteger (a natureza)	сактоо	saktoo
caçador (m) furtivo	браконьер	brakonjer
armadilha (f)	капкан	kapkan

colher (cogumelos)	терүү	teryy
colher (bagas)	терүү	teryy
perder-se (vr)	адашып кетүү	adaʃıp ketyy

205. Recursos naturais

recursos (m pl) naturais	жаратылыш байлыктары	dʒaratılıʃ bajlıktarı
minerais (m pl)	пайдалуу кендер	pajdaluu kender
depósitos (m pl)	кен	ken
jazida (f)	кендүү жер	kendyy dʒer

extrair (vt)	казуу	kazuu
extração (f)	казуу	kazuu
minério (m)	кен	ken
mina (f)	шахта	ʃaχta
poço (m) de mina	шахта	ʃaχta
mineiro (m)	кенчи	kentʃi

gás (m)	газ	gaz
gasoduto (m)	газопровод	gazoprovod
petróleo (m)	мунайзат	munajzat
oleoduto (m)	мунайзар түтүгү	munajzar tytygy
poço (m) de petróleo	мунайзат скважинасы	munajzat skvadʒinası
torre (f) petrolífera	мунайзат мунарасы	munajzat munarası
petroleiro (m)	танкер	tanker
areia (f)	кум	kum
calcário (m)	акиташ	akitaʃ
cascalho (m)	шагыл	ʃagıl
turfa (f)	торф	torf
argila (f)	ылай	ılaj
carvão (m)	көмүр	kømyr
ferro (m)	темир	temir
ouro (m)	алтын	altın
prata (f)	күмүш	kymyʃ
níquel (m)	никель	nikelʲ
cobre (m)	жез	dʒez
zinco (m)	цинк	tsınk
manganês (m)	марганец	marganets
mercúrio (m)	сымап	sımap
chumbo (m)	коргошун	korgoʃun
mineral (m)	минерал	mineral
cristal (m)	кристалл	kristall
mármore (m)	мрамор	mramor
urânio (m)	уран	uran

A Terra. Parte 2

206. Tempo

tempo (m)	аба-ырайы	aba-ırajı
previsão (f) do tempo	аба-ырайы боюнча маалымат	aba-ırajı bojʉntʃa maalımat
temperatura (f)	температура	temperatura
termômetro (m)	термометр	termometr
barômetro (m)	барометр	barometr
úmido (adj)	нымдуу	nımduu
umidade (f)	ным	nım
calor (m)	ысык	ısık
tórrido (adj)	кыйын ысык	kıjın ısık
está muito calor	ысык	ısık
está calor	жылуу	dʒıluu
quente (morno)	жылуу	dʒıluu
está frio	суук	suuk
frio (adj)	суук	suuk
sol (m)	күн	kyn
brilhar (vi)	күн тийүү	kyn tijyy
de sol, ensolarado	күн ачык	kyn atʃık
nascer (vi)	чыгуу	tʃıguu
pôr-se (vr)	батуу	batuu
nuvem (f)	булут	bulut
nublado (adj)	булуттуу	buluttuu
nuvem (f) preta	булут	bulut
escuro, cinzento (adj)	күн бүркөк	kyn byrkøk
chuva (f)	жамгыр	dʒamgır
está a chover	жамгыр жаап жатат	dʒamgır dʒaap dʒatat
chuvoso (adj)	жаандуу	dʒaanduu
chuviscar (vi)	дыбыратуу	dıbıratuu
chuva (f) torrencial	нөшөрлөгөн жаан	nøʃørløgøn dʒaan
aguaceiro (m)	нөшөр	nøʃør
forte (chuva, etc.)	катуу	katuu
poça (f)	көлчүк	køltʃyk
molhar-se (vr)	суу болуу	suu boluu
nevoeiro (m)	туман	tuman
de nevoeiro	тумандуу	tumanduu
neve (f)	кар	kar
está nevando	кар жаап жатат	kar dʒaap dʒatat

207. Tempo extremo. Catástrofes naturais

trovoada (f)	чагылгандуу жаан	ʧagılganduu dʒaan
relâmpago (m)	чагылган	ʧagılgan
relampejar (vi)	жарк этүү	dʒark etyy

trovão (m)	күн күркүрөө	kyn kyrkyrøø
trovejar (vi)	күн күркүрөө	kyn kyrkyrøø
está trovejando	күн күркүрөп жатат	kyn kyrkyrøp dʒatat

| granizo (m) | мөндүр | møndyr |
| está caindo granizo | мөндүр түшүп жатат | møndyr tyʃyp dʒatat |

| inundar (vt) | суу каптоо | suu kaptoo |
| inundação (f) | ташкын | taʃkın |

terremoto (m)	жер титирөө	dʒer titirøø
abalo, tremor (m)	жердин силкиниши	dʒerdin silkiniʃi
epicentro (m)	эпицентр	epitsentr

| erupção (f) | атырылып чыгуу | atırılıp ʧıguu |
| lava (f) | лава | lava |

tornado (m)	куюн	kujʉn
tornado (m)	торнадо	tornado
tufão (m)	тайфун	tajfun

furacão (m)	бороон	boroon
tempestade (f)	бороон чапкын	boroon ʧapkın
tsunami (m)	цунами	tsunami

ciclone (m)	циклон	tsıklon
mau tempo (m)	жаан-чачындуу күн	dʒaan-ʧaʧınduu kyn
incêndio (m)	өрт	ørt
catástrofe (f)	кыйроо	kıjroo
meteorito (m)	метеорит	meteorit

avalanche (f)	көчкү	køʧky
deslizamento (m) de neve	кар көчкүсү	kar køʧkysy
nevasca (f)	кар бороону	kar boroonu
tempestade (f) de neve	бурганак	burganak

208. Ruídos. Sons

silêncio (m)	жымжырттык	dʒımdʒırttık
som (m)	добуш	dobuʃ
ruído, barulho (m)	ызы-чуу	ızı-ʧuu
fazer barulho	чуулдоо	ʧuuldoo
ruidoso, barulhento (adj)	дуулдаган	duuldagan

alto	катуу	katuu
alto (ex. voz ~a)	катуу	katuu
constante (ruído, etc.)	үзгүлтүксүз	yzgyltyksyz

grito (m)	кыйкырык	kıjkırık
gritar (vi)	кыйкыруу	kıjkıruu
sussurro (m)	шыбыр	ʃıbır
sussurrar (vi, vt)	шыбырап айтуу	ʃıbırap ajtuu

| latido (m) | үрүү | yryy |
| latir (vi) | үрүү | yryy |

gemido (m)	онтоо	ontoo
gemer (vi)	онтоо	ontoo
tosse (f)	жөтөл	dʒøtøl
tossir (vi)	жөтөлүү	dʒøtølyy

assobio (m)	ышкырык	ıʃkırık
assobiar (vi)	ышкыруу	ıʃkıruu
batida (f)	такылдатуу	takıldatuu
bater (à porta)	такылдатуу	takıldatuu

| estalar (vi) | чыртылдоо | tʃırtıldoo |
| estalido (m) | чыртылдоо | tʃırtıldoo |

sirene (f)	сирена	sirena
apito (m)	гудок	gudok
apitar (vi)	гудок чалуу	gudok tʃaluu
buzina (f)	сигнал	signal
buzinar (vi)	сигнал басуу	signal basuu

209. Inverno

inverno (m)	кыш	kıʃ
de inverno	кышкы	kıʃkı
no inverno	кышында	kıʃında

neve (f)	кар	kar
está nevando	кар жаап жатат	kar dʒaap dʒatat
queda (f) de neve	кар жаашы	kar dʒaaʃı
amontoado (m) de neve	күрткү	kyrtky

floco (m) de neve	кар учкуну	kar utʃkunu
bola (f) de neve	томолоктолгон кар	tomoloktolgon kar
boneco (m) de neve	кар адам	kar adam
sincelo (m)	тоңгон муз	toŋgon muz

dezembro (m)	декабрь	dekabrʲ
janeiro (m)	январь	janvarʲ
fevereiro (m)	февраль	fevralʲ

| gelo (m) | аяз | ajaz |
| gelado (tempo ~) | аяздуу | ajazduu |

abaixo de zero	нольдон төмөн	nolʲdon tømøn
primeira geada (f)	үшүк	yʃyk
geada (f) branca	кыроо	kıroo
frio (m)	суук	suuk

está frio	суук	suuk
casaco (m) de pele	тон	ton
mitenes (f pl)	мээлей	meelej
adoecer (vi)	ооруп калуу	oorup kaluu
resfriado (m)	суук тийүү	suuk tijyy
ficar resfriado	суук тийгизип алуу	suuk tijgizip aluu
gelo (m)	муз	muz
gelo (m) na estrada	кара тоңголок	kara toŋgolok
congelar-se (vr)	тоңуп калуу	toŋup kaluu
bloco (m) de gelo	муздун чоң сыныгы	muzdun ʧoŋ sınıgı
esqui (m)	чаңгы	ʧaŋgı
esquiador (m)	чаңычы	ʧaŋıʧı
esquiar (vi)	чаңгы тебүү	ʧaŋgı tebyy
patinar (vi)	коньки тебүү	konʲki tebyy

Fauna

210. Mamíferos. Predadores

predador (m)	жырткыч	ʤɪrtkɪʧ
tigre (m)	жолборс	ʤolbors
leão (m)	арстан	arstan
lobo (m)	карышкыр	karıʃkır
raposa (f)	түлкү	tylky
jaguar (m)	ягуар	jaguar
leopardo (m)	леопард	leopard
chita (f)	гепард	gepard
pantera (f)	пантера	pantera
puma (m)	пума	puma
leopardo-das-neves (m)	илбирс	ilbirs
lince (m)	сүлөөсүн	syløøsyn
coiote (m)	койот	kojot
chacal (m)	чөө	ʧøø
hiena (f)	гиена	giena

211. Animais selvagens

animal (m)	жаныбар	ʤanıbar
besta (f)	жапайы жаныбар	ʤapajı ʤanıbar
esquilo (m)	тыйын чычкан	tıjın ʧıʧkan
ouriço (m)	кирпичечен	kirpiʧeʧen
lebre (f)	коен	koen
coelho (m)	коен	koen
texugo (m)	кашкулак	kaʃkulak
guaxinim (m)	енот	enot
hamster (m)	хомяк	χomʲak
marmota (f)	суур	suur
toupeira (f)	момолой	momoloj
rato (m)	чычкан	ʧıʧkan
ratazana (f)	келемиш	kelemiʃ
morcego (m)	жарганат	ʤarganat
arminho (m)	арс чычкан	ars ʧıʧkan
zibelina (f)	киш	kiʃ
marta (f)	суусар	suusar
doninha (f)	ласка	laska
visom (m)	норка	norka

castor (m)	кемчет	kemtʃet
lontra (f)	кундуз	kunduz
cavalo (m)	жылкы	dʒılkı
alce (m)	багыш	bagıʃ
veado (m)	бугу	bugu
camelo (m)	төө	tøø
bisão (m)	бизон	bizon
auroque (m)	зубр	zubr
búfalo (m)	буйвол	bujvol
zebra (f)	зебра	zebra
antílope (m)	антилопа	antilopa
corça (f)	элик	elik
gamo (m)	лань	lanʲ
camurça (f)	жейрен	dʒejren
javali (m)	каман	kaman
baleia (f)	кит	kit
foca (f)	тюлень	tɵlenʲ
morsa (f)	морж	mordʒ
urso-marinho (m)	деңиз мышыгы	deŋiz mıʃıgı
golfinho (m)	дельфин	delʲfin
urso (m)	аюу	ajɵu
urso (m) polar	ак аюу	ak ajɵu
panda (m)	панда	panda
macaco (m)	маймыл	majmıl
chimpanzé (m)	шимпанзе	ʃimpanze
orangotango (m)	орангутанг	orangutang
gorila (m)	горилла	gorilla
macaco (m)	макака	makaka
gibão (m)	гиббон	gibbon
elefante (m)	пил	pil
rinoceronte (m)	керик	kerik
girafa (f)	жираф	dʒiraf
hipopótamo (m)	бегемот	begemot
canguru (m)	кенгуру	kenguru
coala (m)	коала	koala
mangusto (m)	мангуст	mangust
chinchila (f)	шиншилла	ʃinʃilla
cangambá (f)	скунс	skuns
porco-espinho (m)	чүткөр	tʃytkør

212. Animais domésticos

gata (f)	ургаачы мышык	urgaatʃı mıʃık
gato (m) macho	эркек мышык	erkek mıʃık
cão (m)	ит	it

cavalo (m)	жылкы	dʒılkı
garanhão (m)	айгыр	ajgır
égua (f)	бээ	bee

vaca (f)	уй	uj
touro (m)	бука	buka
boi (m)	өгүз	øgyz

ovelha (f)	кой	koj
carneiro (m)	кочкор	kotʃkor
cabra (f)	эчки	etʃki
bode (m)	теке	teke

| burro (m) | эшек | eʃek |
| mula (f) | качыр | katʃır |

porco (m)	чочко	tʃotʃko
leitão (m)	торопой	toropoj
coelho (m)	коен	koen

| galinha (f) | тоок | took |
| galo (m) | короз | koroz |

pata (f), pato (m)	өрдөк	ørdøk
pato (m)	эркек өрдөк	erkek ørdøk
ganso (m)	каз	kaz

| peru (m) | күрп | kyrp |
| perua (f) | ургаачы күрп | urgaatʃı kyrp |

animais (m pl) domésticos	үй жаныбарлары	yj dʒanıbarları
domesticado (adj)	колго үйрөтүлгөн	kolgo yjrøtylgøn
domesticar (vt)	колго үйрөтүү	kolgo yjrøtyy
criar (vt)	өстүрүү	østyryy

fazenda (f)	ферма	ferma
aves (f pl) domésticas	үй канаттулары	yj kanattuları
gado (m)	мал	mal
rebanho (m), manada (f)	бада	bada

estábulo (m)	аткана	atkana
chiqueiro (m)	чочкокана	tʃotʃkokana
estábulo (m)	уйкана	ujkana
coelheira (f)	коенкана	koenkana
galinheiro (m)	тоокана	tookana

213. Cães. Raças de cães

cão (m)	ит	it
cão pastor (m)	овчарка	ovtʃarka
pastor-alemão (m)	немис овчаркасы	nemis ovtʃarkası
poodle (m)	пудель	pudelʲ
linguicinha (m)	такса	taksa
buldogue (m)	бульдог	bulʲdog

boxer (m)	боксёр	boksjor
mastim (m)	мастиф	mastif
rottweiler (m)	ротвейлер	rotvejler
dóberman (m)	доберман	doberman
basset (m)	бассет	basset
pastor inglês (m)	бобтейл	bobtejl
dálmata (m)	далматинец	dalmatinets
cocker spaniel (m)	кокер-спаниэль	koker-spanielj
terra-nova (m)	ньюфаундленд	njufaundlend
são-bernardo (m)	сенбернар	senbernar
husky (m) siberiano	хаски	χaski
Chow-chow (m)	чау-чау	tʃau-tʃau
spitz alemão (m)	шпиц	ʃpits
pug (m)	мопс	mops

214. Sons produzidos pelos animais

latido (m)	үрүү	yryy
latir (vi)	үрүү	yryy
miar (vi)	миёлоо	mijoloo
ronronar (vi)	мырылдоо	mırıldoo
mugir (vaca)	маароо	maaroo
bramir (touro)	өкүрүү	økyryy
rosnar (vi)	ырылдоо	ırıldoo
uivo (m)	уулуу	uuluu
uivar (vi)	уулуу	uuluu
ganir (vi)	кыңшылоо	kıɲʃiloo
balir (vi)	маароо	maaroo
grunhir (vi)	коркулдоо	korkuldoo
guinchar (vi)	чаңыруу	tʃaɲıruu
coaxar (sapo)	чардоо	tʃardoo
zumbir (inseto)	зыңылдоо	zıɲıldoo
ziziar (vi)	чырылдоо	tʃırıldoo

215. Animais jovens

cria (f), filhote (m)	жаныбарлардын баласы	dʒanıbarlardın balası
gatinho (m)	мышыктын баласы	mıʃıktın balası
ratinho (m)	чычкандын баласы	tʃıtʃkandın balası
cachorro (m)	күчүк	kytʃyk
filhote (m) de lebre	бөжөк	bødʒøk
coelhinho (m)	бөжөк	bødʒøk
lobinho (m)	бөлтүрүк	bøltyryk
filhote (m) de raposa	түлкү баласы	tylky balası

filhote (m) de urso	мамалак	mamalak
filhote (m) de leão	арстан баласы	arstan balası
filhote (m) de tigre	жолборс баласы	dʒolbors balası
filhote (m) de elefante	пилдин баласы	pildin balası

leitão (m)	торопой	toropoj
bezerro (m)	музоо	muzoo
cabrito (m)	улак	ulak
cordeiro (m)	козу	kozu
filhote (m) de veado	бугунун музоосу	bugunun muzoosu
cria (f) de camelo	бото	boto

| filhote (m) de serpente | жылан баласы | dʒılan balası |
| filhote (m) de rã | бака баласы | baka balası |

cria (f) de ave	балапан	balapan
pinto (m)	балапан	balapan
patinho (m)	өрдөктүн баласы	ørdøktyn balası

216. Pássaros

pássaro (m), ave (f)	куш	kuʃ
pombo (m)	көгүчкөн	køgytʃkøn
pardal (m)	таранчы	tarantʃı
chapim-real (m)	синица	sinitsa
pega-rabuda (f)	сагызган	sagızgan

corvo (m)	кузгун	kuzgun
gralha-cinzenta (f)	карга	karga
gralha-de-nuca-cinzenta (f)	таан	taan
gralha-calva (f)	чаркарга	tʃarkarga

pato (m)	өрдөк	ørdøk
ganso (m)	каз	kaz
faisão (m)	кыргоол	kırgool

águia (f)	бүркүт	byrkyt
açor (m)	ителги	itelgi
falcão (m)	шумкар	ʃumkar
abutre (m)	жору	dʒoru
condor (m)	кондор	kondor

cisne (m)	аккуу	akkuu
grou (m)	турна	turna
cegonha (f)	илегилек	ilegilek

papagaio (m)	тотукуш	totukuʃ
beija-flor (m)	колибри	kolibri
pavão (m)	тоос	toos

avestruz (m)	төө куш	tøø kuʃ
garça (f)	көк кытан	køk kıtan
flamingo (m)	фламинго	flamingo
pelicano (m)	биргазан	birgazan

rouxinol (m)	булбул	bulbul
andorinha (f)	чабалекей	ʧabalekej

tordo-zornal (m)	таркылдак	tarkıldak
tordo-músico (m)	сайрагыч таркылдак	sajragıʧ tarkıldak
melro-preto (m)	кара таңдай таркылдак	kara taŋdaj tarkıldak

andorinhão (m)	кардыгач	kardıgaʧ
cotovia (f)	торгой	torgoj
codorna (f)	бөдөнө	bødønø

pica-pau (m)	тоңкулдак	toŋkuldak
cuco (m)	күкүк	kykyk
coruja (f)	мыкый үкү	mıkıj yky
bufo-real (m)	үкү	yky
tetraz-grande (m)	керең кур	kereŋ kur
tetraz-lira (m)	кара кур	kara kur
perdiz-cinzenta (f)	кекилик	kekilik

estorninho (m)	чыйырчык	ʧıjırʧık
canário (m)	канарейка	kanarejka
galinha-do-mato (f)	токой чили	tokoj ʧili
tentilhão (m)	зяблик	zⁱablik
dom-fafe (m)	снегирь	snegirⁱ

gaivota (f)	ак чардак	ak ʧardak
albatroz (m)	альбатрос	alⁱbatros
pinguim (m)	пингвин	pingvin

217. Pássaros. Canto e sons

cantar (vi)	сайроо	sajroo
gritar, chamar (vi)	кыйкыруу	kıjkıruu
cantar (o galo)	"күкирикү" деп кыйкыруу	kykiriky' dep kıjkıruu
cocorocó (m)	күкирикү	kykiriky

cacarejar (vi)	какылдоо	kakıldoo
crocitar (vi)	каркылдоо	karkıldoo
grasnar (vi)	бакылдоо	bakıldoo
piar (vi)	чыйылдоо	ʧıjıldoo
chilrear, gorjear (vi)	чырылдоо	ʧırıldoo

218. Peixes. Animais marinhos

brema (f)	лещ	leʃʧ
carpa (f)	карп	karp
perca (f)	окунь	okunⁱ
siluro (m)	жаян	ʤajan
lúcio (m)	чортон	ʧorton

salmão (m)	лосось	lososⁱ
esturjão (m)	осётр	osⁱotr

arenque (m)	сельдь	selʲdʲ
salmão (m) do Atlântico	сёмга	sʲomga
cavala, sarda (f)	скумбрия	skumbrija
solha (f), linguado (m)	камбала	kambala

lúcio perca (m)	судак	sudak
bacalhau (m)	треска	treska
atum (m)	тунец	tunets
truta (f)	форель	forelʲ

enguia (f)	угорь	ugorʲ
raia (f) elétrica	скат	skat
moreia (f)	мурена	murena
piranha (f)	пиранья	piranja

tubarão (m)	акула	akula
golfinho (m)	дельфин	delʲfin
baleia (f)	кит	kit

caranguejo (m)	краб	krab
água-viva (f)	медуза	meduza
polvo (m)	сегиз бут	segiz but

estrela-do-mar (f)	деңиз жылдызы	deŋiz dʒıldızı
ouriço-do-mar (m)	деңиз кирписи	deŋiz kirpisi
cavalo-marinho (m)	деңиз тайы	deŋiz tajı

ostra (f)	устрица	ustritsa
camarão (m)	креветка	krevetka
lagosta (f)	омар	omar
lagosta (f)	лангуст	langust

219. Anfíbios. Répteis

| cobra (f) | жылан | dʒılan |
| venenoso (adj) | уулуу | uuluu |

víbora (f)	кара чаар жылан	kara t͡ʃaar dʒılan
naja (f)	кобра	kobra
píton (m)	питон	piton
jiboia (f)	удав	udav

cobra-de-água (f)	сары жылан	sarı dʒılan
cascavel (f)	шакылдак жылан	ʃakıldak dʒılan
anaconda (f)	анаконда	anakonda

lagarto (m)	кескелдирик	keskeldirik
iguana (f)	игуана	iguana
varano (m)	эчкемер	et͡ʃkemer
salamandra (f)	саламандра	salamandra
camaleão (m)	хамелеон	χameleon
escorpião (m)	чаян	t͡ʃajan
tartaruga (f)	ташбака	taʃbaka
rã (f)	бака	baka

| sapo (m) | курбака | kurbaka |
| crocodilo (m) | крокодил | krokodil |

220. Insetos

inseto (m)	курт-кумурска	kurt-kumurska
borboleta (f)	көпөлөк	køpøløk
formiga (f)	кумурска	kumurska
mosca (f)	чымын	ʧɪmɪn
mosquito (m)	чиркей	ʧirkej
escaravelho (m)	коңуз	koŋuz

vespa (f)	аары	aarı
abelha (f)	бал аары	bal aarı
mamangaba (f)	жапан аары	dʒapan aarı
moscardo (m)	көгөөн	køgøøn

| aranha (f) | жөргөмүш | dʒørgømyʃ |
| teia (f) de aranha | желе | dʒele |

libélula (f)	ийнелик	ijnelik
gafanhoto (m)	чегиртке	ʧegirtke
traça (f)	көпөлөк	køpøløk

barata (f)	таракан	tarakan
carrapato (m)	кене	kene
pulga (f)	бүргө	byrgø
borrachudo (m)	майда чымын	majda ʧɪmɪn

gafanhoto (m)	чегиртке	ʧegirtke
caracol (m)	улуул	ylyl
grilo (m)	кара чегиртке	kara ʧegirtke
pirilampo, vaga-lume (m)	жалтырак коңуз	dʒaltırak koŋuz
joaninha (f)	айланкөчөк	ajlankøʧøk
besouro (m)	саратан коңуз	saratan koŋuz

sanguessuga (f)	сүлүк	sylyk
lagarta (f)	каз таман	kaz taman
minhoca (f)	жер курту	dʒer kurtu
larva (f)	курт	kurt

221. Animais. Partes do corpo

bico (m)	тумшук	tumʃuk
asas (f pl)	канаттар	kanattar
pata (f)	чеңгел	ʧeŋgel
plumagem (f)	куштун жүнү	kuʃtun dʒyny
pena, pluma (f)	канат	kanat
crista (f)	көкүлчө	køkylʧø

| brânquias, guelras (f pl) | бакалоор | bakaloor |
| ovas (f pl) | балык уругу | balık urugu |

larva (f)	курт	kurt
barbatana (f)	сүзгүч	syzgytʃ
escama (f)	кабырчык	kabırtʃık

presa (f)	азуу тиш	azuu tiʃ
pata (f)	таман	taman
focinho (m)	тумшук	tumʃuk
boca (f)	ооз	ooz
cauda (f), rabo (m)	куйрук	kujruk
bigodes (m pl)	мурут	murut

| casco (m) | туяк | tujak |
| corno (m) | мүйүз | myjyz |

carapaça (f)	калканч	kalkantʃ
concha (f)	үлүл кабыгы	ylyl kabıgı
casca (f) de ovo	кабык	kabık

| pelo (m) | жүн | dʒyn |
| pele (f), couro (m) | тери | teri |

222. Ações dos animais

| voar (vi) | учуу | utʃuu |
| dar voltas | айлануу | ajlanuu |

| voar (para longe) | учуп кетүү | utʃup ketyy |
| bater as asas | канаттарын кагуу | kanattarın kaguu |

| bicar (vi) | чукуу | tʃukuu |
| incubar (vt) | жумуртка басуу | dʒumurtka basuu |

| sair do ovo | жумурткадан чыгуу | dʒumurtkadan tʃıguu |
| fazer o ninho | уя токуу | uja tokuu |

rastejar (vi)	сойлоо	sojloo
picar (vt)	чагуу	tʃaguu
morder (cachorro, etc.)	каап алуу	kaap aluu

cheirar (vt)	жыттоо	dʒıttoo
latir (vi)	үрүү	yryy
silvar (vi)	ышкыруу	ıʃkıruu

| assustar (vt) | коркутуу | korkutuu |
| atacar (vt) | тап берүү | tap beryy |

roer (vt)	кемирүү	kemiryy
arranhar (vt)	тытуу	tıtuu
esconder-se (vr)	жашынуу	dʒaʃınuu

brincar (vi)	ойноо	ojnoo
caçar (vi)	аңчылык кылуу	aŋtʃılık kıluu
hibernar (vi)	чээнге кирүү	tʃeenge kiryy
extinguir-se (vr)	кырылуу	kırıluu

223. Animais. Habitats

hábitat (m)	жашоо чөйрөсү	dʒaʃoo tʃøjrøsy
migração (f)	миграция	migratsija
montanha (f)	тоо	too
recife (m)	риф	rif
falésia (f)	зоока	zooka
floresta (f)	токой	tokoj
selva (f)	джунгли	dʒungli
savana (f)	саванна	savanna
tundra (f)	тундра	tundra
estepe (f)	талаа	talaa
deserto (m)	чөл	tʃøl
oásis (m)	оазис	oazis
mar (m)	деңиз	deŋiz
lago (m)	көл	køl
oceano (m)	мухит	muχit
pântano (m)	саз	saz
de água doce	тузсуз суулу көл	tuzsuz suulu køl
lagoa (f)	жасалма көлмө	dʒasalma kølmø
rio (m)	дарыя	darija
toca (f) do urso	ийин	ijin
ninho (m)	уя	uja
buraco (m) de árvore	көңдөй	køŋdøj
toca (f)	ийин	ijin
formigueiro (m)	кумурска уюгу	kumurska ujʉgu

224. Cuidados com os animais

jardim (m) zoológico	зоопарк	zoopark
reserva (f) natural	корук	koruk
viveiro (m)	питомник	pitomnik
jaula (f) de ar livre	вольер	voljer
jaula, gaiola (f)	капас	kapas
casinha (f) de cachorro	иттин кепеси	ittin kepesi
pombal (m)	кептеркана	kepterkana
aquário (m)	аквариум	akvarium
delfinário (m)	дельфинарий	delʲfinarij
criar (vt)	багуу	baguu
cria (f)	тукум	tukum
domesticar (vt)	колго үйрөтүү	kolgo yjrøtyy
adestrar (vt)	үйрөтүү	yjrøtyy
ração (f)	жем, чөп	dʒem, tʃøp
alimentar (vt)	жем берүү	dʒem beryy

loja (f) de animais	зоодүкөн	zoodykøn
focinheira (m)	тумшук кап	tumʃuk kap
coleira (f)	ит каргысы	it kargısı
nome (do animal)	лакап ат	lakap at
pedigree (m)	мал теги	mal tegi

225. Animais. Diversos

alcateia (f)	үйүр	yjyr
bando (pássaros)	топ	top
cardume (peixes)	топ	top
manada (cavalos)	үйүр	yjyr
macho (m)	эркек	erkek
fêmea (f)	ургаачы	urgaatʃı
faminto (adj)	ачка	atʃka
selvagem (adj)	жапайы	dʒapajı
perigoso (adj)	коркунучтуу	korkunutʃtuu

226. Cavalos

cavalo (m)	жылкы	dʒılkı
raça (f)	тукум	tukum
potro (m)	кулун	kulun
égua (f)	бээ	bee
mustangue (m)	мустанг	mustang
pônei (m)	пони	poni
cavalo (m) de tiro	жүк ташуучу ат	dʒyk taʃuutʃu at
crina (f)	жал	dʒal
rabo (m)	куйрук	kujruk
casco (m)	туяк	tujak
ferradura (f)	така	taka
ferrar (vt)	такалоо	takaloo
ferreiro (m)	темирчи	temirtʃi
sela (f)	ээр	eer
estribo (m)	үзөнгү	yzøngy
brida (f)	жүгөн	dʒygøn
rédeas (f pl)	тизгин	tizgin
chicote (m)	камчы	kamtʃı
cavaleiro (m)	чабандес	tʃabandes
colocar sela	ээр токуу	eer tokuu
montar no cavalo	ээрге отуруу	eerge oturuu
galope (m)	текирең-таскак	tekireŋ-taskak
galopar (vi)	таскактатуу	taskaktatuu

trote (m)	таскак	taskak
a trote	таскактап	taskaktap
ir a trote	таскактатуу	taskaktatuu
cavalo (m) de corrida	күлүк ат	kylyk at
corridas (f pl)	ат чабыш	at ʧabıʃ
estábulo (m)	аткана	atkana
alimentar (vt)	жем берүү	ʤem beryy
feno (m)	чөп	ʧøp
dar água	сугаруу	sugaruu
limpar (vt)	тазалоо	tazaloo
carroça (f)	араба	araba
pastar (vi)	оттоо	ottoo
relinchar (vi)	кишенөө	kiʃenøø
dar um coice	тээп жиберүү	teep dʒiberyy

Flora

227. Árvores

árvore (f)	дарак	darak
decídua (adj)	жалбырактуу	dʒalbıraktuu
conífera (adj)	ийне жалбырактуулар	ijne dʒalbıraktuular
perene (adj)	дайым жашыл	dajım dʒaʃıl
macieira (f)	алма бак	alma bak
pereira (f)	алмурут бак	almurut bak
cerejeira (f)	гилас	gilas
ginjeira (f)	алча	altʃa
ameixeira (f)	кара өрүк	kara øryk
bétula (f)	ак кайың	ak kajıŋ
carvalho (m)	эмен	emen
tília (f)	жөкө дарак	dʒøkø darak
choupo-tremedor (m)	бай терек	baj terek
bordo (m)	клён	klʲon
espruce (m)	кара карагай	kara karagaj
pinheiro (m)	карагай	karagaj
alerce, lariço (m)	лиственница	listvennitsa
abeto (m)	пихта	piχta
cedro (m)	кедр	kedr
choupo, álamo (m)	терек	terek
tramazeira (f)	четин	tʃetin
salgueiro (m)	мажүрүм тал	madʒyrym tal
amieiro (m)	ольха	olʲχa
faia (f)	бук	buk
ulmeiro, olmo (m)	кара жыгач	kara dʒıgatʃ
freixo (m)	ясень	jasenʲ
castanheiro (m)	каштан	kaʃtan
magnólia (f)	магнолия	magnolija
palmeira (f)	пальма	palʲma
cipreste (m)	кипарис	kiparis
mangue (m)	мангро дарагы	mangro daragı
embondeiro, baobá (m)	баобаб	baobab
eucalipto (m)	эвкалипт	evkalipt
sequoia (f)	секвойя	sekvoja

228. Arbustos

arbusto (m)	бадал	badal
arbusto (m), moita (f)	бадал	badal

videira (f)	жүзүм	dʒyzym
vinhedo (m)	жүзүмдүк	dʒyzymdyk
framboeseira (f)	дан куурай	dan kuuraj
groselheira-negra (f)	кара карагат	kara karagat
groselheira-vermelha (f)	кызыл карагат	kızıl karagat
groselheira (f) espinhosa	крыжовник	krıdʒovnik
acácia (f)	акация	akatsija
bérberis (f)	бөрү карагат	børy karagat
jasmim (m)	жасмин	dʒasmin
junípero (m)	кара арча	kara artʃa
roseira (f)	роза бадалы	roza badalı
roseira (f) brava	ит мурун	it murun

229. Cogumelos

cogumelo (m)	козу карын	kozu karın
cogumelo (m) comestível	желе турган козу карын	dʒele turgan kozu karın
cogumelo (m) venenoso	уулуу козу карын	uuluu kozu karın
chapéu (m)	козу карындын телпеги	kozu karındın telpegi
pé, caule (m)	аякчасы	ajaktʃası
boleto, porcino (m)	ак козу карын	ak kozu karın
boleto (m) alaranjado	подосиновик	podosinovik
boleto (m) de bétula	подберёзовик	podberʲozovik
cantarelo (m)	лисичка	lisitʃka
rússula (f)	сыроежка	sıroedʒka
morchella (f)	сморчок	smortʃok
agário-das-moscas (m)	мухомор	muχomor
cicuta (f) verde	поганка	poganka

230. Frutos. Bagas

fruta (f)	мөмө-жемиш	mømø-dʒemiʃ
frutas (f pl)	мөмө-жемиш	mømø-dʒemiʃ
maçã (f)	алма	alma
pera (f)	алмурут	almurut
ameixa (f)	кара өрүк	kara øryk
morango (m)	кулпунай	kulpunaj
ginja (f)	алча	altʃa
cereja (f)	гилас	gilas
uva (f)	жүзүм	dʒyzym
framboesa (f)	дан куурай	dan kuuraj
groselha (f) negra	кара карагат	kara karagat
groselha (f) vermelha	кызыл карагат	kızıl karagat
groselha (f) espinhosa	крыжовник	krıdʒovnik

oxicoco (m)	клюква	klukva
laranja (f)	апельсин	apelʲsin
tangerina (f)	мандарин	mandarin
abacaxi (m)	ананас	ananas
banana (f)	банан	banan
tâmara (f)	курма	kurma
limão (m)	лимон	limon
damasco (m)	өрүк	øryk
pêssego (m)	шабдаалы	ʃabdaalı
quiuí (m)	киви	kivi
toranja (f)	грейпфрут	grejpfrut
baga (f)	жер жемиш	dʒer dʒemiʃ
bagas (f pl)	жер жемиштер	dʒer dʒemiʃter
arando (m) vermelho	брусника	brusnika
morango-silvestre (m)	кызылгат	kızılgat
mirtilo (m)	кара моюл	kara mojul

231. Flores. Plantas

flor (f)	гүл	gyl
buquê (m) de flores	десте	deste
rosa (f)	роза	roza
tulipa (f)	жоогазын	dʒoogazın
cravo (m)	гвоздика	gvozdika
gladíolo (m)	гладиолус	gladiolus
centáurea (f)	ботокөз	botokøz
campainha (f)	коңгуроо гүл	koŋguroo gyl
dente-de-leão (m)	каакым-кукум	kaakım-kukum
camomila (f)	ромашка	romaʃka
aloé (m)	алоэ	aloe
cacto (m)	кактус	kaktus
fícus (m)	фикус	fikus
lírio (m)	лилия	lilija
gerânio (m)	герань	geranʲ
jacinto (m)	гиацинт	giatsint
mimosa (f)	мимоза	mimoza
narciso (m)	нарцисс	nartsiss
capuchinha (f)	настурция	nasturtsija
orquídea (f)	орхидея	orχideja
peônia (f)	пион	pion
violeta (f)	бинапша	binapʃa
amor-perfeito (m)	алагүл	alagyl
não-me-esqueças (m)	незабудка	nezabudka
margarida (f)	маргаритка	margaritka
papoula (f)	кызгалдак	kızgaldak

cânhamo (m)	наша	naʃa
hortelã, menta (f)	жалбыз	dʒalbız
lírio-do-vale (m)	ландыш	landıʃ
campânula-branca (f)	байчечекей	bajtʃetʃekej
urtiga (f)	чалкан	tʃalkan
azedinha (f)	ат кулак	at kulak
nenúfar (m)	чөмүч баш	tʃømytʃ baʃ
samambaia (f)	папоротник	paporotnik
líquen (m)	лишайник	liʃajnik
estufa (f)	күнөскана	kynøskana
gramado (m)	газон	gazon
canteiro (m) de flores	клумба	klumba
planta (f)	өсүмдүк	øsymdyk
grama (f)	чөп	tʃøp
folha (f) de grama	бир тал чөп	bir tal tʃøp
folha (f)	жалбырак	dʒalbırak
pétala (f)	гүлдүн желекчеси	gyldyn dʒelektʃesi
talo (m)	сабак	sabak
tubérculo (m)	жемиш тамыр	dʒemiʃ tamır
broto, rebento (m)	өсмө	øsmø
espinho (m)	тикен	tiken
florescer (vi)	гүлдөө	gyldøø
murchar (vi)	соолуу	sooluu
cheiro (m)	жыт	dʒıt
cortar (flores)	кесүү	kesyy
colher (uma flor)	үзүү	yzyy

232. Cereais, grãos

grão (m)	дан	dan
cereais (plantas)	дан эгиндери	dan eginderi
espiga (f)	машак	maʃak
trigo (m)	буудай	buudaj
centeio (m)	кара буудай	kara buudaj
aveia (f)	сулу	sulu
painço (m)	таруу	taruu
cevada (f)	арпа	arpa
milho (m)	жүгөрү	dʒygøry
arroz (m)	күрүч	kyrytʃ
trigo-sarraceno (m)	гречиха	gretʃixa
ervilha (f)	нокот	nokot
feijão (m) roxo	төө буурчак	tøø buurtʃak
soja (f)	соя	soja
lentilha (f)	жасмык	dʒasmık
feijão (m)	буурчак	buurtʃak

233. Vegetais. Verduras

vegetais (m pl)	жашылча	dʒaʃiltʃa
verdura (f)	көк чөп	køk tʃøp
tomate (m)	помидор	pomidor
pepino (m)	бадыраң	badıraŋ
cenoura (f)	сабиз	sabiz
batata (f)	картошка	kartoʃka
cebola (f)	пияз	pijaz
alho (m)	сарымсак	sarımsak
couve (f)	капуста	kapusta
couve-flor (f)	гүлдүү капуста	gyldyy kapusta
couve-de-bruxelas (f)	брюссель капустасы	brʉsselʲ kapustası
brócolis (m pl)	брокколи капустасы	brokkoli kapustası
beterraba (f)	кызылча	kızıltʃa
berinjela (f)	баклажан	bakladʒan
abobrinha (f)	кабачок	kabatʃok
abóbora (f)	ашкабак	aʃkabak
nabo (m)	шалгам	ʃalgam
salsa (f)	петрушка	petruʃka
endro, aneto (m)	укроп	ukrop
alface (f)	салат	salat
aipo (m)	сельдерей	selʲderej
aspargo (m)	спаржа	spardʒa
espinafre (m)	шпинат	ʃpinat
ervilha (f)	нокот	nokot
feijão (~ soja, etc.)	буурчак	buurtʃak
milho (m)	жүгөрү	dʒygøry
feijão (m) roxo	төө буурчак	tøø buurtʃak
pimentão (m)	калемпир	kalempir
rabanete (m)	шалгам	ʃalgam
alcachofra (f)	артишок	artiʃok

GEOGRAFIA REGIONAL

Países. Nacionalidades

234. Europa Ocidental

Europa (f)	Европа	evropa
União (f) Europeia	Европа Биримдиги	evropa birimdigi
europeu (m)	европалык	evropalık
europeu (adj)	европалык	evropalık
Áustria (f)	Австрия	avstrija
austríaco (m)	австриялык	avstrijalık
austríaca (f)	австриялык аял	avstrijalık ajal
austríaco (adj)	австриялык	avstrijalık
Grã-Bretanha (f)	Улуу Британия	uluu britanija
Inglaterra (f)	Англия	anglija
inglês (m)	англичан	anglitʃan
inglesa (f)	англичан аял	anglitʃan ajal
inglês (adj)	англиялык	anglijalık
Bélgica (f)	Бельгия	belʲgija
belga (m)	бельгиялык	belʲgijalık
belga (f)	бельгиялык аял	belʲgijalık ajal
belga (adj)	бельгиялык	belʲgijalık
Alemanha (f)	Германия	germanija
alemão (m)	немис	nemis
alemã (f)	немис аял	nemis ajal
alemão (adj)	Германиялык	germanijalık
Países Baixos (m pl)	Нидерланддар	niderlanddar
Holanda (f)	Голландия	gollandija
holandês (m)	голландиялык	gollandijalık
holandesa (f)	голландиялык аял	gollandijalık ajal
holandês (adj)	голландиялык	gollandijalık
Grécia (f)	Греция	gretsija
grego (m)	грек	grek
grega (f)	грек аял	grek ajal
grego (adj)	грециялык	gretsijalık
Dinamarca (f)	Дания	danija
dinamarquês (m)	даниялык	danijalık
dinamarquesa (f)	даниялык аял	danijalık ajal
dinamarquês (adj)	даниялык	danijalık
Irlanda (f)	Ирландия	irlandija
irlandês (m)	ирландиялык	irlandijalık

irlandesa (f)	ирланд аял	irland ajal
irlandês (adj)	ирландиялык	irlandijalık
Islândia (f)	Исландия	islandija
islandês (m)	исландиялык	islandijalık
islandesa (f)	исланд аял	island ajal
islandês (adj)	исландиялык	islandijalık
Espanha (f)	Испания	ispanija
espanhol (m)	испаниялык	ispanijalık
espanhola (f)	испан аял	ispan ajal
espanhol (adj)	испаниялык	ispanijalık
Itália (f)	Италия	italija
italiano (m)	итальялык	italjalık
italiana (f)	итальялык аял	italjalık ajal
italiano (adj)	итальялык	italjalık
Chipre (m)	Кипр	kipr
cipriota (m)	кипрлик	kiprlik
cipriota (f)	кипрлик аял	kiprlik ajal
cipriota (adj)	кипрлик	kiprlik
Malta (f)	Мальта	malʲta
maltês (m)	мальталык	malʲtalık
maltesa (f)	мальталык аял	malʲtalık ajal
maltês (adj)	мальталык	malʲtalık
Noruega (f)	Норвегия	norvegija
norueguês (m)	норвегиялык	norvegijalık
norueguesa (f)	норвегиялык аял	norvegijalık ajal
norueguês (adj)	норвегиялык	norvegijalık
Portugal (m)	Португалия	portugalija
português (m)	португал	portugal
portuguesa (f)	португал аял	portugal ajal
português (adj)	португалиялык	portugalijalık
Finlândia (f)	Финляндия	finlʲandija
finlandês (m)	финн	finn
finlandesa (f)	финн аял	finn ajal
finlandês (adj)	финляндиялык	finlʲandijalık
França (f)	Франция	frantsija
francês (m)	француз	frantsuz
francesa (f)	француз аял	frantsuz ajal
francês (adj)	француз	frantsuz
Suécia (f)	Швеция	ʃvetsija
sueco (m)	швед	ʃved
sueca (f)	швед аял	ʃved ajal
sueco (adj)	швед	ʃved
Suíça (f)	Швейцария	ʃvejtsarija
suíço (m)	швейцариялык	ʃvejtsarijalık
suíça (f)	швейцар аял	ʃvejtsar ajal

suíço (adj)	швейцариялык	ʃvejtsarijalık
Escócia (f)	Шотландия	ʃotlandija
escocês (m)	шотландиялык	ʃotlandijalık
escocesa (f)	шотланд аял	ʃotland ajal
escocês (adj)	шотландиялык	ʃotlandijalık

Vaticano (m)	Ватикан	vatikan
Liechtenstein (m)	Лихтенштейн	liҳtenʃtejn
Luxemburgo (m)	Люксембург	lʉksemburg
Mônaco (m)	Монако	monako

235. Europa Central e de Leste

Albânia (f)	Албания	albanija
albanês (m)	албан	alban
albanesa (f)	албаниялык аял	albanijalık ajal
albanês (adj)	албаниялык	albanijalık

Bulgária (f)	Болгария	bolgarija
búlgaro (m)	болгар	bolgar
búlgara (f)	болгар аял	bolgar ajal
búlgaro (adj)	болгар	bolgar

Hungria (f)	Венгрия	vengrija
húngaro (m)	венгр	vengr
húngara (f)	венгр аял	vengr ajal
húngaro (adj)	венгр	vengr

Letônia (f)	Латвия	latvija
letão (m)	латыш	latıʃ
letã (f)	латыш аял	latıʃ ajal
letão (adj)	латвиялык	latvijalık

Lituânia (f)	Литва	litva
lituano (m)	литвалык	litvalık
lituana (f)	литвалык аял	litvalık ajal
lituano (adj)	литвалык	litvalık

Polônia (f)	Польша	polʲʃa
polonês (m)	поляк	polʲak
polonesa (f)	поляк аял	polʲak ajal
polonês (adj)	польшалык	polʲʃalık

Romênia (f)	Румыния	rumınija
romeno (m)	румын	rumın
romena (f)	румын аял	rumın ajal
romeno (adj)	румын	rumın

Sérvia (f)	Сербия	serbija
sérvio (m)	серб	serb
sérvia (f)	серб аял	serb ajal
sérvio (adj)	сербиялык	serbijalık
Eslováquia (f)	Словакия	slovakija
eslovaco (m)	словак	slovak

| eslovaca (f) | словак аял | slovak ajal |
| eslovaco (adj) | словакиялык | slovakijalık |

Croácia (f)	Хорватия	χorvatija
croata (m)	хорват	χorvat
croata (f)	хорват аял	χorvat ajal
croata (adj)	хорватиялык	χorvatijalık

República (f) Checa	Чехия	ʧeχija
checo (m)	чех	ʧeχ
checa (f)	чех аял	ʧeχ ajal
checo (adj)	чех	ʧeχ

Estônia (f)	Эстония	estonija
estônio (m)	эстон	eston
estônia (f)	эстон аял	eston ajal
estônio (adj)	эстониялык	estonijalık

Bósnia e Herzegovina (f)	Босния жана	bosnija dʒana
Macedônia (f)	Македония	makedonija
Eslovênia (f)	Словения	slovenija
Montenegro (m)	Черногория	ʧernogorija

236. Países da ex-URSS

Azerbaijão (m)	Азербайжан	azerbajdʒan
azeri (m)	азербайжан	azerbajdʒan
azeri (f)	азербайжан аял	azerbajdʒan ajal
azeri, azerbaijano (adj)	азербайжан	azerbajdʒan

Armênia (f)	Армения	armenija
armênio (m)	армян	armian
armênia (f)	армян аял	armian ajal
armênio (adj)	армениялык	armenijalık

Belarus	Беларусь	belarusʲ
bielorrusso (m)	белорус	belorus
bielorrussa (f)	белорус аял	belorus ajal
bielorrusso (adj)	белорус	belorus

Geórgia (f)	Грузия	gruzija
georgiano (m)	грузин	gruzin
georgiana (f)	грузин аял	gruzin ajal
georgiano (adj)	грузин	gruzin

Cazaquistão (m)	Казахстан	kazakstan
cazaque (m)	казак	kazak
cazaque (f)	казак аял	kazak ajal
cazaque (adj)	казак	kazak

Quirguistão (m)	Кыргызстан	kırgızstan
quirguiz (m)	кыргыз	kırgız
quirguiz (f)	кыргыз аял	kırgız ajal
quirguiz (adj)	кыргыз	kırgız

Moldávia (f)	Молдова	moldova
moldavo (m)	молдаван	moldavan
moldava (f)	молдаван аял	moldavan ajal
moldavo (adj)	молдовалык	moldovalık
Rússia (f)	Россия	rossija
russo (m)	орус	orus
russa (f)	орус аял	orus ajal
russo (adj)	орус	orus
Tajiquistão (m)	Тажикистан	tadʒikistan
tajique (m)	тажик	tadʒik
tajique (f)	тажик аял	tadʒik ajal
tajique (adj)	тажик	tadʒik
Turquemenistão (m)	Туркмения	turkmenija
turcomeno (m)	түркмөн	tyrkmøn
turcomena (f)	түркмөн аял	tyrkmøn ajal
turcomeno (adj)	түркмөн	tyrkmøn
Uzbequistão (f)	Өзбекистан	øzbekistan
uzbeque (m)	өзбек	øzbek
uzbeque (f)	өзбек аял	øzbek ajal
uzbeque (adj)	өзбек	øzbek
Ucrânia (f)	Украина	ukraina
ucraniano (m)	украин	ukrain
ucraniana (f)	украин аял	ukrain ajal
ucraniano (adj)	украиналык	ukrainalık

237. Asia

Ásia (f)	Азия	azija
asiático (adj)	азиаттык	aziattık
Vietnã (m)	Вьетнам	vjetnam
vietnamita (m)	вьетнамдык	vjetnamdık
vietnamita (f)	вьетнам аял	vjetnam ajal
vietnamita (adj)	вьетнамдык	vjetnamdık
Índia (f)	Индия	indija
indiano (m)	индиялык	indijalık
indiana (f)	индиялык аял	indijalık ajal
indiano (adj)	индиялык	indijalık
Israel (m)	Израиль	izrailʲ
israelense (m)	израильдик	izrailʲdik
israelita (f)	израильдик аял	izrailʲdik ajal
israelense (adj)	израильдик	izrailʲdik
judeu (m)	еврей	evrej
judia (f)	еврей аял	evrej ajal
judeu (adj)	еврей	evrej
China (f)	Кытай	kıtaj

chinês (m)	кытай	kıtaj
chinesa (f)	кытай аял	kıtaj ajal
chinês (adj)	кытай	kıtaj
coreano (m)	кореялык	korejalık
coreana (f)	кореялык аял	korejalık ajal
coreano (adj)	кореялык	korejalık
Líbano (m)	Ливан	livan
libanês (m)	ливан	livan
libanesa (f)	ливан аял	livan ajal
libanês (adj)	ливандык	livandık
Mongólia (f)	Монголия	mongolija
mongol (m)	монгол	mongol
mongol (f)	монгол аял	mongol ajal
mongol (adj)	монгол	mongol
Malásia (f)	Малазия	malazija
malaio (m)	малазиялык	malazijalık
malaia (f)	малазиялык аял	malazijalık ajal
malaio (adj)	малазиялык	malazijalık
Paquistão (m)	Пакистан	pakistan
paquistanês (m)	пакистандык	pakistandık
paquistanesa (f)	пакистан аял	pakistan ajal
paquistanês (adj)	пакистан	pakistan
Arábia (f) Saudita	Сауд Аравиясы	saud aravijası
árabe (m)	араб	arab
árabe (f)	араб аял	arab ajal
árabe (adj)	араб	arab
Tailândia (f)	Таиланд	tailand
tailandês (m)	таиландык	tailandık
tailandesa (f)	таиландык аял	tailandık ajal
tailandês (adj)	таиланд	tailand
Taiwan (m)	Тайвань	tajvanⁱ
taiwanês (m)	тайвандык	tajvandık
taiwanesa (f)	тайвандык аял	tajvandık ajal
taiwanês (adj)	тайван	tajvan
Turquia (f)	Түркия	tyrkija
turco (m)	түрк	tyrk
turca (f)	түрк аял	tyrk ajal
turco (adj)	түрк	tyrk
Japão (m)	Япония	japonija
japonês (m)	япондук	japonduk
japonesa (f)	япондук аял	japonduk ajal
japonês (adj)	япондук	japonduk
Afeganistão (m)	Ооганстан	ooganstan
Bangladesh (m)	Бангладеш	bangladeʃ
Indonésia (f)	Индонезия	indonezija

Jordânia (f)	Иордания	iordanija
Iraque (m)	Ирак	irak
Irã (m)	Иран	iran
Camboja (f)	Камбожа	kambodʒa
Kuwait (m)	Кувейт	kuvejt

Laos (m)	Лаос	laos
Birmânia (f)	Мьянма	mjanma
Nepal (m)	Непал	nepal
Emirados Árabes Unidos	Бириккен Араб Эмираттары	birikken arab emirattarı

Síria (f)	Сирия	sirija
Palestina (f)	Палестина	palestina
Coreia (f) do Sul	Түштүк Корея	tyʃtyk koreja
Coreia (f) do Norte	Түндүк Корея	tundyk koreja

238. América do Norte

Estados Unidos da América	Америка Кошмо Штаттары	amerika koʃmo ʃtattarı
americano (m)	америкалык	amerikalık
americana (f)	америкалык аял	amerikalık ajal
americano (adj)	америкалык	amerikalık

Canadá (m)	Канада	kanada
canadense (m)	канадалык	kanadalık
canadense (f)	канадалык аял	kanadalık ajal
canadense (adj)	канадалык	kanadalık

México (m)	Мексика	meksika
mexicano (m)	мексикалык	meksikalık
mexicana (f)	мексикалык аял	meksikalık ajal
mexicano (adj)	мексикалык	meksikalık

239. América Central do Sul

Argentina (f)	Аргентина	argentina
argentino (m)	аргенталык	argentinalık
argentina (f)	аргенталык аял	argentinalık ajal
argentino (adj)	аргенталык	argentinalık

Brasil (m)	Бразилия	brazilija
brasileiro (m)	бразилиялык	brazilijalık
brasileira (f)	бразилиялык аял	brazilijalık ajal
brasileiro (adj)	бразилиялык	brazilijalık

Colômbia (f)	Колумбия	kolumbija
colombiano (m)	колумбиялык	kolumbijalık
colombiana (f)	колумбиялык аял	kolumbijalık ajal
colombiano (adj)	колумбиялык	kolumbijalık
Cuba (f)	Куба	kuba

cubano (m)	кубалык	kubalık
cubana (f)	кубалык аял	kubalık ajal
cubano (adj)	кубалык	kubalık
Chile (m)	Чили	tʃili
chileno (m)	чилилик	tʃililik
chilena (f)	чилилик аял	tʃililik ajal
chileno (adj)	чилилик	tʃililik
Bolívia (f)	Боливия	bolivija
Venezuela (f)	Венесуэла	venesuela
Paraguai (m)	Парагвай	paragvaj
Peru (m)	Перу	peru
Suriname (m)	Суринам	surinam
Uruguai (m)	Уругвай	urugvaj
Equador (m)	Эквадор	ekvador
Bahamas (f pl)	Багам аралдары	bagam araldarı
Haiti (m)	Гаити	gaiti
República Dominicana	Доминикан Республикасы	dominikan respublikası
Panamá (m)	Панама	panama
Jamaica (f)	Ямайка	jamajka

240. Africa

Egito (m)	Египет	egipet
egípcio (m)	египтик мырза	egiptik mırza
egípcia (f)	египтик аял	egiptik ajal
egípcio (adj)	египеттик	egipettik
Marrocos	Марокко	marokko
marroquino (m)	марокколук	marokkoluk
marroquina (f)	марокколук аял	marokkoluk ajal
marroquino (adj)	марокколук	marokkoluk
Tunísia (f)	Тунис	tunis
tunisiano (m)	тунистик	tunistik
tunisiana (f)	тунистик аял	tunistik ajal
tunisiano (adj)	тунистик	tunistik
Gana (f)	Гана	gana
Zanzibar (m)	Занзибар	zanzibar
Quênia (f)	Кения	kenija
Líbia (f)	Ливия	livija
Madagascar (m)	Мадагаскар	madagaskar
Namíbia (f)	Намибия	namibija
Senegal (m)	Сенегал	senegal
Tanzânia (f)	Танзания	tanzanija
África (f) do Sul	ТАР	tar
africano (m)	африкалык	afrikalık
africana (f)	африкалык аял	afrikalık ajal
africano (adj)	африкалык	afrikalık

241. Austrália. Oceania

Austrália (f)	Австралия	avstralija
australiano (m)	австралиялык	avstralijalık
australiana (f)	австралиялык аял	avstralijalık ajal
australiano (adj)	австралиялык	avstralijalık
Nova Zelândia (f)	Жаңы Зеландия	dʒaŋı zelandija
neozelandês (m)	жаңы зеландиялык	dʒaŋı zelandijalık
neozelandesa (f)	жаңы зеландиялык аял	dʒaŋı zelandijalık ajal
neozelandês (adj)	жаңы зеландиялык	dʒaŋı zelandijalık
Tasmânia (f)	Тасмания	tasmanija
Polinésia (f) Francesa	Француз Полинезиясы	frantsuz polinezijası

242. Cidades

Amesterdã, Amsterdã	Амстердам	amsterdam
Ancara	Анкара	ankara
Atenas	Афина	afina
Bagdade	Багдад	bagdad
Bancoque	Бангкок	bangkok
Barcelona	Барселона	barselona
Beirute	Бейрут	bejrut
Berlim	Берлин	berlin
Bonn	Бонн	bonn
Bordéus	Бордо	bordo
Bratislava	Братислава	bratislava
Bruxelas	Брюссель	brʉsselʲ
Bucareste	Бухарест	buχarest
Budapeste	Будапешт	budapeʃt
Cairo	Каир	kair
Calcutá	Калькутта	kalʲkutta
Chicago	Чикаго	tʃikago
Cidade do México	Мехико	meχiko
Copenhague	Копенгаген	kopengagen
Dar es Salaam	Дар-эс-Салам	dar-es-salam
Deli	Дели	deli
Dubai	Дубай	dubaj
Dublim	Дублин	dublin
Düsseldorf	Дюссельдорф	dʉsselʲdorf
Estocolmo	Стокгольм	stokgolʲm
Florença	Флоренция	florentsija
Frankfurt	Франкфурт	frankfurt
Genebra	Женева	dʒeneva
Haia	Гаага	gaaga
Hamburgo	Гамбург	gamburg
Hanói	Ханой	χanoj

Havana	Гавана	gavana
Helsinque	Хельсинки	χelʲsinki
Hiroshima	Хиросима	χirosima
Hong Kong	Гонконг	gonkong
Istambul	Стамбул	stambul

Jerusalém	Иерусалим	ierusalim
Kiev, Quieve	Киев	kiev
Kuala Lumpur	Куала-Лумпур	kuala-lumpur
Lion	Лион	lion
Lisboa	Лиссабон	lissabon

Londres	Лондон	london
Los Angeles	Лос-Анджелес	los-andʒeles
Madrid	Мадрид	madrid
Marselha	Марсель	marselʲ
Miami	Майями	majami

Montreal	Монреаль	monrealʲ
Moscou	Москва	moskva
Mumbai	Бомбей	bombej
Munique	Мюнхен	mʉnχen
Nairóbi	Найроби	najrobi
Nápoles	Неаполь	neapolʲ

Nice	Ницца	nitstsa
Nova York	Нью-Йорк	njʉ-jork
Oslo	Осло	oslo
Ottawa	Оттава	ottava
Paris	Париж	paridʒ

Pequim	Пекин	pekin
Praga	Прага	praga
Rio de Janeiro	Рио-де-Жанейро	rio-de-dʒanejro
Roma	Рим	rim
São Petersburgo	Санкт-Петербург	sankt-peterburg
Seul	Сеул	seul

Singapura	Сингапур	singapur
Sydney	Сидней	sidnej
Taipé	Тайпей	tajpej
Tóquio	Токио	tokio
Toronto	Торонто	toronto

Varsóvia	Варшава	varʃava
Veneza	Венеция	venetsija
Viena	Вена	vena
Washington	Вашингтон	waʃington
Xangai	Шанхай	ʃanχaj

243. Política. Governo. Parte 1

| política (f) | саясат | sajasat |
| político (adj) | саясий | sajasij |

político (m)	саясатчы	sajasattʃı
estado (m)	мамлекет	mamleket
cidadão (m)	жаран	dʒaran
cidadania (f)	жарандык	dʒarandık
brasão (m) de armas	улуттук герб	uluttuk gerb
hino (m) nacional	мамлекеттик гимн	mamlekettik gimn
governo (m)	өкмөт	økmøt
Chefe (m) de Estado	мамлекет башчысы	mamleket baʃtʃısı
parlamento (m)	парламент	parlament
partido (m)	партия	partija
capitalismo (m)	капитализм	kapitalizm
capitalista (adj)	капиталистик	kapitalistik
socialismo (m)	социализм	sotsializm
socialista (adj)	социалистик	sotsialistik
comunismo (m)	коммунизм	kommunizm
comunista (adj)	коммунистик	kommunistik
comunista (m)	коммунист	kommunist
democracia (f)	демократия	demokratija
democrata (m)	демократ	demokrat
democrático (adj)	демократиялык	demokratijalık
Partido (m) Democrático	демократиялык партия	demokratijalık partija
liberal (m)	либерал	liberal
liberal (adj)	либералдык	liberaldık
conservador (m)	консерватор	konservator
conservador (adj)	консервативдик	konservativdik
república (f)	республика	respublika
republicano (m)	республикачы	respublikatʃı
Partido (m) Republicano	республикалык	respublikalık
eleições (f pl)	шайлоо	ʃajloo
eleger (vt)	шайлоо	ʃajloo
eleitor (m)	шайлоочу	ʃajlootʃu
campanha (f) eleitoral	шайлоо кампаниясы	ʃajloo kampanijası
votação (f)	добуш	dobuʃ
votar (vi)	добуш берүү	dobuʃ beryy
sufrágio (m)	добуш берүү укугу	dobuʃ beryy ukugu
candidato (m)	талапкер	talapker
candidatar-se (vi)	талапкерлигин көрсөтүү	talapkerligin kørsøtyy
campanha (f)	кампания	kampanija
da oposição	оппозициялык	oppozitsijalık
oposição (f)	оппозиция	oppozitsija
visita (f)	визит	vizit
visita (f) oficial	расмий визит	rasmij vizit

internacional (adj)	эл аралык	el aralık
negociações (f pl)	сүйлөшүүлөр	syjløʃyylør
negociar (vi)	сүйлөшүүлөр жүргүзүү	syjløʃyylør dʒyrgyzyy

244. Política. Governo. Parte 2

sociedade (f)	коом	koom
constituição (f)	конституция	konstitutsija
poder (ir para o ~)	бийлик	bijlik
corrupção (f)	коррупция	korruptsija

| lei (f) | мыйзам | mıjzam |
| legal (adj) | мыйзамдуу | mıjzamduu |

| justeza (f) | адилеттик | adilettik |
| justo (adj) | адилеттүү | adilettyy |

comitê (m)	комитет	komitet
projeto-lei (m)	мыйзам долбоору	mıjzam dolbooru
orçamento (m)	бюджет	bʉdʒet
política (f)	саясат	sajasat
reforma (f)	реформа	reforma
radical (adj)	радикалдуу	radikalduu

força (f)	күч	kytʃ
poderoso (adj)	кудуреттүү	kudurettyy
partidário (m)	жактоочу	dʒaktootʃu
influência (f)	таасир	taasir

regime (m)	түзүм	tyzym
conflito (m)	чыр-чатак	tʃır-tʃatak
conspiração (f)	заговор	zagovor
provocação (f)	айгак аракети	ajgak araketi

derrubar (vt)	кулатуу	kulatuu
derrube (m), queda (f)	кулатуу	kulatuu
revolução (f)	ыңкылап	ıŋkılap

| golpe (m) de Estado | төңкөрүш | tøŋkøryʃ |
| golpe (m) militar | аскердик төңкөрүш | askerdik tøŋkøryʃ |

crise (f)	каатчылык	kaattʃılık
recessão (f) econômica	экономикалык төмөндөө	ekonomikalık tømøndøø
manifestante (m)	демонстрант	demonstrant
manifestação (f)	демонстрация	demonstratsija
lei (f) marcial	согуш абалында	soguʃ abalında
base (f) militar	аскер базасы	asker bazası

| estabilidade (f) | туруктуулук | turuktuuluk |
| estável (adj) | туруктуу | turuktuu |

exploração (f)	эзүү	ezyy
explorar (vt)	эзүү	ezyy
racismo (m)	расизм	rasizm

racista (m)	расист	rasist
fascismo (m)	фашизм	faʃizm
fascista (m)	фашист	faʃist

245. Países. Diversos

estrangeiro (m)	чет өлкөлүк	ʧet ølkølyk
estrangeiro (adj)	чет өлкөлүк	ʧet ølkølyk
no estrangeiro	чет өлкөдө	ʧet ølkødø

emigrante (m)	эмигрант	emigrant
emigração (f)	эмиграция	emigratsija
emigrar (vi)	башка өлкөгө көчүү	baʃka ølkøgø køʧyy

Ocidente (m)	Батыш	batıʃ
Oriente (m)	Чыгыш	ʧıgıʃ
Extremo Oriente (m)	Алыскы Чыгыш	alıskı ʧıgıʃ
civilização (f)	цивилизация	tsıvilizatsija
humanidade (f)	адамзат	adamzat
mundo (m)	аалам	aalam
paz (f)	тынчтык	tınʧtık
mundial (adj)	дүйнөлүк	dyjnølyk

pátria (f)	мекен	meken
povo (população)	эл	el
população (f)	калк	kalk
gente (f)	адамдар	adamdar
nação (f)	улут	ulut
geração (f)	муун	muun
território (m)	аймак	ajmak
região (f)	регион	region
estado (m)	штат	ʃtat

tradição (f)	салт	salt
costume (m)	үрп-адат	yrp-adat
ecologia (f)	экология	ekologija

índio (m)	индеец	indeets
cigano (m)	цыган	tsıgan
cigana (f)	цыган аял	tsıgan ajal
cigano (adj)	цыгандык	tsıgandık

império (m)	империя	imperija
colônia (f)	колония	kolonija
escravidão (f)	кулчулук	kulʧuluk
invasão (f)	басып келүү	basıp kelyy
fome (f)	ачарчылык	atʃarʧılık

246. Grupos religiosos mais importantes. Confissões

religião (f)	дин	din
religioso (adj)	диний	dinij

crença (f)	диний ишеним	dinij iʃenim
crer (vt)	ишенүү	iʃenyy
crente (m)	динчил	dintʃil
ateísmo (m)	атеизм	ateizm
ateu (m)	атеист	ateist
cristianismo (m)	Христианчылык	χristiantʃılık
cristão (m)	христиан	χristian
cristão (adj)	христиандык	χristiandık
catolicismo (m)	Католицизм	katolitsizm
católico (m)	католик	katolik
católico (adj)	католиктер	katolikter
protestantismo (m)	Протестантизм	protestantizm
Igreja (f) Protestante	Протестанттык чиркөө	protestanttık tʃirkøø
protestante (m)	протестанттар	protestanttar
ortodoxia (f)	Православие	pravoslavie
Igreja (f) Ortodoxa	Православдык чиркөө	pravoslavdık tʃirkøø
ortodoxo (m)	православдык	pravoslavdık
presbiterianismo (m)	Пресвитерианчылык	presviteriantʃılık
Igreja (f) Presbiteriana	Пресвитериандык чиркөө	presviteriandık tʃirkøø
presbiteriano (m)	пресвитериандык	presviteriandık
luteranismo (m)	Лютерандык чиркөө	luterandık tʃirkøø
luterano (m)	лютерандык	luterandık
Igreja (f) Batista	Баптизм	baptizm
batista (m)	баптист	baptist
Igreja (f) Anglicana	Англикан чиркөөсү	anglikan tʃirkøøsy
anglicano (m)	англикан	anglikan
mormonismo (m)	Мормондук	mormonduk
mórmon (m)	мормон	mormon
Judaísmo (m)	Иудаизм	iudaizm
judeu (m)	иудей	iudej
budismo (m)	Буддизм	buddizm
budista (m)	буддист	buddist
hinduísmo (m)	Индуизм	induizm
hindu (m)	индуист	induist
Islã (m)	Ислам	islam
muçulmano (m)	мусулман	musulman
muçulmano (adj)	мусулмандык	musulmandık
xiismo (m)	Шиизм	ʃiizm
xiita (m)	шиит	ʃiit
sunismo (m)	Суннизм	sunnizm
sunita (m)	суннит	sunnit

247. Religiões. Padres

padre (m)	поп	pop
Papa (m)	Рим Папасы	rim papası
monge (m)	кечил	ketʃil
freira (f)	кечил аял	ketʃil ajal
pastor (m)	пастор	pastor
abade (m)	аббат	abbat
vigário (m)	викарий	vikarij
bispo (m)	епископ	episkop
cardeal (m)	кардинал	kardinal
pregador (m)	диний үгүттөөчү	dinij ygyttøøtʃy
sermão (m)	үгүт	ygyt
paroquianos (pl)	чиркөө коомунун мүчөлөрү	tʃirkøø koomunun mytʃøløry
crente (m)	динчил	dintʃil
ateu (m)	атеист	ateist

248. Fé. Cristianismo. Islão

Adão	Адам ата	adam ata
Eva	Обо эне	obo ene
Deus (m)	Кудай	kudaj
Senhor (m)	Алла талаа	alla talaa
Todo Poderoso (m)	Кудуреттүү	kudurettyy
pecado (m)	күнөө	kynøø
pecar (vi)	күнөө кылуу	kynøø kıluu
pecador (m)	күнөөкөр	kynøøkør
pecadora (f)	күнөөкөр аял	kynøøkør ajal
inferno (m)	тозок	tozok
paraíso (m)	бейиш	bejiʃ
Jesus	Иса	isa
Jesus Cristo	Иса Пайгамбар	isa pajgambar
Espírito (m) Santo	Ыйык Рух	ıjık ruχ
Salvador (m)	Куткаруучу	kutkaruutʃu
Virgem Maria (f)	Бүбү Мариям	byby marijam
Diabo (m)	Шайтан	ʃajtan
diabólico (adj)	шайтан	ʃajtan
Satanás (m)	Шайтан	ʃajtan
satânico (adj)	шайтандык	ʃajtandık
anjo (m)	периште	periʃte
anjo (m) da guarda	сактагыч периште	saktagıtʃ periʃte

angelical	периште	periʃte
apóstolo (m)	апостол	apostol
arcanjo (m)	архангель	arχangelʲ
anticristo (m)	антихрист	antiχrist
Igreja (f)	Чиркөө	ʧirkøø
Bíblia (f)	библия	biblija
bíblico (adj)	библиялык	biblijalık
Velho Testamento (m)	Эзелки осуят	ezelki osujat
Novo Testamento (m)	Жаңы осуят	dʒaŋı osujat
Evangelho (m)	Евангелие	evangelie
Sagradas Escrituras (f pl)	Ыйык	ijık
Céu (sete céus)	Жаннат	dʒannat
mandamento (m)	парз	parz
profeta (m)	пайгамбар	pajgambar
profecia (f)	пайгамбар сөзү	pajgambar søzy
Alá (m)	Аллах	allaχ
Maomé (m)	Мухаммед	muχammed
Alcorão (m)	Куран	kuran
mesquita (f)	мечит	meʧit
mulá (m)	мулла	mulla
oração (f)	дуба	duba
rezar, orar (vi)	дуба кылуу	duba kıluu
peregrinação (f)	зыярат	zıjarat
peregrino (m)	зыяратчы	zıjaratʧı
Meca (f)	Мекке	mekke
igreja (f)	чиркөө	ʧirkøø
templo (m)	ибадаткана	ibadatkana
catedral (f)	чоң чиркөө	ʧoŋ ʧirkøø
gótico (adj)	готикалуу	gotikaluu
sinagoga (f)	синагога	sinagoga
mesquita (f)	мечит	meʧit
capela (f)	кичинекей чиркөө	kiʧinekej ʧirkøø
abadia (f)	аббаттык	abbattık
convento, monastério (m)	монастырь	monastırʲ
sino (m)	коңгуроо	koŋguroo
campanário (m)	коңгуроо мунарасы	koŋguroo munarası
repicar (vi)	коңгуроо кагуу	koŋguroo kaguu
cruz (f)	крест	krest
cúpula (f)	купол	kupol
ícone (m)	икона	ikona
alma (f)	жан	dʒan
destino (m)	тагдыр	tagdır
mal (m)	жамандык	dʒamandık
bem (m)	жакшылык	dʒakʃılık
vampiro (m)	кан соргуч	kan sorguʧ

bruxa (f)	жез тумшук	ʤez tumʃuk
demônio (m)	шайтан	ʃajtan
espírito (m)	арбак	arbak

| redenção (f) | күнөөнү жуу | kynøøny ʤuu |
| redimir (vt) | күнөөнү жуу | kynøøny ʤuu |

missa (f)	ибадат	ibadat
celebrar a missa	ибадат кылуу	ibadat kıluu
confissão (f)	сыр төгүү	sır tøgyy
confessar-se (vr)	сыр төгүү	sır tøgyy

santo (m)	ыйык	ıjık
sagrado (adj)	ыйык	ıjık
água (f) benta	ыйык суу	ıjık suu

ritual (m)	диний ырым-жырым	dinij ırım-ʤırım
ritual (adj)	диний ырым-жырым	dinij ırım-ʤırım
sacrifício (m)	курмандык	kurmandık

superstição (f)	ырым-жырым	ırım-ʤırım
supersticioso (adj)	ырымчыл	ırımʧıl
vida (f) após a morte	тиги дүйнө	tigi dyjnø
vida (f) eterna	түбөлүк жашоо	tybølyk ʤaʃoo

TEMAS DIVERSOS

249. Várias palavras úteis

ajuda (f)	жардам	dʒardam
barreira (f)	тоскоолдук	toskoolduk
base (f)	түп	typ
categoria (f)	категория	kategorija
causa (f)	себеп	sebep
coincidência (f)	дал келгендик	dal kelgendik
coisa (f)	буюм	bujʉm
começo, início (m)	башталыш	baʃtalıʃ
cômodo (ex. poltrona ~a)	ынгайлуу	ıngajluu
comparação (f)	салыштырма	salıʃtırma
compensação (f)	ордун толтуруу	ordun tolturuu
crescimento (m)	өсүү	øsyy
desenvolvimento (m)	өнүгүү	ønygyy
diferença (f)	айырма	ajırma
efeito (m)	таасир	taasir
elemento (m)	элемент	element
equilíbrio (m)	теңдем	teŋdem
erro (m)	ката	kata
esforço (m)	күч аракет	kytʃ araket
estilo (m)	стиль	stilʲ
exemplo (m)	мисал	misal
fato (m)	далил	dalil
fim (m)	бүтүү	bytyy
forma (f)	тариз	tariz
frequente (adj)	бат-бат	bat-bat
fundo (ex. ~ verde)	фон	fon
gênero (tipo)	түр	tyr
grau (m)	даража	daradʒa
ideal (m)	идеал	ideal
labirinto (m)	лабиринт	labirint
modo (m)	ыкма	ıkma
momento (m)	учур	utʃur
objeto (m)	объект	obʰjekt
obstáculo (m)	тоскоолдук	toskoolduk
original (m)	түпнуска	typnuska
padrão (adj)	стандарттуу	standarttuu
padrão (m)	стандарт	standart
paragem (pausa)	токтотуу	toktotuu
parte (f)	бөлүгү	bølygy

partícula (f)	бөлүкчө	bølyktʃø
pausa (f)	тыныгуу	tınıguu
posição (f)	позиция	pozitsija
princípio (m)	усул	usul
problema (m)	көйгөй	køjgøj
processo (m)	жараян	dʒarajan
progresso (m)	өнүгүү	ønygyy
propriedade (qualidade)	касиет	kasiet
reação (f)	реакция	reaktsija
risco (m)	тобокел	tobokel
ritmo (m)	темп	temp
segredo (m)	сыр	sır
série (f)	катар	katar
sistema (m)	тутум	tutum
situação (f)	кырдаал	kırdaal
solução (f)	чечүү	tʃetʃyy
tabela (f)	жадыбал	dʒadıbal
termo (ex. ~ técnico)	атоо	atoo
tipo (m)	түр	tyr
urgente (adj)	шашылыш	ʃaʃılıʃ
urgentemente	шашылыш	ʃaʃılıʃ
utilidade (f)	пайда	pajda
variante (f)	вариант	variant
variedade (f)	тандоо	tandoo
verdade (f)	чындык	tʃındık
vez (f)	кезек	kezek
zona (f)	алкак	alkak

250. Modificadores. Adjetivos. Parte 1

aberto (adj)	ачык	atʃık
afetuoso (adj)	назик	nazik
afiado (adj)	курч	kurtʃ
agradável (adj)	жагымдуу	dʒagımduu
agradecido (adj)	ыраазы	ıraazı
alegre (adj)	куунак	kuunak
alto (ex. voz ~a)	катуу	katuu
amargo (adj)	ачуу	atʃuu
amplo (adj)	кең	keŋ
antigo (adj)	байыркы	bajırkı
apertado (sapatos ~s)	тар	tar
apropriado (adj)	жарактуу	dʒaraktuu
arriscado (adj)	тобокелдүү	tobokeldyy
artificial (adj)	жасалма	dʒasalma
azedo (adj)	кычкыл	kıtʃkıl
baixo (voz ~a)	акырын	akırın

barato (adj)	арзан	arzan
belo (adj)	укмуштай	ukmuʃtaj
bom (adj)	жакшы	dʒakʃı
bondoso (adj)	боорукер	booruker
bonito (adj)	сулуу	suluu
bronzeado (adj)	күнгө күйгөн	kyngø kyjgøn
burro, estúpido (adj)	акылсыз	akılsız
calmo (adj)	тынч	tıntʃ
cansado (adj)	чарчаңкы	tʃartʃaŋkı
cansativo (adj)	чарчатуучу	tʃartʃatuutʃu
carinhoso (adj)	камкор	kamkor
caro (adj)	кымбат	kımbat
cego (adj)	сокур	sokur
central (adj)	борбордук	borborduk
cerrado (ex. nevoeiro ~)	коюу	kojuu
cheio (xícara ~a)	толо	tolo
civil (adj)	жарандык	dʒarandık
clandestino (adj)	жашыруун	dʒaʃıruun
claro (explicação ~a)	түшүнүктүү	tyʃynyktyy
claro (pálido)	ачык	atʃık
compatível (adj)	сыйышкыч	sıjıʃkıtʃ
comum, normal (adj)	жөнөкөй	dʒønøkøj
congelado (adj)	тоңдурулган	toŋdurulgan
conjunto (adj)	бирге	birge
considerável (adj)	маанилүү	maanilyy
contente (adj)	курсант	kursant
contínuo (adj)	узак	uzak
contrário (ex. o efeito ~)	карама-каршы	karama-karʃı
correto (resposta ~a)	туура	tuura
cru (não cozinhado)	чийки	tʃijki
curto (adj)	кыска	kıska
de curta duração	кыска мөөнөттүү	kıska møønøttyy
de sol, ensolarado	күн ачык	kyn atʃık
de trás	арткы	artkı
denso (fumaça ~a)	коюу	kojuu
desanuviado (adj)	булутсуз	bulutsuz
descuidado (adj)	шалаакы	ʃalaakı
diferente (adj)	ар кандай	ar kandaj
difícil (decisão)	оор	oor
difícil, complexo (adj)	кыйын	kıjın
direito (lado ~)	оң	oŋ
distante (adj)	алыс	alıs
diverso (adj)	түрлүү	tyrlyy
doce (açucarado)	таттуу	tattuu
doce (água)	тузсуз	tuzsuz
doente (adj)	оорулуу	ooruluu
duro (material ~)	катуу	katuu

| educado (adj) | сылык | sılık |
| encantador (agradável) | сүйкүмдүү | syjkymdyy |

enigmático (adj)	сырдуу	sırduu
enorme (adj)	зор	zor
escuro (quarto ~)	караңгы	karaŋgı
especial (adj)	атайын	atajın
esquerdo (lado ~)	сол	sol

estrangeiro (adj)	чет өлкөлүк	ʧet ølkølyk
estreito (adj)	кууш	kuuʃ
exato (montante ~)	так	tak
excelente (adj)	мыкты	mıktı
excessivo (adj)	ашыкча	aʃıkʧa

externo (adj)	тышкы	tıʃkı
fácil (adj)	женил	dʒenil
faminto (adj)	ачка	aʧka
fechado (adj)	жабык	dʒabık
feliz (adj)	бактылуу	baktıluu

fértil (terreno ~)	түшүмдүү	tyʃymdyy
forte (pessoa ~)	күчтүү	kyʧtyy
fraco (luz ~a)	күңүрт	kyŋyrt
frágil (adj)	морт	mort
fresco (pão ~)	жаңы	dʒaŋı

fresco (tempo ~)	салкын	salkın
frio (adj)	муздак, суук	muzdak, suuk
gordo (alimentos ~s)	майлуу	majluu
gostoso, saboroso (adj)	даамдуу	daamduu

grande (adj)	чоң	ʧoŋ
gratuito, grátis (adj)	акысыз	akısız
grosso (camada ~a)	калың	kalıŋ
hostil (adj)	кастык	kastık

251. Modificadores. Adjetivos. Parte 2

igual (adj)	окшош	okʃoʃ
imóvel (adj)	кыймылсыз	kıjmılsız
importante (adj)	маанилүү	maanilyy
impossível (adj)	мүмкүн эмес	mymkyn emes
incompreensível (adj)	түшүнүксүз	tyʃynyksyz

indigente (muito pobre)	кедей	kedej
indispensável (adj)	керектүү	kerektyy
inexperiente (adj)	тажрыйбасыз	tadʒrıjbasız
infantil (adj)	балдар	baldar

ininterrupto (adj)	үзгүлтүксүз	yzgyltyksyz
insignificante (adj)	арзыбаган	arzıbagan
inteiro (completo)	бүтүн	bytyn
inteligente (adj)	акылдуу	akılduu

interno (adj)	ички	itʃki
jovem (adj)	жаш	dʒaʃ
largo (caminho ~)	кең	keŋ
legal (adj)	мыйзамдуу	mıjzamduu
leve (adj)	жеңил	dʒeŋil

limitado (adj)	чектелген	tʃektelgen
limpo (adj)	таза	taza
líquido (adj)	суюк	sujɵk
liso (adj)	жылма	dʒılma
liso (superfície ~a)	тегиз	tegiz

livre (adj)	эркин	erkin
longo (ex. cabelo ~)	узак	uzak
maduro (ex. fruto ~)	бышкан	bıʃkan
magro (adj)	арык	arık
mais próximo (adj)	эң жакынкы	eŋ dʒakınkı

mais recente (adj)	өтүп кеткен	øtyp ketken
mate (adj)	жалтырабаган	dʒaltırabagan
mau (adj)	жаман	dʒaman
meticuloso (adj)	тыкан	tıkan
míope (adj)	алыстан көрө албоо	alıstan kørø alboo

mole (adj)	жумшак	dʒumʃak
molhado (adj)	суу	suu
moreno (adj)	кара тору	kara toru
morto (adj)	өлүк	ølyk
muito magro (adj)	арык	arık

não difícil (adj)	анчейин оор эмес	antʃejin oor emes
não é clara (adj)	ачык эмес	atʃık emes
não muito grande (adj)	анчейин эмес	antʃejin emes
natal (país ~)	өз	øz
necessário (adj)	керектүү	kerektyy

negativo (resposta ~a)	терс	ters
nervoso (adj)	тынчы кеткен	tıntʃı ketken
normal (adj)	кадимки	kadimki
novo (adj)	жаңы	dʒaŋı
o mais importante (adj)	эң маанилүү	eŋ maanilyy

obrigatório (adj)	милдеттүү	mildettyy
original (incomum)	бөтөнчө	bøtøntʃø
passado (adj)	мурунку	murunku
pequeno (adj)	кичине	kitʃine
perigoso (adj)	коркунучтуу	korkunutʃtuu

permanente (adj)	туруктуу	turuktuu
perto (adj)	жакынкы	dʒakınkı
pesado (adj)	оор	oor
pessoal (adj)	жекелик	dʒekelik
plano (ex. ecrã ~ a)	жалпак	dʒalpak

pobre (adj)	кедей	kedej
pontual (adj)	так	tak

possível (adj)	мүмкүн	mymkyn
pouco fundo (adj)	тайыз	tajız
presente (ex. momento ~)	учурда	uʧurda
prévio (adj)	мурунку	murunku
primeiro (principal)	негизги	negizgi
principal (adj)	негизги	negizgi
privado (adj)	жеке	dʒeke
provável (adj)	ыктымал	ıktımal
próximo (adj)	жакын	dʒakın
público (adj)	коомдук	koomduk
quente (cálido)	ысык	ısık
quente (morno)	жылуу	dʒıluu
rápido (adj)	тез	tez
raro (adj)	сейрек	sejrek
remoto, longínquo (adj)	алыс	alıs
reto (linha ~a)	түз	tyz
salgado (adj)	туздуу	tuzduu
satisfeito (adj)	ыраазы	ıraazı
seco (roupa ~a)	кургак	kurgak
seguinte (adj)	кийинки	kijinki
seguro (não perigoso)	коопсуз	koopsuz
similar (adj)	окшош	okʃoʃ
simples (fácil)	жөнөкөй	dʒønøkøj
soberbo, perfeito (adj)	сонун	sonun
sólido (parede ~a)	бекем	bekem
sombrio (adj)	караңгы	karaŋgı
sujo (adj)	кир	kir
superior (adj)	жогорку	dʒogorku
suplementar (adj)	кошумча	koʃumʧa
tranquilo (adj)	тынч	tınʧ
transparente (adj)	тунук	tunuk
triste (pessoa)	муңдуу	muŋduu
triste (um ar ~)	кайгылуу	kajgıluu
último (adj)	акыркы	akırkı
úmido (adj)	нымдуу	nımduu
único (adj)	окшоштугу жок	okʃoʃtugu dʒok
usado (adj)	мурдагы	murdagı
vazio (meio ~)	бош	boʃ
velho (adj)	эски	eski
vizinho (adj)	коңшу	koŋʃu

500 VERBOS PRINCIPAIS

252. Verbos A-B

abraçar (vt)	кучакташуу	kutʃaktaʃuu
abrir (vt)	ачуу	atʃuu
acalmar (vt)	тынчтандыруу	tıntʃtandıruu
acariciar (vt)	сылоо	sıloo
acenar (com a mão)	жаңсоо	dʒaŋsoo
acender (~ uma fogueira)	от жагуу	ot dʒaguu
achar (vt)	ойлоо	ojloo
acompanhar (vt)	жолдоо	dʒoldoo
aconselhar (vt)	кеңеш берүү	keŋeʃ beryy
acordar, despertar (vt)	ойготуу	ojgotuu
acrescentar (vt)	кошуу	koʃuu
acusar (vt)	айыптоо	ajıptoo
adestrar (vt)	үйрөтүү	yjrøtyy
adivinhar (vt)	жандырмагын табуу	dʒandırmagın tabuu
admirar (vt)	суктануу	suktanuu
adorar (~ fazer)	сүйүү	syjyy
advertir (vt)	эскертүү	eskertyy
afirmar (vt)	сөзүнө туруу	søzynø turuu
afogar-se (vr)	чөгүү	tʃøgyy
afugentar (vt)	кубалап салуу	kubalap saluu
agir (vi)	аракет кылуу	araket kıluu
agitar, sacudir (vt)	силкилдетүү	silkildetyy
agradecer (vt)	ыраазычылык билдирүү	ıraazıtʃılık bildiryy
ajudar (vt)	жардам берүү	dʒardam beryy
alcançar (objetivos)	жетүү	dʒetyy
alimentar (dar comida)	тамак берүү	tamak beryy
almoçar (vi)	түштөнүү	tyʃtønyy
alugar (~ o barco, etc.)	жалдап алуу	dʒaldap aluu
alugar (~ um apartamento)	батирге алуу	batirge aluu
amar (pessoa)	сүйүү	syjyy
amarrar (vt)	байлоо	bajloo
ameaçar (vt)	коркутуу	korkutuu
amputar (vt)	кесип таштоо	kesip taʃtoo
anotar (escrever)	белгилөө	belgiløø
anotar (escrever)	кагазга түшүрүү	kagazga tyʃyryy
anular, cancelar (vt)	жокко чыгаруу	dʒokko tʃıgaruu
apagar (com apagador, etc.)	өчүрүү	øtʃyryy
apagar (um incêndio)	өчүрүү	øtʃyryy

apaixonar-se …	сүйүп калуу	syjyp kaluu
aparecer (vi)	көрүнүү	kørynyy
aplaudir (vi)	кол чабуу	kol tʃabuu
apoiar (vt)	колдоо	koldoo
apontar para …	мээлөө	meeløø
apresentar (alguém a alguém)	тааныштыруу	taanıʃtıruu
apresentar (Gostaria de ~)	тааныштыруу	taanıʃtıruu
apressar (vt)	шаштыруу	ʃaʃtıruu
apressar-se (vr)	шашуу	ʃaʃuu
aproximar-se (vr)	жакындоо	dʒakındoo
aquecer (vt)	ысытуу	ısıtuu
arrancar (vt)	үзүп алуу	yzyp aluu
arranhar (vt)	тытуу	tıtuu
arrepender-se (vr)	өкүнүү	økynyy
arriscar (vt)	тобокелге салуу	tobokelge saluu
arrumar, limpar (vt)	жыйнаштыруу	dʒıjnaʃtıruu
aspirar a …	умтулуу	umtuluu
assinar (vt)	кол коюу	kol kojuu
assistir (vt)	жардам берүү	dʒardam beryy
atacar (vt)	кол салуу	kol saluu
atar (vt)	байлоо	bajloo
atracar (vi)	келип токтоо	kelip toktoo
aumentar (vi)	көбөйүү	købøjyy
aumentar (vt)	чоңойтуу	tʃoŋojtuu
avançar (vi)	илгерилөө	ilgeriløø
avistar (vt)	байкоо	bajkoo
baixar (guindaste, etc.)	түшүрүү	tyʃyryy
barbear-se (vr)	кырынуу	kırınuu
basear-se (vr)	негиз кылуу	negiz kıluu
bastar (vi)	жетиштүү болуу	dʒetiʃtyy boluu
bater (à porta)	такылдатуу	takıldatuu
bater (espancar)	уруу	uruu
bater-se (vr)	мушташуу	muʃtaʃuu
beber, tomar (vt)	ичүү	itʃyy
brilhar (vi)	жаркырап туруу	dʒarkırap turuu
brincar, jogar (vi, vt)	ойноо	ojnoo
buscar (vt)	… издөө	… izdøø

253. Verbos C-D

caçar (vi)	аңчылык кылуу	aŋtʃılık kıluu
calar-se (parar de falar)	унчукпоо	untʃukpoo
calcular (vt)	эсептөө	eseptøø
carregar (o caminhão, etc.)	жүктөө	dʒyktøø
carregar (uma arma)	октоо	oktoo

casar-se (vr)	аял алуу	ajal aluu
causar (vt)	... себеп болуу	... sebep boluu
cavar (vt)	казуу	kazuu

ceder (não resistir)	жол берүү	ʤol beryy
cegar, ofuscar (vt)	көздү уялтуу	køzdy ujaltuu
censurar (vt)	жемелөө	ʤemeløø
chamar (~ por socorro)	чакыруу	ʧakıruu

chamar (alguém para ...)	чакыруу	ʧakıruu
chegar (a algum lugar)	жетүү	ʤetyy
chegar (vi)	келүү	kelyy
cheirar (~ uma flor)	жыттоо	ʤıttoo

cheirar (tem o cheiro)	жыттануу	ʤıttanuu
chorar (vi)	ыйлоо	ıjloo
citar (vt)	сөзүн келтирүү	søzyn keltiryy
colher (flores)	үзүү	yzyy

colocar (vt)	коюу	kojʉu
combater (vi, vt)	согушуу	soguʃuu
começar (vt)	баштоо	baʃtoo
comer (vt)	тамактануу	tamaktanuu
comparar (vt)	салыштыруу	salıʃtıruu

compensar (vt)	ордун толтуруу	ordun tolturuu
competir (vi)	атаандашуу	ataandaʃuu
complicar (vt)	татаалдантуу	tataaldantuu
compor (~ música)	чыгаруу	ʧıgaruu

comportar-se (vr)	алып жүрүү	alıp ʤyryy
comprar (vt)	сатып алуу	satıp aluu
comprometer (vt)	беделин түшүрүү	bedelin tyʃyryy
concentrar-se (vr)	оюн топтоо	ojʉn toptoo
concordar (dizer "sim")	макул болуу	makul boluu

condecorar (dar medalha)	сыйлоо	sıjloo
confessar-se (vr)	моюнга алуу	mojʉnga aluu
confiar (vt)	ишенүү	iʃenyy
confundir (equivocar-se)	адаштыруу	adaʃtıruu
conhecer (vt)	таануу	taanuu

conhecer-se (vr)	таанышуу	taanıʃuu
consertar (vt)	иретке келтирүү	iretke keltiryy
consultar ...	кеңешүү	keŋeʃyy
contagiar-se com ...	жуктуруп алуу	ʤukturup aluu

contar (vt)	айтып берүү	ajtıp beryy
contar com ...	... ишенүү	... iʃenyy
continuar (vt)	улантуу	ulantuu
contratar (vt)	жалдоо	ʤaldoo

controlar (vt)	көзөмөлдөө	køzømøldøø
convencer (vt)	ишендирүү	iʃendiryy
convidar (vt)	чакыруу	ʧakıruu
cooperar (vi)	кызматташуу	kızmattaʃuu

coordenar (vt)	ыңтайга келтирүү	ıŋtajga keltiryy
corar (vi)	кызаруу	kızaruu
correr (vi)	чуркоо	ʧurkoo
corrigir (~ um erro)	түзөтүү	tyzøtyy

cortar (com um machado)	чаап таштоо	ʧaap taʃtoo
cortar (com uma faca)	кесип алуу	kesip aluu
cozinhar (vt)	даярдоо	dajardoo
crer (pensar)	ишенүү	iʃenyy

criar (vt)	жаратуу	dʒaratuu
cultivar (~ plantas)	өстүрүү	østyryy
cuspir (vi)	түкүрүү	tykyryy
custar (vt)	туруу	turuu
dar (vt)	берүү	beryy

dar banho, lavar (vt)	сууга түшүрүү	suuga tyʃyryy
datar (vi)	күн боюнча	kyn bojʉnʧa
decidir (vt)	чечүү	ʧeʧyy
decorar (enfeitar)	кооздоо	koozdoo

dedicar (vt)	арноо	arnoo
defender (vt)	коргоо	korgoo
defender-se (vr)	коргонуу	korgonuu
deixar (~ a mulher)	таштап кетүү	taʃtap ketyy

deixar (esquecer)	калтыруу	kaltıruu
deixar (permitir)	уруксат берүү	uruksat beryy
deixar cair (vt)	түшүрүп алуу	tyʃyryp aluu
denominar (vt)	атоо	atoo

denunciar (vt)	чагым кылуу	ʧagım kıluu
depender de ...	... көзүн кароо	... køzyn karoo
derramar (~ líquido)	төгүп алуу	tøgyp aluu
derramar-se (vr)	чачылуу	ʧaʧıluu

desaparecer (vi)	жоголуп кетүү	dʒogolup ketyy
desatar (vt)	чечип алуу	ʧeʧip aluu
desatracar (vi)	жөнөө	dʒønøø
descansar (um pouco)	эс алуу	es aluu
descer (para baixo)	ылдый түшүү	ıldıj tyʃyy

descobrir (novas terras)	таап ачуу	taap aʧuu
descolar (avião)	учуп чыгуу	uʧup ʧıguu
desculpar (vt)	кечирүү	keʧiryy
desculpar-se (vr)	кечирим суроо	keʧirim suroo

desejar (vt)	каалоо	kaaloo
desempenhar (papel)	ойноо	ojnoo
desligar (vt)	өчүрүү	øʧyryy
desprezar (vt)	киши катарына албоо	kiʃi katarına alboo

destruir (documentos, etc.)	жок кылуу	dʒok kıluu
dever (vi)	тийиш	tijiʃ
devolver (vt)	артка жөнөтүү	artka dʒønøtyy
direcionar (vt)	багыттоо	bagıttoo

dirigir (~ um carro)	айдоо	ajdoo
dirigir (~ uma empresa)	башкаруу	baʃkaruu
dirigir-se	кайрылуу	kajrıluu
(a um auditório, etc.)		
discutir (notícias, etc.)	талкуулоо	talkuuloo

disparar, atirar (vi)	атуу	atuu
distribuir (folhetos, etc.)	таратуу	taratuu
distribuir (vt)	таркатуу	tarkatuu
divertir (vt)	көңүл көтөрүү	køŋyl køtøryy

divertir-se (vr)	көңүл ачуу	køŋyl atʃuu
dividir (mat.)	бөлүү	bølyy
dizer (vt)	айтуу	ajtuu
dobrar (vt)	эки эселөө	eki eseløø
duvidar (vt)	күмөн саноо	kymøn sanoo

254. Verbos E-J

elaborar (uma lista)	түзүү	tyzyy
elevar-se acima de ...	көтөрүлүү	køtørylyy
eliminar (um obstáculo)	жок кылуу	dʒok kıluu
embrulhar (com papel)	ороо	oroo

emergir (submarino)	калкып чыгуу	kalkıp tʃıguu
emitir (~ cheiro)	таратуу	taratuu
empreender (vt)	чара көрүү	tʃara køryy
empurrar (vt)	түртүү	tyrtyy

encabeçar (vt)	баш болуу	baʃ boluu
encher (~ a garrafa, etc.)	толтуруу	tolturuu
encontrar (achar)	таап алуу	taap aluu
enganar (vt)	алдоо	aldoo

ensinar (vt)	окутуу	okutuu
entediar-se (vr)	зеригүү	zerigyy
entender (vt)	түшүнүү	tyʃynyy
entrar (na sala, etc.)	кирүү	kiryy

enviar (uma carta)	жөнөтүү	dʒønøtyy
equipar (vt)	жабдуу	dʒabduu
errar (enganar-se)	ката кетирүү	kata ketiryy
escolher (vt)	тандоо	tandoo

esconder (vt)	жашыруу	dʒaʃıruu
escrever (vt)	жазуу	dʒazuu
escutar (vt)	угуу	uguu
escutar atrás da porta	аңдып тыңшоо	aŋdıp tıŋʃoo
esmagar (um inseto, etc.)	тебелөө	tebeløø

esperar (aguardar)	күтүү	kytyy
esperar (contar com)	күтүү	kytyy
esperar (ter esperança)	үмүттөнүү	ymyttønyy
espreitar (vi)	шыкалоо	ʃıkaloo

235

esquecer (vt)	унутуу	unutuu
estar	жатуу	dʒatuu
estar convencido	катуу ишенген	katuu iʃengen

estar deitado	жатуу	dʒatuu
estar perplexo	башы маң болуу	baʃı maŋ boluu
estar preocupado	сарсанаа болуу	sarsanaa boluu
estar sentado	отуруу	oturuu

estremecer (vi)	селт этүү	selt etyy
estudar (vt)	окуу	okuu
evitar (~ o perigo)	качуу	katʃuu
examinar (~ uma proposta)	карап чыгуу	karap tʃıguu

exigir (vt)	талап кылуу	talap kıluu
existir (vi)	чыгуу	tʃıguu
explicar (vt)	түшүндүрүү	tyʃyndyryy
expressar (vt)	сөз менен айтып берүү	søz menen ajtıp beryy

expulsar (~ da escola, etc.)	чыгаруу	tʃıgaruu
facilitar (vt)	жеңилдентүү	dʒeŋildentyy
falar com ...	... менен сүйлөшүү	... menen syjløʃyy
faltar (a la escuela, etc.)	калтыруу	kaltıruu

fascinar (vt)	өзүнө тартуу	øzynø tartuu
fatigar (vt)	чарчатуу	tʃartʃatuu
fazer (vt)	жасоо	dʒasoo
fazer lembrar	... эстетүү	... estetyy
fazer piadas	тамашалоо	tamaʃaloo

fazer publicidade	жарнамалоо	dʒarnamaloo
fazer uma tentativa	аракет кылуу	araket kıluu
fechar (vt)	жабуу	dʒabuu
felicitar (vt)	куттуктоо	kuttuktoo

ficar cansado	чарчоо	tʃartʃoo
ficar em silêncio	унчукпоо	untʃukpoo
ficar pensativo	ойлонуу	ojlonuu
forçar (vt)	мажбурлоо	madʒburloo
formar (vt)	түзүү	tyzyy

gabar-se (vr)	мактануу	maktanuu
garantir (vt)	кепилдик берүү	kepildik beryy
gostar (apreciar)	жактыруу	dʒaktıruu
gritar (vi)	кыйкыруу	kıjkıruu

guardar (fotos, etc.)	сактоо	saktoo
guardar (no armário, etc.)	катып коюу	katıp kojuu
guerrear (vt)	согушуу	soguʃuu
herdar (vt)	мураска ээ болуу	muraska ee boluu
iluminar (vt)	жарык кылуу	dʒarık kıluu

imaginar (vt)	элестетүү	elestetyy
imitar (vt)	тууроо	tuuroo
implorar (vt)	өтүнүү	øtynyy
importar (vt)	импорттоо	importtoo

indicar (~ o caminho)	көрсөтүү	kørsøtyy
indignar-se (vr)	нааразы болуу	naarazı boluu
infetar, contagiar (vt)	жуктуруу	dʒukturuu
influenciar (vt)	таасир этүү	taasir etyy
informar (~ a policia)	билдирүү	bildiryy
informar (vt)	маалымат берүү	maalımat beryy
informar-se (~ sobre)	билүү	bilyy
inscrever (na lista)	жазып коюу	dʒazıp kodʒuu
inserir (vt)	коюу	kojuu
insinuar (vt)	кыйытып айтуу	kıjıtıp aytuu
insistir (vi)	көшөрүү	køʃøryy
inspirar (vt)	шыктандыруу	ʃiktandıruu
instruir (ensinar)	үйрөтүү	yjrøtyy
insultar (vt)	кордоо	kordoo
interessar (vt)	кызыктыруу	kızıktıruu
interessar-se (vr)	... кызыгуу	... kızıguu
intervir (vi)	кийлигишүү	kijligiʃyy
invejar (vt)	көрө албоо	kørø alboo
inventar (vt)	ойлоп табуу	ojlop tabuu
ir (a pé)	басуу	basuu
ir (de carro, etc.)	жүрүү	dʒyryy
ir nadar	сууга түшүү	suuga tyʃyy
ir para a cama	уйкуга кетүү	ujkuga ketyy
irritar (vt)	кыжырын келтирүү	kıdʒırın keltiryy
irritar-se (vr)	кыжырлануу	kıdʒırlanuu
isolar (vt)	бөлүп коюу	bølyp kojuu
jantar (vi)	кечки тамакты ичүү	ketʃki tamaktı itʃyy
jogar, atirar (vt)	ыргытуу	ırgıtuu
juntar, unir (vt)	бириктирүү	biriktiryy
juntar-se a ...	кошулуу	koʃuluu

255. Verbos L-P

lançar (novo projeto, etc.)	жандыруу	dʒandıruu
lavar (vt)	жуу	dʒuu
lavar a roupa	кир жуу	kir dʒuu
lavar-se (vr)	жуунуу	dʒuunuu
lembrar (vt)	унутпоо	unutpoo
ler (vt)	окуу	okuu
levantar-se (vr)	туруу	turuu
levar (ex. leva isso daqui)	алып кетүү	alıp ketyy
libertar (cidade, etc.)	бошотуу	boʃotuu
ligar (~ o radio, etc.)	жүргүзүү	dʒyrgyzyy
limitar (vt)	чектөө	tʃektøø
limpar (eliminar sujeira)	тазалоо	tazaloo
limpar (tirar o calcário, etc.)	тазалоо	tazaloo

lisonjear (vt)	жасакерденүү	dʒasakerdenyy
livrar-se de ...	... кутулуу	... kutuluu
lutar (combater)	согушуу	soguʃuu
lutar (esporte)	күрөшүү	kyrøʃyy
marcar (com lápis, etc.)	белгилөө	belgiløø
matar (vt)	өлтүрүү	øltyryy
memorizar (vt)	эстеп калуу	estep kaluu
mencionar (vt)	айтып өтүү	ajtıp øtyy
mentir (vi)	калп айтуу	kalp ajtuu
merecer (vt)	акылуу болуу	akıluu boluu
mergulhar (vi)	сүңгүү	syŋgyy
misturar (vt)	аралаштыруу	aralaʃtıruu
morar (vt)	жашоо	dʒaʃoo
mostrar (vt)	көрсөтүү	kørsøtyy
mover (vt)	ордунан жылдыруу	ordunan dʒıldıruu
mudar (modificar)	өзгөртүү	øzgørtyy
multiplicar (mat.)	көбөйтүү	købøjtyy
nadar (vi)	сүзүү	syzyy
negar (vt)	тануу, төгүндөө	tanuu, tøgyndøø
negociar (vi)	сүйлөшүүлөр жүргүзүү	syjløʃyylør dʒyrgyzyy
nomear (função)	дайындоо	dajındoo
obedecer (vt)	баш ийүү	baʃ ijyy
objetar (vt)	каршы болуу	karʃı boluu
observar (vt)	байкоо	bajkoo
ofender (vt)	көңүлгө тийүү	kønylgø tijyy
olhar (vt)	көрүү	køryy
omitir (vt)	калтырып кетүү	kaltırıp ketyy
ordenar (mil.)	буйрук кылуу	bujruk kıluu
organizar (evento, etc.)	уюштуруу	ujuʃturuu
ousar (vt)	батынып баруу	batınıp baruu
ouvir (vt)	угуу	uguu
pagar (vt)	төлөө	tøløø
parar (para descansar)	токтоо	toktoo
parar, cessar (vt)	токтотуу	toktotuu
parecer-se (vr)	окшош болуу	okʃoʃ boluu
participar (vi)	катышуу	katıʃuu
partir (~ para o estrangeiro)	кетүү	ketyy
passar (vt)	өтүп кетүү	øtup ketyy
passar a ferro	үтүктөө	ytyktøø
pecar (vi)	күнөө кылуу	kynøø kıluu
pedir (comida)	буйрутма кылуу	bujrutma kıluu
pedir (um favor, etc.)	суроо	suroo
pegar (tomar com a mão)	кармоо	karmoo
pegar (tomar)	алуу	aluu
pendurar (cortinas, etc.)	илүү	ilyy
penetrar (vt)	жылжып кирүү	dʒıldʒıp kiryy

pensar (vi, vt)	ойлонуу	ojlonuu
pentear-se (vr)	тарануу	taranuu
perceber (ver)	байкоо	bajkoo
perder (o guarda-chuva, etc.)	жоготуу	dʒogotuu

perdoar (vt)	кечирүү	ketʃiryy
permitir (vt)	уруксат берүү	uruksat beryy
pertencer a ...	таандык болуу	taandık boluu
perturbar (vt)	тынчын алуу	tıntʃın aluu

pesar (ter o peso)	... салмакта болуу	... salmakta boluu
pescar (vt)	балык улоо	balık uloo
planejar (vt)	пландаштыруу	plandaʃtıruu
poder (~ fazer algo)	жасай алуу	dʒasaj aluu

pôr (posicionar)	жайгаштыруу	dʒajgaʃtıruu
possuir (uma casa, etc.)	ээ болуу	ee boluu
predominar (vi, vt)	үстөмдүк кылуу	ystømdyk kıluu
preferir (vt)	артык көрүү	artık køryy

preocupar (vt)	көңүлүн бөлүү	køŋylyn bølyy
preocupar-se (vr)	толкунданy	tolkundanuu
preparar (vt)	даярдоо	dajardoo
preservar (ex. ~ a paz)	сактоо	saktoo

prever (vt)	алдын ала билүү	aldın ala bilyy
privar (vt)	ажыратуу	adʒıratuu
proibir (vt)	тыюу салуу	tijuu saluu
projetar, criar (vt)	түзүлүшүн берүү	tyzylyʃyn beryy
prometer (vt)	убада берүү	ubada beryy

pronunciar (vt)	айтуу	ajtuu
propor (vt)	сунуштоо	sunuʃtoo
proteger (a natureza)	коргоо	korgoo
protestar (vi)	нааразычылык билдирүү	naarazıtʃılık bildiryy

provar (~ a teoria, etc.)	далилдөө	dalildøø
provocar (vt)	көкүтүү	køkytyy
punir, castigar (vt)	жазалоо	dʒazaloo
puxar (vt)	тартуу	tartuu

256. Verbos Q-Z

quebrar (vt)	сындыруу	sındıruu
queimar (vt)	күйгүзүү	kyjgyzyy
queixar-se (vr)	арыздануу	arızdanuu
querer (desejar)	каалоо	kaaloo

rachar-se (vr)	жарака кетүү	dʒaraka ketyy
ralhar, repreender (vt)	урушуу	uruʃuu
realizar (vt)	ишке ашыруу	iʃke aʃıruu
recomendar (vt)	сунуштоо	sunuʃtoo
reconhecer (identificar)	таануу	taanuu
reconhecer (o erro)	моюнга алуу	mojunga aluu

239

recordar, lembrar (vt)	эстее	estøø
recuperar-se (vr)	сакаюу	sakajɯu
recusar (~ alguém)	баш тартуу	baʃ tartuu
reduzir (vt)	кичирейтүү	kitʃirejtyy
refazer (vt)	кайра жасатуу	kajra dʒasatuu
reforçar (vt)	чындоо	tʃındoo
refrear (vt)	кармап туруу	karmap turuu
regar (plantas)	сугаруу	sugaruu
remover (~ uma mancha)	кетирүү	ketiryy
reparar (vt)	оңдоо	oŋdoo
repetir (dizer outra vez)	кайталоо	kajtaloo
reportar (vt)	билдирүү	bildiryy
reservar (~ um quarto)	камдык буйрутмалоо	kamdık bujrutmaloo
resolver (o conflito)	чечүү	tʃetʃyy
resolver (um problema)	чечүү	tʃetʃyy
respirar (vi)	дем алуу	dem aluu
responder (vt)	жооп берүү	dʒoop beryy
rezar, orar (vi)	дуба кылуу	duba kıluu
rir (vi)	күлүү	kylyy
romper-se (corda, etc.)	үзүлүү	yzylyy
roubar (vt)	уурдоо	uurdoo
saber (vt)	билүү	bilyy
sair (~ de casa)	чыгуу	tʃıguu
sair (ser publicado)	жарык көрүү	dʒarık køryy
salvar (resgatar)	куткаруу	kutkaruu
satisfazer (vt)	жактыруу	dʒaktıruu
saudar (vt)	саламдашуу	salamdaʃuu
secar (vt)	кургатуу	kurgatuu
seguir (~ alguém)	... ээрчүү	... eertʃyy
selecionar (vt)	ылгоо	ılgoo
semear (vt)	себүү	sebyy
sentar-se (vr)	отуруу	oturuu
sentenciar (vt)	өкүм чыгаруу	økym tʃıgaruu
sentir (vt)	сезүү	sezyy
ser diferente	айырмалануу	ajırmalanuu
ser indispensável	зарыл болуу	zarıl boluu
ser necessário	керек болуу	kerek boluu
ser preservado	сакталуу	saktaluu
ser, estar	болуу	boluu
servir (restaurant, etc.)	тейлөө	tejløø
servir (roupa, caber)	ылайык келүү	ılajık kelyy
significar (palavra, etc.)	маанини билдирүү	maanini bildiryy
significar (vt)	билдирүү	bildiryy
simplificar (vt)	жөнөкөйлөтүү	dʒønøkøjløtyy
sofrer (vt)	кайгыруу	kajgıruu
sonhar (~ com)	кыялдануу	kıjaldanuu

sonhar (ver sonhos)	түш көрүү	tyʃ køryy
soprar (vi)	үйлөө	yjløø
sorrir (vi)	жылмаюу	dʒılmadʒɯu

subestimar (vt)	баалабоо	baalaboo
sublinhar (vt)	баса белгилөө	basa belgiløø
sujar-se (vr)	булгап алуу	bulgap aluu
superestimar (vt)	ашыра баалоо	aʃıra baaloo

supor (vt)	божомолдоо	bodʒomoldoo
suportar (as dores)	чыдоо	tʃıdoo
surpreender (vt)	таң калтыруу	taŋ kaltıruu
surpreender-se (vr)	таң калуу	taŋ kaluu

suspeitar (vt)	күмөн саноо	kymøn sanoo
suspirar (vi)	дем алуу	dem aluu
tentar (~ fazer)	аракет кылуу	araket kıluu
ter (vt)	бар болуу	bar boluu

ter medo	коркуу	korkuu
terminar (vt)	бүтүрүү	bytyryy
tirar (vt)	алып таштоо	alıp taʃtoo
tirar cópias	көбөйтүү	købøjtyy

tirar fotos, fotografar	сүрөткө тартуу	syrøtkø tartuu
tirar uma conclusão	тыянак чыгаруу	tıjanak tʃıgaruu
tocar (com as mãos)	тийүү	tijyy
tomar café da manhã	эртең менен тамактануу	erteŋ menen tamaktanuu

tomar emprestado	карызга акча алуу	karızga aktʃa aluu
tornar-se (ex. ~ conhecido)	болуу	boluu
trabalhar (vi)	иштөө	iʃtøø
traduzir (vt)	которуу	kotoruu
transformar (vt)	башка түргө айлантуу	baʃka tyrgø ajlantuu

tratar (a doença)	дарылоо	darıloo
trazer (vt)	алып келүү	alıp kelyy
treinar (vt)	машыктыруу	maʃıktıruu
treinar-se (vr)	машыгуу	maʃıguu
tremer (de frio)	калтыроо	kaltıroo

trocar (vt)	алмашуу	almaʃuu
trocar, mudar (vt)	өзгөртүү	øzgørtyy
usar (uma palavra, etc.)	пайдалануу	pajdalanuu
utilizar (vt)	пайдалануу	pajdalanuu

vacinar (vt)	эмдөө	emdøø
vender (vt)	сатуу	satuu
verter (encher)	куюу	kujɯu
vingar (vt)	өч алуу	øtʃ aluu
virar (~ para a direita)	бурулуу	buruluu

virar (pedra, etc.)	оодаруу	oodaruu
virar as costas	жүз буруу	dʒyz buruu
viver (vi)	жашоо	dʒaʃoo
voar (vi)	учуу	utʃuu

voltar (vi)	кайтып келүү	kajtıp kelyy
votar (vi)	добуш берүү	dobuʃ beryy
zangar (vt)	ачуусун келтирүү	atʃuusun keltiryy
zangar-se com ...	ачуулануу	atʃuulanuu
zombar (vt)	шылдыңдоо	ʃildıŋdoo